# 天津市农业农村现代化重点问题研究

李建平 贾凤伶 李俊杰 等 著

中国农业科学技术出版社

图书在版编目(CIP)数据

天津市农业农村现代化重点问题研究 /李建平等著. --北京：中国农业科学技术出版社，2022.9
ISBN 978-7-5116-5880-7

Ⅰ.①天… Ⅱ.①李… Ⅲ.①农业现代化-现代化建设-研究-天津②农村现代化-现代化建设-研究-天津 Ⅳ.①F327.21

中国版本图书馆 CIP 数据核字(2022)第 154065 号

责任编辑　崔改泵　褚　怡
责任校对　王　彦
责任印制　姜义伟　王思文

| | |
|---|---|
| 出 版 者 | 中国农业科学技术出版社 |
| | 北京市中关村南大街12号　　邮编：100081 |
| 电　　话 | (010) 82109194 (出版中心)　　(010) 82109702 (发行部) |
| | (010) 82109709 (读者服务部) |
| 网　　址 | https://castp.caas.cn |
| 经 销 者 | 各地新华书店 |
| 印 刷 者 | 北京建宏印刷有限公司 |
| 开　　本 | 185 mm×260 mm　1/16 |
| 印　　张 | 16 |
| 字　　数 | 389 千字 |
| 版　　次 | 2022年9月第1版　2022年9月第1次印刷 |
| 定　　价 | 100.00 元 |

◆版权所有·翻印必究◆

# 《天津市农业农村现代化重点问题研究》著者名单

李建平　贾凤伶　李俊杰

陈汝军　陈绍田　徐　军

秦　静　陈　凡　肖　琴

迟　亮　梅　冬　梁　晨

# 目 录

**专题研究一：天津市"十四五"农业农村现代化形势分析和发展思路研究** ································································· (1)
  一、推进农业农村现代化发展的重大意义 ························································ (3)
    （一）推进农业农村现代化发展是全面实现社会主义现代化的必由之路 ········ (3)
    （二）推进农业农村现代化发展是解决新时代社会主要矛盾的必然要求 ········ (3)
    （三）推进农业农村现代化发展是新时代全面落实新发展理念的内在要求 ···· (3)
  二、"十三五"农业农村现代化发展取得的成就 ············································· (4)
    （一）现代都市型农业发展成果突出 ···························································· (4)
    （二）农村制度体系改革持续创新 ································································ (7)
    （三）农村居民生活水平持续提升 ································································ (7)
    （四）农村生态环境治理迈上新台阶 ···························································· (9)
    （五）现代乡村治理体系初步构建 ······························································ (10)
  三、"十四五"农业农村现代化发展形势分析 ················································ (10)
    （一）发展环境 ·························································································· (10)
    （二）发展优势 ·························································································· (13)
    （三）发展机遇 ·························································································· (13)
    （四）面临挑战 ·························································································· (14)
  四、"十四五"农业农村现代化发展总体思路 ················································ (17)
    （一）指导思想 ·························································································· (17)
    （二）基本原则 ·························································································· (17)
    （三）发展定位 ·························································································· (18)
    （四）发展目标 ·························································································· (19)
  五、农业农村现代化发展评价指标体系构建 ·················································· (20)
    （一）指标体系研究方法 ············································································ (20)
    （二）指标体系构建 ··················································································· (22)
  六、推进农业农村现代化发展的对策措施 ······················································ (24)
    （一）强化组织领导，明确责任分工 ·························································· (24)
    （二）完善政策配套，加大扶持力度 ·························································· (25)

（三）健全投入机制，保障资金供给 ……………………………………（26）
**专题研究二：天津市现代都市型农业主要功能及发展前景研究** …………（27）
　一、天津市都市型农业发展条件 ……………………………………………（29）
　　（一）自然资源 ……………………………………………………………（29）
　　（二）社会经济条件 ………………………………………………………（30）
　二、都市型农业研究综述 ……………………………………………………（31）
　　（一）都市农业定义 ………………………………………………………（31）
　　（二）都市农业主要功能 …………………………………………………（32）
　　（三）都市农业发展存在的问题 …………………………………………（35）
　　（四）都市农业发展支撑条件 ……………………………………………（35）
　三、国内外都市型农业发展经验与启示 ……………………………………（36）
　　（一）国外发达国家经验 …………………………………………………（36）
　　（二）国内发达地区经验 …………………………………………………（39）
　　（三）对天津市都市农业发展的启示 ……………………………………（40）
　四、天津市都市型农业的结构与特征 ………………………………………（41）
　　（一）结构特征及变化趋势 ………………………………………………（41）
　　（二）政策配套和支撑条件 ………………………………………………（44）
　　（三）重点农业产业概况 …………………………………………………（45）
　五、天津市都市型农业发展方向 ……………………………………………（48）
　　（一）面临的新形势 ………………………………………………………（48）
　　（二）功能定位 ……………………………………………………………（50）
　　（三）发展方向 ……………………………………………………………（51）
　六、推进都市型农业发展建议 ………………………………………………（52）
　　（一）加大投入力度 ………………………………………………………（52）
　　（二）深化三产融合 ………………………………………………………（53）
　　（三）加强品牌建设 ………………………………………………………（53）
　　（四）强化宣传引导 ………………………………………………………（53）
**专题研究三：天津市"十四五"农业农村产业发展布局及重点任务**
　　**研究** …………………………………………………………………………（55）
　一、研究背景与意义 …………………………………………………………（57）
　　（一）研究背景 ……………………………………………………………（57）
　　（二）研究意义 ……………………………………………………………（58）
　二、研究基础 …………………………………………………………………（59）
　　（一）现状分析 ……………………………………………………………（59）
　　（二）存在的问题 …………………………………………………………（60）
　三、"十四五"农业农村产业发展布局和重点 ………………………………（60）
　　（一）总体思路 ……………………………………………………………（60）
　　（二）布局原则 ……………………………………………………………（61）

（三）总体目标 ········································································· (61)
　　（四）产业布局 ········································································· (62)
　　（五）发展重点 ········································································· (63)

四、"十四五"重点产业发展模式 ······················································· (67)
　　（一）绿色种植业 ······································································· (67)
　　（二）健康养殖业 ······································································· (67)
　　（三）农产品加工物流业 ······························································ (68)
　　（四）休闲农业与乡村旅游业 ························································ (68)

五、保障措施 ················································································· (69)
　　（一）加大新型农业经营主体培育 ················································· (69)
　　（二）明确农业农村产业建设重点 ················································· (69)
　　（三）加大农业农村人才培育 ························································ (70)
　　（四）强化现代农业技术应用 ························································ (70)
　　（五）建立完善风险保障体系 ························································ (70)

## 专题研究四：天津市农业农村绿色发展研究 ······································ (71)

一、研究背景与意义 ········································································ (73)
　　（一）研究背景 ········································································· (73)
　　（二）研究意义 ········································································· (74)

二、农业农村绿色发展态势分析 ························································· (75)
　　（一）发展基础 ········································································· (75)
　　（二）外部环境 ········································································· (77)

三、农业农村绿色发展总体思路与重点 ················································ (79)
　　（一）指导思想 ········································································· (79)
　　（二）基本原则 ········································································· (79)
　　（三）发展目标 ········································································· (80)
　　（四）重点任务 ········································································· (81)

四、农业农村绿色发展模式选择 ························································· (86)
　　（一）高效节水农业发展模式 ························································ (86)
　　（二）田间农业废弃物综合利用模式 ·············································· (87)
　　（三）畜禽粪污资源化利用模式 ···················································· (91)
　　（四）休闲农业绿色发展模式 ························································ (92)

五、推进农业农村绿色发展的机制与措施 ············································· (94)
　　（一）运行机制 ········································································· (94)
　　（二）保障措施 ········································································· (97)

## 专题研究五：天津市城乡融合发展研究 ············································ (101)

一、研究意义 ················································································ (103)
　　（一）推进城乡融合发展是贯彻落实党中央决策部署的重要要求 ··········· (103)
　　（二）推进城乡融合发展是加快天津市实现乡村振兴的关键举措 ··········· (103)

二、城乡关系的演变 ……………………………………………………………（104）
　（一）城乡融合发展的探索阶段 ……………………………………………（104）
　（二）城乡融合发展的统筹阶段 ……………………………………………（105）
　（三）城乡融合发展的加速阶段 ……………………………………………（105）
三、城乡融合发展中存在的问题 ………………………………………………（106）
　（一）农民市民化缺乏主动性 ………………………………………………（106）
　（二）城乡产业融合动力不足 ………………………………………………（106）
　（三）新城和中心镇载体功能不足 …………………………………………（107）
　（四）乡村基础设施差距依然明显 …………………………………………（107）
　（五）城乡资源要素流通仍存在壁垒 ………………………………………（108）
四、国内外城乡融合发展的经验和启示 ………………………………………（108）
　（一）国外经验和做法 ………………………………………………………（108）
　（二）国内经验和做法 ………………………………………………………（110）
　（三）国内外城乡融合发展对天津市的启示 ………………………………（112）
五、推进城乡融合发展的总体思路和重点任务 ………………………………（114）
　（一）总体思路 ………………………………………………………………（114）
　（二）坚持原则 ………………………………………………………………（114）
　（三）重点任务 ………………………………………………………………（115）
六、加快促进城乡融合的对策建议 ……………………………………………（117）
　（一）完善体制机制 …………………………………………………………（117）
　（二）强化科技创新 …………………………………………………………（118）
　（三）推进公共服务均等化 …………………………………………………（119）
　（四）推进关键要素高效配置 ………………………………………………（119）
　（五）强化保障措施配套支撑 ………………………………………………（120）

**专题研究六：天津市乡村治理现代化路径研究** ………………………………（123）
一、乡村治理现代化研究背景、内涵与意义 …………………………………（125）
　（一）乡村治理现代化研究背景 ……………………………………………（125）
　（二）乡村治理现代化内涵与特征 …………………………………………（127）
　（三）推进乡村治理现代化的重要意义 ……………………………………（129）
二、国内外乡村治理现代化经验与启示 ………………………………………（129）
　（一）国外乡村治理现代化经验 ……………………………………………（129）
　（二）国内乡村治理现代化典型经验 ………………………………………（131）
　（三）乡村治理现代化经验对天津市的启示 ………………………………（133）
三、天津市乡村治理现代化现状、问题与发展趋向 …………………………（134）
　（一）天津市乡村治理总体情况 ……………………………………………（134）
　（二）天津市乡村治理现代化现状分析 ……………………………………（134）
　（三）天津市乡村治理现代化存在的问题 …………………………………（146）
　（四）天津市乡村治理现代化发展趋向 ……………………………………（148）

四、天津市乡村治理现代化发展思路与重点任务 …………………………… (148)
 (一) 总体思路 ……………………………………………………………… (148)
 (二) 总体目标 ……………………………………………………………… (149)
 (三) 坚持原则 ……………………………………………………………… (149)
 (四) 重点任务 ……………………………………………………………… (150)
五、推进天津市乡村治理现代化的措施建议 ……………………………… (154)
 (一) 加强组织管理,做好顶层设计 ……………………………………… (154)
 (二) 加强城乡统筹,推进乡村善治 ……………………………………… (155)
 (三) 加大资金投入,促进服务供给 ……………………………………… (155)
 (四) 强化人才支撑,提升治理能力 ……………………………………… (156)
 (五) 加强考核监管,重塑政治生态 ……………………………………… (156)
 (六) 强化宣传引导,树立文明乡风 ……………………………………… (157)

## 专题研究七：天津市农民收入影响因素与提升对策研究 ……………… (159)

一、天津市农民收入变动分析 ……………………………………………… (161)
 (一) 改革开放以来天津市农民收入状况 ………………………………… (161)
 (二) 天津市城乡居民收入差距现状 ……………………………………… (169)
二、天津市与国内发达省市的农民收入比较 ……………………………… (170)
 (一) 天津市农民收入在全国变动情况 …………………………………… (170)
 (二) 与国内发达省市农民收入水平比较 ………………………………… (171)
三、天津市农民收入的影响因素分析 ……………………………………… (190)
 (一) 定性分析 ……………………………………………………………… (190)
 (二) 定量分析 ……………………………………………………………… (191)
四、国内外农民增收经验 …………………………………………………… (196)
 (一) 国外经验 ……………………………………………………………… (196)
 (二) 国内经验 ……………………………………………………………… (197)
 (三) 对天津市的启示 ……………………………………………………… (199)
五、天津市农民增收路径选择 ……………………………………………… (200)
 (一) 微观层面 ……………………………………………………………… (200)
 (二) 中观层面 ……………………………………………………………… (201)
 (三) 宏观层面 ……………………………………………………………… (202)
六、促进天津市农民增收的对策建议 ……………………………………… (203)
 (一) 拓宽农民增收路经 …………………………………………………… (203)
 (二) 强化农民素质提升 …………………………………………………… (203)
 (三) 加快农业转型升级 …………………………………………………… (203)
 (四) 强化现代科技支撑 …………………………………………………… (204)
 (五) 加快农村改革力度 …………………………………………………… (204)
 (六) 完善政策保障机制 …………………………………………………… (205)

**专题研究八:"十四五"促进天津市农业农村现代化发展政策研究** …………………………………………………………………… (207)
 一、研究背景 ………………………………………………………… (209)
  (一)乡村振兴战略为农业农村现代化提出新要求 ……………… (209)
  (二)天津市已具备农业农村现代化发展的良好基础 …………… (209)
  (三)农业农村发展不平衡和不充分问题仍然凸显 ……………… (210)
 二、农业农村现代化理论综述 ……………………………………… (210)
  (一)国外农业农村现代化理论 …………………………………… (210)
  (二)国内农业农村现代化理论 …………………………………… (212)
 三、农业农村现代化内涵界定和重大意义 ………………………… (213)
  (一)农业农村现代化内涵界定 …………………………………… (213)
  (二)实施农业农村现代化重大意义 ……………………………… (215)
 四、国外农业农村现代化发展道路与启示 ………………………… (215)
  (一)国外农业农村现代化发展道路 ……………………………… (215)
  (二)国外农业农村现代化对天津市的启示 ……………………… (217)
 五、天津市农业农村现代化发展制约因素 ………………………… (218)
  (一)农业支持和保护度不确定性增加 …………………………… (218)
  (二)农业结构性问题突出 ………………………………………… (218)
  (三)农业水土资源环境约束不断加剧 …………………………… (218)
  (四)农业增效和农民增收亟需新动能 …………………………… (219)
  (五)城乡融合发展不均衡 ………………………………………… (219)
 六、天津市农业农村现代化发展的思路与原则 …………………… (220)
  (一)发展思路 ……………………………………………………… (220)
  (二)发展原则 ……………………………………………………… (220)
  (三)农业农村现代化应处理好四个关系 ………………………… (221)
 七、促进天津市农业农村现代化发展的政策措施 ………………… (222)
  (一)政策层面 ……………………………………………………… (222)
  (二)人才层面 ……………………………………………………… (223)
  (三)土地层面 ……………………………………………………… (224)
  (四)资金层面 ……………………………………………………… (224)
  (五)科技层面 ……………………………………………………… (225)
  (六)改革层面 ……………………………………………………… (226)
  (七)组织层面 ……………………………………………………… (229)

**参考文献** ……………………………………………………………… (231)
**附件:天津市乡村治理情况调查问卷** ……………………………… (243)

专题研究一：

---

# 天津市"十四五"农业农村现代化形势分析和发展思路研究

# 一、推进农业农村现代化发展的重大意义

## （一）推进农业农村现代化发展是全面实现社会主义现代化的必由之路

农业农村农民问题（以下简称"三农"问题）是关系国计民生的根本性问题。党的十九大对全面建成富强民主文明和谐美丽的社会主义现代化强国的时间表、路线图作出了规划部署，全面建设社会主义现代化国家，既要有城市现代化，也要有农业农村现代化。农业农村现代化与整个国家的现代化密不可分。没有农业农村现代化，就没有国家的现代化。农业强不强、农村美不美、农民富不富，决定着全面小康社会的成色和社会主义现代化的质量。农业现代化和农村现代化是一个整体。农业现代化是农村现代化的基础，为农村现代化提供产业基础和物质保障；农村现代化是农业现代化的依托，是实现农业现代化集聚必需的人口、土地等要素的空间载体。加快推进农业农村现代化对于加快天津市现代都市型农业建设，推动农业全面升级、农村全面进步、农民全面发展，加快建设"一基地三区"，全面建成高质量小康社会，实现"五个现代化天津"的奋斗目标具有重大意义，是全面实现社会主义现代化的必由之路。

## （二）推进农业农村现代化发展是解决新时代社会主要矛盾的必然要求

党的十九大明确提出新时代我国社会主要矛盾已经转化为人民日益增长的美好生活需要和不平衡不充分的发展之间的矛盾。随着我国经济社会的不断发展，农业现代化在"四化同步"中的短板制约和农村在全面建成小康社会的"短腿掣肘"越来越凸显，"三农"问题已成为我国新时代社会主要矛盾反映最突出的问题。当前天津市经济社会最大的发展不平衡是城乡发展不平衡，最大的发展不充分是农村发展不充分。全面建成高质量小康社会、实现"五个现代化天津"的奋斗目标，最艰巨的任务在农村，最大的潜力也在农村。新时代社会主要矛盾的转化，对农业农村农民发展提出了新的要求。所以说，加快推进农业农村现代化是补齐发展短板、缩小城乡差距、实现城乡融合、解决人民日益增长的美好生活需要和不平衡不充分的发展之间矛盾的必然要求。

## （三）推进农业农村现代化发展是新时代全面落实新发展理念的内在要求

创新、协调、绿色、开放、共享五大发展理念，是我国新时代破解发展矛盾、厚植发展优势、引领新发展的根本遵循。中国特色社会主义的全面发展离不开农业农村的全面发展，推进农业农村现代化是实现农业农村全面发展的必然选择。坚持创新发展，就是全面加强农业农村领域的技术创新和制度创新，为推进农业农村现代化提供技术支撑和制度保障；坚持协调发展，就是全面审视和重塑"三农"关系和工农城乡关系，推

动农业农村农民之间、工农城乡之间的均衡融合发展；坚持绿色发展，就是始终把农业农村生态文明摆在更加突出的位置，构建绿色生态、美丽宜居的人与自然和谐发展的农业农村现代化建设新格局；坚持开放发展，就是充分借鉴发达国家农业农村现代化经验，加强对外交流与合作，加快融入世界农业农村现代化大潮的步伐；坚持共享发展，就是坚持农业农村优先发展，切实让广大农民平等参与现代化进程，共同分享现代化成果。

## 二、"十三五"农业农村现代化发展取得的成就

"十三五"期间，在以习近平同志为核心的党中央坚强领导下，天津市始终把解决好"三农"问题作为重中之重，主动适应和引领经济发展新常态，积极推动"三农"工作理论创新、实践创新和制度创新，切实把农业农村优先发展落到实处，统筹抓好稳产能、调结构、促改革、增收入、保生态、惠民生各项工作，农业农村发展取得巨大成就。

### （一）现代都市型农业发展成果突出

1. 农业转型升级成绩显著

"十三五"期间天津市农业正处于现代化转型的关键时期。2019年农林牧渔业总产值为414.35亿元，其中，种植业产值202.91亿元，占农林牧渔业总产值比重由2016年的45.98%上升到48.97%；林业产值21.91亿元，占农林牧渔业总产值比重从2.11%上升到5.89%；牧业产值为100.39亿元，相较于2016年下降15.6%；渔业产值保持基本稳定，变化不大；农林牧渔专业及辅助性活动产值14.71亿元，比2016年增加2.76亿元，增长23.1%。如表1-1所示。

表1-1  2016—2019年天津市农林牧渔业总产值变化  （单位：亿元）

| | 2016年 | 2017年 | 2018年 | 2019年 |
| --- | --- | --- | --- | --- |
| 农林牧渔业总产值 | 395.57 | 382.07 | 390.5 | 414.35 |
| 其中：农业产值 | 181.89 | 183.17 | 197.21 | 202.91 |
| 林业产值 | 8.35 | 8.98 | 12.73 | 21.91 |
| 牧业产值 | 118.99 | 107.96 | 95.76 | 100.39 |
| 渔业产值 | 74.39 | 69.81 | 71.13 | 74.43 |
| 农林牧渔服务业产值 | 11.95 | 12.15 | 13.67 | 14.71 |

资料来源：根据2019年《天津统计年鉴》整理计算。

2. 农业生产能力稳定提升

（1）农产品产量供给充分。"十三五"期间粮食产量稳定在200万吨以上，完成

170万亩（注：1亩≈667平方米。全书同）粮食生产功能区划定，天津市坚持把发展粮食生产放在都市型农业建设的首要位置，以发展优质专用粮为重点不断提升粮食的产量和品质，进一步增加综合效益，粮食年生产总量从2016年的196.37万吨增加到2019年的223.25万吨，增长13.69%。"十三五"以来，天津市农业在为粮食安全作出贡献的同时，"菜篮子"建设卓有成效，划定10万亩基本保障型蔬菜生产功能区，2019年蔬菜产量242.78万吨，鲜细菜所占比重不断提高，主要"菜篮子"产品人均占有量和自给率保持全国大城市前列。"十三五"期间，禽蛋产量小幅波动，蔬菜、肉类、牛奶和水产品产量略有下降。总体来看，天津市大宗农产品产量基本稳定，为天津市社会经济稳定发展提供了基础。

（2）种植业结构不断优化。2018年农作物总播种面积643.9万亩，其中粮食作物播种面积525.3万亩，蔬菜播种面积74.6万亩。"十三五"期间粮食播种面积稳定在525万亩以上，蔬菜播种面积逐年增加；170万亩粮食生产功能区（小麦150万亩、水稻20万亩）集群化、基地化发展水平大幅提高，小站稻等天津特色优势农产品发展规模显著扩大，小站稻播种面积从2015年的33万亩扩大到了2020年的80万亩。

（3）林业建设步伐加快。"十三五"期间，天津市重点围绕道路、河道、城、镇、村、湿地、郊野公园、沿海地区，结合生态环境建设，实施大规模造林绿化，林地面积显著增加。截至2019年，天津市共完成营造林180.9万亩，其中，2016年度完成50.6万亩，2017年度完成36万亩，2018年度完成39.7万亩，2019年度完成41.29万亩，乡村生态环境进一步改善，城乡居民拥有更多能够享受绿色生活的生态家园，为实现天津市经济社会全面协调可持续发展提供生态保障。

（4）畜牧业、渔业转型升级成果突出。"十三五"期间，天津市积极落实国家和本市一系列扶持政策，通过实施畜牧业重大项目、推进现代畜牧业园区建设取得新的发展，畜牧业抗风险能力增强，畜产品供应保障有力。如表1-2所示。

表1-2 2015—2018年天津市主要畜禽、水产品产量

| 项目 | 2015年 | 2016年 | 2017年 | 2018年 |
| --- | --- | --- | --- | --- |
| 肉类总产量（万吨） | 45.75 | 45.51 | 36.14 | 33.88 |
| 猪出栏（万头） | 378.00 | 374.79 | 297.22 | 278.56 |
| 牛出栏（万头） | 19.62 | 20.07 | 19.49 | 16.69 |
| 羊当年出栏（万只） | 68.58 | 68.79 | 55.22 | 49.17 |
| 家禽当年出栏（万只） | 8 019.32 | 7 910.60 | 6 137.62 | 5 435.66 |
| 禽蛋产量（万吨） | 20.20 | 20.63 | 18.99 | 19.41 |
| 水产品产量（万吨） | 40.12 | 39.44 | 32.33 | 32.64 |

资料来源：根据2019年《天津统计年鉴》整理计算。

渔业生产方面，"十三五"期间，天津市在转变渔业发展方式、产业优化升级上取得新进展，在渔业增效上取得新的突破，主要体现在两个方面：一是水产养殖面积减少。随着退渔还湿、地下水禁采，水域滩涂环境整治等工作的开展，截至2018年，天津市水产养殖面积已经由2017年的47万亩减少到35.2万亩，水产品产量为32.64万

吨。二是加快了高标准池塘的建设。随着资源环境治理力度的日益加大、地下水使用严格管控以及养殖尾水排放标准的要求，建设高标准池塘显得意义非凡，高标准池塘建设有利于推进水产养殖产品结构调整，优化资源配置，提高水资源利用率，实现养殖尾水达标排放，减少养殖污染，在满足水产养殖生产功能的同时，也保护了生态环境，维护生态平衡，不仅能够保证经济效益，还提升了可观赏性。

（5）农业现代化日益推进。"十三五"以来，天津市加大现代农业机械推广应用力度，农业机械设施水平进一步提升。截至2018年底，天津市农业机械总动力达到347.98万千瓦，拥有量约34.44万台，注册登记拖拉机1.63万台、联合收割机5 372台，拖拉机联合收割机驾驶操作持证人员9 911人，农机服务组织219个（其中农机专业合作社156个），农机维修点208个。运输机械、农田作业机械、农产品加工机械、农业植保机械、林业机械、牧业机械和渔业机械等均有了很大发展。主要农作物耕种收综合机械化水平达到87.0%，其中小麦、玉米、水稻分别达到100%、98.8%、99.28%。耕、种、收综合机械化水平显著提高，有效改善了农业生产条件和广大农民的劳动条件。"十三五"期间完成高效节水灌溉面积40万亩，截至2019年底，天津市已建成高标准农田327.5万亩。

**3. 农业融合发展齐头并进**

（1）都市休闲农业不断开拓。截至2019年9月底，天津市累计创建旅游特色村35个，市级示范园区22个，市级示范村243个。休闲农业直接从业人员超过6.9万人，带动农民就业超过30万人，年接待游客数量近2 000万人次，综合收入突破75亿元，增幅达到20%以上，休闲农业发展有效拉动了农业经济增长。

（2）绿色农产品生产能力不断提高。截至2018年底，天津市获得绿色食品、有机农产品和地理标志农产品认证且在有效期内的农产品共计443个，其中，绿色食品179个、有机农产品233个、地理标志农产品31个。11个产品在中国国际有机食品博览会和中国绿色食品博览会上获得金奖。静海区、武清区获批创建第一批国家级农产品质量安全示范县。

（3）农产品品牌体系初步形成。"十三五"期间，天津市持续推进农产品品牌化建设。截至2019年底，共认定了147个市级农产品品牌（区域公用品牌10个、企业品牌63个、产品品牌74个），其中，沙窝萝卜被认定为"2017年中国百强区域公用品牌"，宝坻黄板泥鳅被认定为第二批、沙窝萝卜被认定为第三批"中国特色农产品优势区"，小站稻、沙窝萝卜、茶淀玫瑰香葡萄、宝坻黄板泥鳅等4个区域公用品牌入选中国农业品牌目录，2019年认定了津南区小站镇小站稻、滨海新区太平镇崔庄冬枣等6个市级特色农产品优势区，确定了市级农业品牌名称"津农精品"和口号"津农津品，津津有味"，为推进天津市农产品品牌化发展提供了支撑。

**4. 农业绿色发展水平持续提升**

天津市持续加大农业绿色发展力度，在蓟州、宁河开展绿色高质高效示范区整建制推进，对其他涉农区绿色农业发展起到较好的带动作用。截至2019年，主要农作物统防统治覆盖率达到40%，肥料利用率达到40.14%，农药利用率达到40%，测土配方施肥覆盖率91.6%以上。蔬菜基地质量安全体系进一步完善，放心菜基地绿色生态标准化水平进一步提升，累计新建放心菜基地28家，年均规范运行已建成放心菜基地150家以上。

### 5. 农业科技研发应用快速发展

"十三五"期间，天津市农业科技创新、研发应用能力大幅提高。截至2018年底，建成10个农业科技合作创新示范园区，开展100个规模化规范化设施园区和10个绿色循环畜产品生产基地建设。与中国农业科学院开展科技合作项目4项，建立试验示范基地10个，水稻津原89等品种在京津冀等地区推广100多万亩。结合渤海湾综合治理工作，在重要渔业水域放流各类苗种15亿单位。粮食生产科技水平稳步提升，主要粮食主推技术到位率达到100%。现代种业发展迅速，截至2019年底，认定育繁推一体化种业企业7个、农作物种子（苗）生产基地14个和畜牧水产良种繁育基地29个。截至2020年，农业科技进步贡献率达到68%，成为天津市农业现代化的重要支撑力量。

### 6. 新型农业经营主体发展壮大

"十三五"期间，天津市以发展现代都市型农业为抓手，大力发展新型农业经营主体，农民合作社、农业龙头企业、家庭农场等发展壮大。农民合作社、家庭农场和农业龙头企业等各类新型农业经营主体是农业先进生产力的代表，在现代农业发展中具有带动作用，是保障天津市粮食安全和主要农产品有效供给的主力军。截至2017年底，累计工商登记注册合作社12 282家、带动农户52万户，累计培育市级农民合作社544家、示范性家庭农场111家。

## （二）农村制度体系改革持续创新

### 1. 农村集体产权制度改革顺利推进

按照天津市委、市政府关于统筹推进农村集体产权制度改革的部署，着力做好试点监测评估，加快健全农村产权流转交易市场建设，并全面开展农村集体产权制度改革工作监测评估，在全国率先建成了"市-区-镇-村"四级市场体系，推动农村集体产权制度改革取得重要进展，天津市累计已有2 757个村完成了农村集体产权制度改革，共确认村集体经济组织成员300.86万人，清查核实村集体资产总额1 203.17亿元。

### 2. 农村金融体系完备性和多样性不断增强

建立健全投保贷一体化现代农业金融体系。大范围推进农村承包土地的经营权和农民住房财产权"两权"抵押贷款试点，截至2017年底，涉农贷款余额2 272.7亿元，累计投放"两权"抵押贷款910万元。截至2019年9月底，农业担保在保余额6.25亿元，较2018年同期增长13.6%。农民创业小额贷款支持累计为1 048人提供担保贷款1.6亿元。政策性农险险种达到18个，实现保费收入3.57亿元，为农民生产生活提供了146.65亿元风险保障，理赔支付金额达到1.46亿元。

## （三）农村居民生活水平持续提升

### 1. 农村居民生活水平显著提高

"十三五"期间通过推进城乡就业服务均等化、多方位提供就业指导等服务，农民收入实现较快增长,农村居民人均可支配收入从 2016 年的 20 076 元提高到 2019 年的 24 804 元,年均增长 7.3%,工资性收入已成为农民收入的主要来源和增收渠道,城乡居民收入比降低至 1.86;农村居民消费"质""量"齐升,农村居民人均支出从 2016 年的 15 912 元,增长到 2019 年的 17 843 元,农村居民人均消费支出年均增长 3.9%;农村居民更加注重生活品质的提高,农村居民恩格尔系数由 2015 年的 33.1%下降到 2019 年的 30.8%。累计 70 余万农民迁入示范小城镇居住。截至 2018 年底,天津市累计培训农民实用技术人员 10 余万人次,取得农机职业技能证书人员约 5 万余人次,培训新型职业农民 3 000 余人次(表 1-3)。

表 1-3　2016—2019 年天津市农村居民与城镇居民人均收支变化表

| 年份 | 农村居民人均收支 | | 城镇居民人均收支 | |
| --- | --- | --- | --- | --- |
| | 人均可支配收入(元) | 人均消费支出(元) | 人均可支配收入(元) | 人均消费支出(元) |
| 2016 | 20 076 | 15 912 | 37 110 | 28 345 |
| 2017 | 21 754 | 16 386 | 40 278 | 30 284 |
| 2018 | 23 065 | 16 863 | 42 976 | 32 655 |
| 2019 | 24 804 | 17 843 | 46 119 | 34 811 |

资料来源:2020 年《天津统计年鉴》。

### 2. 农民生产生活条件持续改善

基础设施和公共服务设施持续改善,公路延伸到所有村庄,供水设施实现村庄全覆盖,农网供电能力和质量大幅度提升,广播电视、有线电视村村通实现全覆盖。党员活动室、村卫生室、便民超市、村邮站等公共服务设施和图书馆、文化馆、乡镇(街道)综合文化站、村(社区)文化活动室、农家书屋等文化服务设施实现全覆盖。免费基础公共卫生服务项目全面实施。具备建设条件的村体育健身场所占比达到 100%。

农产品网络销售体系逐步成型,天津市农产品电商实现年销售额 10 亿元以上,已完成 1 603 个村级益农信息社建设。截至 2017 年底,完成 2.52 万户农村危房改造,农村自来水普及率达到 98.7%,农村集中供水率达到 98.7%,农村宽带覆盖率达到 99.7%,建制村通硬化路比例达到 100%,城乡公路实现路网并轨,继续推进"农村公路+"的模式。社会保障体系更加健全,保障水平持续提高。在全国率先建立城乡统筹的城乡居民基本医疗保险制度和养老制度,城乡社会保障制度实现农村地区全覆盖。各项保障标准均高于全国平均水平。农村居民养老保险参保率达到 96.2%,农村居民基本医疗保险参保率达到 95%。基层医疗卫生机构为 1.7 万名低收入困难居民无偿提供家庭医生签约服务,覆盖率达到 77%。

### 3. 结对帮扶困难村工作成效显著

2017 年 8 月,全面完成第一轮结对帮扶 500 个困难村的任务。500 个困难村党组织全部达到"五好党支部"创建标准;村集体经济收入平均达到 51 万元,为帮扶前的 6 倍;转移就业农民 17.9 万人。2017 年 8 月,启动新一轮结对帮扶困难村工作。截至

2019年底，新一轮结对帮扶1 041个困难村，村均集体经营性收入30.8万元，较2016年帮扶前增长2.5倍；农民人均可支配收入2.43万元，较2016年帮扶前增长30.3%。782个村达到"美丽村庄"建设标准，1 030个村达到"五好党支部"创建标准，887个村达到区级及以上"文明村"创建标准，971个村达到"平安村庄"创建标准。

截至2018年底，天津市对口支援和东西部扶贫协作地区共50个贫困县（市）中，已有24个县脱贫摘帽。深入实施"三支一扶"计划，累计共招募1 918人，为农村基层输送了一批高素质人才。

### （四）农村生态环境治理迈上新台阶

#### 1. 农村人居环境显著提升

"十三五"期间，天津市深入推进"百村示范、千村整治"和农村全域清洁化工程，完成农村人居环境整治三年行动，坚持"示范先行、以点带面"，加快农村生活垃圾、厕所、生活污水、塑料污染治理进度，农村人居环境整治工作取得了明显成效。

农村生活垃圾治理方面。按照千分之五人口比例配备的农村保洁员以及村庄垃圾收运配套设施已基本实现村庄全覆盖，农村生活垃圾无害化处理率达到96%。

厕所粪污治理方面。2019年新改造提升卫生户厕22.7万座、公厕2 785座，农村卫生厕所覆盖率达到86%。天津市规模养殖场畜禽粪污治理基本实现全覆盖，完成2 921家规模养殖场畜禽粪污治理，畜禽粪污资源化利用率达到80%以上。

农村生活污水治理方面。根据农村不同区位条件、村庄人口聚集程度、污水产生规模，因地制宜采用污染治理与资源利用相结合、工程措施与生态措施相结合、集中与分散相结合的建设模式和处理工艺，截至2019年底，天津市现状保留村污水处理设施覆盖率达到78%，截至2020年底，建成农村生活污水处理设施770个，农村生活污水处理设施稳定运行。

塑料污染治理方面。开展源头治理，加大对违规生产薄塑料购物袋企业查处力度。加强对商品零售场所重点领域、行业销售、使用塑料购物袋的监督检查。加强对废塑料的回收利用管理工作，大力推进规模化分拣和分级利用，提高塑料资源利用率。

#### 2. 生态环境不断改善

"十三五"期间，天津市加快双城间736平方千米绿色生态屏障建设，推进一级管控区生态环境治理工程，促进二级、三级管控区生态环境质量提升和产业转型升级，截至2019年底，实施大规模植树造林36.69万亩。实施清水工程，全面落实河长制，农村坑塘纳入河长制管理。进一步加强875平方千米的湿地保护，持续推动天津市湿地"1+4"规划，对七里海、北大港、大黄堡、团泊四大湿地自然保护区按照核心区、缓冲区和实验区要求实施分区管控。启动七里海、北大港、大黄堡湿地和团泊鸟类自然保护区的保护与修复工作，武清永定河故道国家湿地公园、宝坻潮白河国家湿地公园、蓟州区州河国家湿地公园、下营环秀湖国家湿地公园申报成为国家湿地公园建设试点。开展入海排污口溯源专项整治行动，12条入海河流稳定消除劣Ⅴ类水体。划定农用地环境质量类别，更新污染地块名录和开发利用负面清单，受污染耕地和城市污染地块安全利用率均达到90%以上。

## （五）现代乡村治理体系初步构建

### 1. 农村基层组织发展服务能力不断提高

开展农村基层干部专业化培训，对3 538名新一届村党组织书记、684名驻村工作组组长、2 041名专职党务工作者进行全员培训，不断提高政治觉悟和履职能力。探索小高庄党建引领的"四加"模式，推进新时代"枫桥经验"落地开花，将"十户联防"体系作为网格化建设的基础细胞，探索形成一元领导的"党支部+综治中心"、一网覆盖的"网格化+十户联防"、一体运行的"三防+五保"、矛盾多元化解的"法治+自治"的"四加"模式。在全国率先开展了以"五查五看"为主要内容的村级换届"回头看"，对新一届村"两委"干部逐人再过一遍"筛子"，进一步巩固村级换届成果。

### 2. 农村党建工作不断加强

村党组织战斗堡垒作用进一步彰显，村干部队伍建设水平进一步提升，农村党员队伍生机活力进一步显现。农村党群干群关系更加融洽，民主决策、民主管理、民主监督更加规范和完善，村干部依法依规工作水平显著提高，村民知情权、参与权、决策权、监督权得到有效保障。农村社会保持和谐稳定，以社会主义核心价值观为引领，修订完善村规民约，凝聚民心民气，文明乡风逐渐树立。深化村民自治实践，开展形式多样的基层协商，强化法律在农村矛盾化解中的作用，农民法治意识普遍提高。

# 三、"十四五"农业农村现代化发展形势分析

"十四五"期间，恰逢两个一百年奋斗目标的历史交汇期，我国经济发展进入转型发展攻坚期，我国农业农村发展进入转型升级、改革发展的关键时期。"十四五"天津市农业农村现代化发展将面临更加复杂多变的国际国内环境，外部风险挑战增多，竞争更加激烈，农业农村现代化发展所面临的任务也更加繁重，但是，在国内外错综复杂的形势下，也蕴藏着许多重大的发展机遇。全面把握国际国内农业农村发展形势的新变化，洞察农业农村发展所面临的新问题，关注市场格局的新变化，以全局的视野、全新的理念，制定好天津市"十四五"农业农村现代化发展规划，建设高质量、可持续的农业农村现代化发展新局面，对于确保未来天津农业农村平稳、健康、持续发展具有重要的现实意义。

## （一）发展环境

### 1. 国际环境

从国际环境来看，世界处于百年未有之大变局，全球政治经济格局加速演变，国际经贸投资规则体系面临冲击。中美战略博弈成为常态且具有长期性、艰巨性、复杂性，

是我国发展的首要外部挑战和最大不确定性因素。全球经济增长乏力，经济运行风险和不确定性显著上升。后疫情时代对全球经济特别是农产品贸易造成较大影响，深刻改变国家间比较优势和发展优势。

（1）WTO规则对农业的影响加深。我国加入WTO时，在农业方面作出了较高的开放承诺，即对一些重要的农产品承诺了进口关税的配额，入世以来，通过签订双边或多边区域贸易协定实行更大程度的开放，这为我国农业在入世之后保持稳定发展提供了重要保障，我国农业发展依然总体平稳，延续了入世之前的向上走势。但也必须清醒地认识到，随着工业化城镇化水平的提高，入世给我国农业带来的挑战逐步显性化。有两大挑战已摆在面前：一是农业对外依存度快速上升，国内外农产品生产成本和价格倒挂幅度不断扩大导致的价差驱动型进口压力、国内生产增长赶不上需求增长导致的缺口驱动型进口压力叠加，成为导致我国农产品进口不断增长的重要原因；二是国内支持水平快速上升，部分支持政策一度超过承诺的上限，这将会影响到我国的农业产业发展、农民就业及粮食安全、经济安全。

（2）国际环境变化对农业农村带来极大影响。世界市场的新动态从供求方面影响我国农业农村的进一步发展。一是欧美等发达国家对中国的需求正在变弱，导致中国劳动密集型产业发展遇到外需不足的困难。二是发达经济体利用优质营商环境吸引国际高端资本技术回流本国，对中国发展中高端产业形成竞争和挤压。三是发展中国家正在学习中国的发展模式，发展与中国一样的劳动密集型产业，生产同中国一样的劳动密集型产品，也同中国一样将这些产品出口到发达国家市场，对中国同类产品发生了极为明显的市场供给替代。这些动态变化趋势，既对中国当前以及今后发展劳动密集型产业带来了极大竞争压力，也加大了中国产业高端化的阻力。这些变化显然不利于农村劳动力转移和农民进城务工就业。

（3）后疫情时代对全球经济造成严重影响。由于疫情，2020年一季度我国对外贸易出现下滑，农产品贸易也受到影响，进口增幅低于往年同期，出口降幅较大。其中，进口370.8亿美元，增长8.9%，进口增加比较多的是肉类和大豆；出口162.3亿美元，下降5.6%，受影响最大的是水产品，出口额为2012年以来同期最低，同比降幅达到18%，蔬菜、茶叶等特色优势农产品出口也略有下降。目前，国际新冠肺炎疫情形势依然复杂，对我国农产品贸易的影响还将持续显现。

2. 国内环境

（1）我国经济从高速增长转向高质量发展。随着工业化、城镇化、信息化的深入推进，我国经济由高速增长阶段转向高质量发展阶段，实体经济增长取得巨大成就，2016年，核心实体经济总量已经达到24.8万亿元、主体实体经济总量达到36.1万亿元、全部实体经济总量更是达到了63.4万亿元。在实体经济高速发展下，通过深化工业化进程、深化供给侧结构性改革和深化市场经济体制改革，推动实体经济从高速工业化向高质量工业化的战略转型，中国实体经济供给质量不断提升，发展环境不断优化。

（2）"十四五"是推进乡村振兴战略实施的关键五年。按照乡村振兴战略规划实施方案，10亿亩高标准农田建设将会如期完成，农村一二三产业融合发展示范园区创建计划（包括先导区、示范基地建设）会取得明显效果，一批数字农业和智慧农业发展、新型经营主体培育和国家农业高新技术产业示范区、国家农业科技园区、农村"星创天地"、农村双创示范园区或基地等工程计划行动都将得到落实并开始见效。这些工程行动计划的完成，都将有利于加快农业农村现代化进程。

（3）城乡居民收入绝对差距持续扩大。从表1-4可以看到，2012年以来，由于农村居民收入增长速度相对快于城镇居民，使得城乡居民收入相对差距在不断缩小，2012年城乡居民人均可支配收入比为1∶2.88，2018年降为1∶2.69。但是，六年来城乡居民可支配收入绝对差距还在明显拉大。2012年，城镇居民人均可支配收入比农民多15 737.4元，到2018年绝对差距扩大到24 633.8元，城乡居民收入绝对差距扩大了56.5%。城乡收入绝对差距扩大既不利于消除贫困，也不利于增加中低收入群体的消费需求，更不利于建立强大的国内市场。

表1-4 我国城乡居民人均收入差距变化

| 年份 | 城镇居民人均可支配收入 | | 农民人均可支配收入 | | 城镇/农村 | 收入差额（元） |
| --- | --- | --- | --- | --- | --- | --- |
| | 绝对数（元） | 增长（%） | 绝对数（元） | 增长（%） | | |
| 2012 | 24 126.7 | 9.5 | 8 389.3 | 10.7 | 2.88 | 15 737.4 |
| 2013 | 26 467.0 | 7.0 | 9 429.6 | 9.3 | 2.81 | 17 037.4 |
| 2014 | 28 843.9 | 6.8 | 10 488.9 | 9.2 | 2.75 | 18 355.0 |
| 2015 | 31 194.8 | 6.6 | 11 421.7 | 7.5 | 2.73 | 19 773.1 |
| 2018 | 39 250.8 | 5.6 | 14 617.0 | 6.6 | 2.68 | 24 633.8 |

资料来源：2019年《中国统计年鉴》。

（4）我国农业农村现代化面临"五期交汇"。2020年，我国全面建成小康社会如期实现，第二个百年目标建设顺期开局，精准脱贫任务按期完成。"十四五"时期，我国农业农村现代化面临许多重要历史节点，是我国由全面建设小康社会向基本实现社会主义现代化迈进的关键时期、"两个一百年"奋斗目标的历史交汇期、精准脱贫与乡村振兴的有效衔接期、供给侧结构性改革的深化期，也是全面开启社会主义现代化强国建设新征程的重要机遇期。

（5）乡村产业进入新的发展阶段。"十四五"时期，我国乡村产业发展进入新的阶段，乡村产业的发展形势将发生很大变化。功能方面：农业为国民经济提供土地、劳动力等要素的功能和出口创汇功能在弱化，其就业和增收功能趋于稳定，农产品有效供给功能在强化，生态保护、休闲娱乐、健康养生、文化传承等新功能迅速显现；业态方面：由单一物质产出向非物质产出并重转变，互联网农业、智慧农业和休闲农业迅速替代传统农业业态；机制方面：从分工分业向产业融合转变，要素跨界渗透推动农旅结合、农贸结合、农文结合等，构成了乡村产业的主要特征；政策方面：乡村产业发展政策由聚焦农业和农产品供给转向聚焦乡村多种产业和不同业态，特别是支持新产业、新业态发展。

## （二）发展优势

### 1. 区位条件优越

天津市地处华北平原东北部，海河流域下游，东临渤海，北依燕山，西靠首都北京，是海河五大支流的汇合处和入海口，素有"九河下梢""河海要冲"之称，是邻近内陆国家的重要出海口。天津紧邻北京，与河北省的唐山、承德、廊坊、沧州地区接壤，辐射华北、东北、西北13个省（区、市）。京津冀都市圈地区，北京人口众多、国际交往频繁，对农产品市场需求旺盛，石家庄、唐山、保定等城市发展迅速，市场潜力巨大，为天津农业的发展提供了市场机遇。

### 2. 特色优势产业突出

天津特色农产品种类繁多，在国内享有盛誉，已初步形成有一定的集中优势、市场竞争力的发展格局。优势产业主要有特色粮经作物、特色园艺产品、特色畜产品、特色水产品、林特产品等，主要包括西青沙窝萝卜，北辰食用菌，宝坻"三辣"（六瓣红大蒜、五叶齐大葱、天鹰椒）、强筋麦和蛋鸡，东丽花卉，滨海新区渔业和现代畜牧产业园区（肉羊、蛋鸡、奶牛、畜种业），津南小站稻、观赏鱼，武清蔬菜、奶牛，静海标准化畜牧养殖（生猪、奶牛），宁河种猪、水产品养殖、蔬菜以及蓟州林果苗木、强筋麦等。

## （三）发展机遇

### 1. 京津冀协同发展战略为农业农村现代化提供了机遇期

京津冀协同发展是习近平总书记亲自谋划、亲自推动的重大国家战略，对实现"两个一百年"奋斗目标、实现中华民族伟大复兴具有重大而深远的意义，是指引天津市高质量发展的根本战略和纲领遵循，是天津市前途命运之所系，京津冀协同发展战略的实施将扩大可利用的发展资源，为农业农村现代化提供新动力、搭建新平台，对天津市农业农村现代化具有深远而又重大的影响。

### 2. 乡村振兴战略的实施成为实现农业农村现代化的重要抓手

乡村振兴战略是党的十九大作出的重大决策部署，是决胜全面建成小康社会、全面建设社会主义现代化国家的重大历史任务，是新时代"三农"工作的总抓手，对于推动农业全面升级、农村全面进步、农民全面发展具有重大意义。全面实现"五个现代化天津"奋斗目标最艰巨的任务在农村，全面建设美丽天津的短板和弱项主要在农村，重头任务依然在"三农"。"十四五"时期是天津市实施乡村振兴战略、加快推进农业农村现代化和乡村治理现代化的关键时期，乡村振兴战略的实施为农业农村现代化发展创造了条件。

### 3. 农业农村的改革举措加速了城乡要素流动

农业农村改革关系到农村政治、经济、文化等多个方面，深化农业农村改革就是激发农村要素活力，为农业农村现代化发展提供新动能。近年来，天津市全面推进农村集体产权制度改革，推动城乡融合发展，推动农村的资源变资本、资金变股金、农民变股东,探索农村经济发展的新业态和新模式,激发了农村的经济活力。这些措施的实施,有助于从根本上打破城乡分割壁垒,有助于加速改变农业生产经营方式和农村居民的生活方式,有助于加速农业农村现代化的实现。

**4. 农业技术创新和应用为农业农村现代化提供更高效的手段**

农业现代化的内涵随着技术条件的改变而变化,是动态发展的过程。天津市一直重视农业技术创新,推动智能科技与现代农业融合发展。一方面,天津市应用现代的科学技术(物联网技术、农业大数据、人工智能技术等)装备农业生产,组建农业研究院服务指导农业生产;另一方面,天津市构建环保、生态、可持续的农业生态系统,加快推进农业生产的机械化、信息化、产业化和可持续性。天津市的"互联网+农业""人工智能+农业"等新型经营模式已在农业生产领域探索应用。"十四五"时期农业新技术将会进一步向天津市农业农村各领域渗透融合,农业农村生产智能化、经营网络化、管理数据化、服务在线化水平大幅提升,成为创新驱动天津市农业农村现代化发展的先导力量。

## (四)面临挑战

"十四五"时期是我国"两个一百年"奋斗目标的历史交汇期,也是全面开启新征程的重要机遇期,但机遇往往与挑战并存,在极端复杂的经济环境与时代要求下,对天津市农业农村现代化发展提出了"前所未有"的历史性挑战。

**1. 农业效益和农民收入增长缺乏新动力**

(1)农民收支增幅下滑,持续增收动力不足。天津市农村居民人均可支配收入增幅呈下降趋势,由2015年的6.8%下降到2018年的3.9%,到2019年才有小幅上升;城镇居民人均可支配收入增幅持续下降,由2015年的6.4%降到2019年的4.5%。2016—2018年,农村居民人均可支配收入的增幅分别低于城镇居民人均可支配收入增幅的0.2、0.1、0.7个百分点,到2019年有所缓解;农村居民人居消费支出在2017年、2018年两年迅速下降,到2019年随着收入的增加支出增加,城镇居民人均消费支出呈波动下降趋势,由2015年的6.2%下降到2019年的3.8%。2015—2019年,农村与城镇居民人均消费支出增幅分别相差0.7、0.1、3.7、4.8、0.8个百分点,表明农村居民人均消费水平增幅较城镇居民偏低。如表1-5所示。

表1-5 2015—2019年天津市农村居民与城镇居民人均收支增幅变化表

| 年份 | 农村居民人均收支增幅 | | 城镇居民人均收支增幅 | |
| --- | --- | --- | --- | --- |
| | 人均可支配收入增幅(%) | 人均消费支出增幅(%) | 人均可支配收入增幅(%) | 人均消费支出增幅(%) |
| 2015 | 6.8 | 5.5 | 6.4 | 6.2 |
| 2016 | 6.4 | 5.8 | 6.6 | 5.9 |
| 2017 | 6.2 | 0.9 | 6.3 | 4.6 |
| 2018 | 3.9 | 0.9 | 4.6 | 5.7 |

(续表)

| 年份 | 农村居民人均收支增幅 | | 城镇居民人均收支增幅 | |
| --- | --- | --- | --- | --- |
| | 人均可支配收入增幅（%） | 人均消费支出增幅（%） | 人均可支配收入增幅（%） | 人均消费支出增幅（%） |
| 2019 | 4.7 | 3.0 | 4.5 | 3.8 |

资料来源：根据2019年《天津统计年鉴》整理计算。金额为扣除物价因素后数值。

（2）产业结构失衡使经济增长缺乏动力。天津市GDP增长疲软对农村居民人均可支配收入带来严峻挑战。相对于北京和上海，天津市农村工业化程度还不够高，加之环境整治影响，农民工资性收入受到较大影响，城乡发展差距依然较大，农民收入持续较快增长难度加大，城乡居民可支配收入绝对差距扩大趋势尚未得到根本遏制。

（3）小农户与现代农业仍未有效衔接。小农户与现代都市型农业有机衔接，涉及生产端和消费端。在生产端，天津市分散经营的小农户生产设施条件比较落后，个体农户抵御自然风险和规避市场风险的能力弱，不能实现产品到商品的转化，影响到成千上万的小农户生计与收入问题；在消费端，随着天津市消费者和厂家对农产品的质量与安全越来越重视，在面对小农户时如何监督农产品生产流程和实现产品回溯、保证农产品供给安全，是现代都市型农业发展必须解决的问题。

**2. 现代都市型农业特色和品牌影响力不足**

（1）休闲农业发展特色亮点不足。天津市休闲农业的开发多以现有的池塘、果园、农田、养殖场为基础进行改造而成，技术门槛低，项目较为单一，创新项目较少，产品缺乏品位和特色，同质化严重，尤其是可供游客参与的农业生产活动和娱乐活动较少，缺乏吸引力，不能适应现代旅游市场的需求，难以提高重游率。

（2）农业品牌影响力不足。截至2019年底，天津市认定了市级知名农产品区域公用品牌、企业品牌、产品品牌共147个，品种比较丰富、覆盖面较广，但总体规模都较小，在本地影响较大，多数地理标志农产品市场认知度低、企业品牌影响力较低，入选"中国百强区域公用品牌"仅有沙窝萝卜。天津市本地农业产品品牌缺乏在国内其他地方市场及国际市场的竞争力。很多园区和合作社的绿色、有机等优质、高档、特色农产品难以实现优质优价、占领中高端市场、获取较好的回报，进而导致投入与产出效益严重不匹配。与此同时，进口的高档农产品却深受消费者追捧。

（3）现代都市型农业多元形态体系仍不健全。农业的兼业化、副业化、妇女化、老龄化成为普遍现象，在都市农业发展中表现更明显。社会对农业更多的仍然是关注"农产品价廉物美"的传统观点，天津市都市农业的多功能性价值尚未完全有效认识和开发（仅仅局限在观光休闲），生态、文化、民生、社会稳定等价值尚未引起足够重视。

（4）做大做强国际国内一流龙头企业任重道远。天津市缺乏全国知名、领先的本土农业企业，虽然天津市食品集团、天隆种业等农业企业在国内具有一定影响力，但是总体看，天津市农业企业总体数量多、规模偏小、发展水平与天津沿海开放城市不匹配，缺乏大型上市农业企业作为骨干构建起天津市农业发展的"四梁八柱"。

### 3. 资源环境高压下的生态产业有待发掘

(1) 人地矛盾日益突出。天津市耕地面积 4 367.55 平方千米（2017 年），占全市土地总面积的 36.5%，人均耕地面积远低于全国平均水平，并且低于联合国粮农组织确定的 0.8 亩的警戒线，耕地形势不容乐观。天津市人口快速增长、社会经济高速发展等使得城镇用地、水利设施用地、基础设施用地及退耕还林用地等不断增加，导致耕地利用形势不乐观，今后耕地资源数量的保护和合理利用均会形成较大压力，特别是现有耕地中还有 100 多万亩用于造林，给完成粮食安全省长*责任制考核和菜篮子市长**负责制考核带来较大压力。

(2) 农业农村老龄化形势十分严峻。种植业从业人员平均年龄已接近 60 岁，加之农业从业人员社会地位、经济收入等差别，极易造成后续农业从业人员断崖式下降，给一产发展带来巨大挑战。目前，留守在农村的大部分为老龄人员，已不适应农业农村现代化发展对人才的需求。

(3) 水资源短缺。天津市属资源型缺水城市，人均水资源量仅为 83.6 立方米（2017 年），是我国人均水资源量最少的城市之一。受水资源区域分布不均衡的影响，天津市各涉农区农业水资源状况相差悬殊，蓟州区、宝坻区、武清区北部及宁河区北部的全淡地下水分布区，地下水水资源相对丰富；宝坻区、武清区地表水资源相对充沛，可基本保障种植农业灌溉的需要。受地下水压采、限采政策影响，2022 年天津市 76%以上地区深层地下水井将全部封填，个别地区将返回到靠天吃饭状态。农业用水供需矛盾进一步加剧，给农业稳定生产带来十分严峻的挑战。

(4) 资源环境约束下，生态产业是未来发展的方向。坚持生态和可持续发展的原则，使乡村生态旅游资源和生态旅游项目开发和游客参与目的融为一体，使农业产业结构得到优化调整，提高农产品的附加值，促进乡村传统文化的传承和发展，在生态环境和乡土文化得到更好保护和明显改善的同时，为农民创造更多的就业机会和更高的经济效益。天津市生态产业发展还比较滞后，亟待进一步发掘农业农村生态价值。

### 4. 经济下行压力下支农资金渠道有待扩展

在全国经济新常态的大背景下，天津市 GDP 增速下降较多。由表 1-6 所示，2019 年天津市一般公共支出 3 508.7 亿元，其中用于农林水支出 161.5 亿元，占比 4.6%，相比于 2018 年，占比下降了 0.7%。天津市财政支农力度与北京、上海相比仍有较大差距，北京市农林水支出是天津市的 3.4 倍，上海市农林水支出是天津市的 2.8 倍。

表 1-6　2016—2019 年天津市财政支出情况　　　　　　　　（单位：亿元）

| | 2016 年 | 2017 年 | 2018 年 | 2019 年 |
| --- | --- | --- | --- | --- |
| 一般公共支出 | 3 699.4 | 3 282.5 | 3 103.2 | 3 508.7 |
| 农林水支出 | 161.0 | 158.4 | 165.7 | 161.5 |

---

\* 直辖市为市长负责制。

\*\* 指地级市市长。

在农业农村现代化建设背景下，高质量发展需要大量资金投入与整体经济发展形势放缓、财政支农资金有限形成矛盾，亟须扩大资金来源渠道，完善以政府为主导的多渠道资金供应机制，保障农业农村现代化建设资金需求。

# 四、"十四五"农业农村现代化发展总体思路

## （一）指导思想

以习近平新时代中国特色社会主义思想为指导，全面贯彻党的十九大和十九届历次全会精神，深入贯彻习近平总书记系列重要讲话精神，以习近平总书记对天津市提出的"三个着力"重要要求为元为纲，按照"五位一体"总体布局和"四个全面"战略布局，牢固树立和贯彻落实新发展理念，落实市委和市政府的部署和要求，以落实京津冀协同发展重大国家战略为基点，通过涉农区域、产业、村庄合理布局，打造高质量现代都市型农业，推进农业农村全方位绿色发展，统筹城乡融合发展，激发农村发展活力，挖掘农民增长动力，建立健全现代乡村治理体系、乡村文化体系，将天津市打造成全国现代都市型农业示范区、城乡融合示范区、生态宜居美丽乡村示范区、现代乡村治理示范区。

## （二）基本原则

*1. 坚持改革引领，创新驱动*

进一步深化农业农村综合改革，推进农业供给侧结构性改革，坚决破除体制机制弊端，发挥市场在资源配置中的决定性作用，更好地发挥政府作用，激发和放大农村经济发展的内生动力和要素活力。全面落实创新驱动发展战略，把创新作为引领现代农业发展的重要动力，加快转变农业发展方式，着力构建现代农业产业体系和经营体系，打造农业农村发展新引擎。

*2. 坚持以人为本，坚决维护农民主体地位*

充分尊重农民意愿，以维护农民群众根本利益、促进农民共同富裕作为工作的出发点和落脚点，尊重农民经营自主权和首创精神，激发广大农民群众积极性、主动性和创造性，让农民成为农业农村现代化的自觉参与者和真正受益者。

*3. 坚持生态优先，绿色发展*

牢固树立和践行"绿水青山就是金山银山"的理念，把生态文明建设放在突出的战略位置，统筹保障粮食安全、水安全和生态安全，更加重视土地、水、森林等资源的保护和合理利用，统筹山水林田湖等系统治理，严守生态保护红线，大力发展节水农业，推进农业废弃物资源化利用和农业面源污染治理，加强重点区域生态恢复和农产品产地环境保护，完善农产品质量安全监管体系，全面提升农业可持续发展水平。

#### 4. 坚持对外合作，开放发展

充分利用好国内外两个市场、两种资源，引进吸收先进技术和管理经验，拓展农业发展战略空间，加快形成进出有序、优势互补、互利共赢的农业对外开放新格局，着力加强京津冀区域要素资源的融合性与互补性，实现京津冀农业农村协同共赢发展，着力推进农业产业体系协同、科技创新协同、生产经营协同、城镇布局协同、生态建设协同和体制机制保障协同，使天津市乡村在区域协同发展中发挥更大作用、实现更大价值。

#### 5. 坚持城乡联动，融合发展

加大农村基础设施建设力度，提升农村公共服务水平，着力改善农村人居环境，鼓励和引导社会资本投向农村建设，建立城乡均衡的公共资源配置机制，推动城乡要素自由流动、平等交换，推动新型工业化、信息化、城镇化、农业现代化同步发展，形成工农互促、城乡互补、全面融合、共同繁荣的新型工农城乡关系。

### （三）发展定位

立足天津市农业农村发展的实际情况，对标对表农业农村现代化发展方向，加快提升农业农村发展质量。到"十四五"期末，将天津市打造形成现代都市型农业示范区、城乡融合发展示范区、生态宜居美丽乡村示范区、现代乡村治理示范区。

#### 1. 现代都市型农业示范区

立足市情农情，大力开展天津市农业产业结构调整，围绕产业向高端转型、城郊向都市转型，现代种植业重心由粮食生产向设施农业、现代种业、休闲农业、创意农业、科技农业、品牌农业等高端产业发展，深入推进农业供给侧结构性改革，构建完善现代农业产业体系、生产体系、经营体系，强化农业高新技术培养、示范带动、服务辐射等服务功能，高水平建成全国现代都市型农业示范区。

#### 2. 城乡融合发展示范区

加快在城乡融合方面率先突破，要加快推进农村城市化和小城镇建设，实现交通、水利、电力、通信、环保等基础设施建设和城乡一体化，推进教育、医疗、社会保障等基本公共服务城乡均等化，构建完善城乡融合发展的体制机制和政策体系，在全国形成可示范、可借鉴、可推广的经验。

#### 3. 生态宜居美丽乡村示范区

良好生态环境是农村最大优势和宝贵财富，必须尊重自然、顺应自然、保护自然，推动乡村自然资本加快增值，实现百姓富、生态美的统一，按照人和自然和谐发展的要求，保护和改善农业生态环境，走绿色农业发展道路，统筹推进农村人居环境建设，加快特色小镇和美丽乡村建设，率先在全国实现生态宜居美丽乡村示范区。

#### 4. 现代乡村治理示范区

加强和改进乡村治理，在村民自治的基础上，充分发挥党建引领作用，扎实有效推进各项工作，完善村组制度建设，并在发展中注重保障和改善民生，提高村民的获得感、幸福感和安全感，逐步构筑共建共治共享的社会治理格局，扎实推进乡村治理现代化，打造现代乡村治理示范区。

## （四）发展目标

**1. 总体目标**

到 2022 年，建立农村现代产业发展体系、乡村生态环保体系、乡村文化体系、现代乡村治理体系、农民民生保障体系和政策支持体系，完成"十三大工程"规划任务。滨海新区、西青区、东丽区、北辰区和津南区等区力争率先基本实现农业农村现代化，为天津市全面实现农业农村现代化作出示范。

到 2025 年，现代农业产业发展体系、乡村生态环保体系、城乡融合发展体系、农民民生保障体系、现代乡村治理体系、乡村文化体系建设基本完善。现代都市型农业经济、生态、服务功能协调发展，农业综合生产能力不断增强，农业结构更加优化，农村环境持续改善，城乡融合深入发展，农民收入持续增长，乡村治理体系、文化体系更加健全。

**2. 具体目标**

（1）农业农村发展新格局初步形成。统筹城乡规划，科学布局区域发展重点、农业产业结构、特色村庄，构建国土空间上的区域多层次、多元化协调发展机制。

（2）现代都市型农业升级版基本成型。农业高质量发展水平、优质精品农产品、粮食和菜篮子产品供给同步提高，优势特色农产品品牌力提升，产业融合程度加深，都市休闲农业和乡村旅游具备更大发展空间。

（3）农业农村绿色发展水平显著提高。农业资源保护水平和利用效率显著提升，美丽乡村建设取得明显进展，农业和农村环境得到有效改善。农业绿色发展指标位列全国前茅，40%涉农区创建农业绿色发展先导区。乡村生态价值得到进一步提升。

（4）农业机械化水平进一步提升。农机具配置更加合理，农机生产条件显著改善，农机社会化服务体系基本建立，农机使用效率显著提升，全市主要农作物耕种收综合机械化率达到 90% 以上，设施农业、畜牧养殖、水产养殖和农产品初加工机械化率总体达到 55% 左右。

（5）城乡融合发展不断深入。城乡基础设施一体化、公共服务均等化水平持续提高，城镇经济带动农业、农村、农民发展能力提升，更多人才、科技、资金等先进要素向乡村流动。

（6）农民收入持续增加。城镇化水平不断提高，农民工资性、财产性收入显著提高，农村金融服务、农业社会化服务体系更加健全，困难农户支持政策持续发力。

（7）乡村治理体系不断完善。以党组织为核心的农村基层组织建设明显加强，农村治理结构优化，乡村法治建设和德治水平提高，现代乡村治理体系初步构建。农村精神文明水平提高，优秀乡村文化资源、农耕文化传承发展，乡村文化生活更加丰富多彩。

# 五、农业农村现代化发展评价指标体系构建

## (一) 指标体系研究方法

### 1. 研究思路

首先,通过对天津市农业和农村经济发展"十三五"规划指标体系实施情况的分析以及对《乡村振兴战略规划 (2018—2022 年)》《天津市乡村振兴战略规划 (2018—2022 年)》、国家和天津市已有相关规划指标体系的分析研究,构建规划指标体系的基本框架结构,筛选出农业农村现代化规划指标体系的现有初选指标。其次,通过对天津市农业农村发展外部形势和"十四五"期间的主要工作任务的分析,提出新增指标。最后,根据指标选取原则,对现有和新增的初选指标进行进一步筛选,最终选定规划指标。

### 2. 指标选取原则

(1) 整体性与系统性原则。农业农村现代化指标体系是一个有机整体,要将体系里各要素有机的整合起来,既能反映农业农村现代化基础支撑水平,又能反映应用水平;既要重视各构成要素的建设情况,又要注意与整体之间的关系,争取做到不重复计算。

(2) 阶段性与层次性原则。农业农村现代化是一个逐渐进步、发展的过程,不能盲目搞"一刀切",争取做到评价前、评价中和评价后相结合,使指标体系评价分析不断地深化,从而形成循序渐进的过程。制定农业农村现代化实现程度的阶段目标,明确建设目标,分步实施。

(3) 连贯性与前瞻性原则。天津市"十四五"农业农村现代化指标体系体现的是未来五年天津市农业农村发展趋势,既要符合阶段性统计指标体系承上启下的基本特征,又要体现对未来天津市农业农村现代化发展的预测需求。首先,制定天津市"十四五"农业农村现代化指标体系应与《天津市乡村振兴战略规划 (2018—2022 年)》充分衔接,同时与国家、农业农村部以及天津市现有的同期相关规划的指标体系相互衔接,根据习近平总书记在天津视察时的重要指示以及对天津工作提出的"三个着力"重要要求以及与实现"五个现代化天津"的奋斗目标无缝衔接。其次,要考虑到未来五年天津市农业农村发展所处的战略机遇,"十四五"期间,应继续推进和强化"十三五"期间的农业农村工作,实现"十三五"规划目标指标与"十四五"规划目标指标之间的有机衔接。

(4) 可比性与时代性原则。天津市"十四五"农业农村现代化指标体系建立的目的是要评估和对比分析"十四五"期间天津市农业农村现代化发展成果。因此,天津市"十四五"农业农村现代化指标体系原则上应选择现有的,被广泛使用的统计指标,以利于天津市与其他地区的对比分析。同时,指标体系还要顺应时代发展潮流,突出供

给侧结构性改革、绿色发展高质量发展等新特点和新需求，突出乡村振兴战略、"一带一路"建设及京津冀协同发展等国家战略实施进程中天津市农业农村的地位和作用。

### 3. 目标值预测方法

本文目标值的确定，将结合目标值的性质采取不同的预测方法。

（1）定基动态比率法。对于农产品供给指标由于数值具体且有年度连贯性，采用定基动态比率的方法，即用某一时期的数值作为固定的基期指标数值，将其他的各期数值与其对比，将一定的增长率作为动态比率，来推断预测期的数值。该法以间接调查所得的某项经济指标预测值为基础，依据该指标与预测目标间相关比率的资料，转导出预测值。预测模型为：

$$y = G(1+k)\delta_1 \delta_2 \cdots \delta_n$$

其中，$y$ 表示预期目标下期预测值；$G$ 表示本期某参考经济指标观察值；$k$ 表示参考经济指标下期增或减的比率；$\delta_1 \delta_2 \cdots \delta_n$ 表示预测目标与参考经济指标间客观存在的相关经济联系的比率系数；$n$ 表示相关经济联系的层次数。

（2）差分自回归移动平均模型方法（ARIMA）。对于具有较多连贯年份数据的指标，可采取差分自回归移动平均模型进行预测。其基本思想是将预测对象随时间推移而形成的数据序列视为一个随机序列，用特定的数学模型来近似描述该序列。模型一旦被识别后就可以从时间序列的过去值及现在值来预测未来值，同时这一模型不仅考察预测变量的过去值与当前值，同时将过去值拟合产生的误差也作为重要因素纳入模型，提高了模型的精确度。实际操作中，如果非平稳序列 $y_t$，经过 $d$ 阶逐期差分后平稳（即 $d$ 阶单整），则可利用 ARIMA（$p$，$q$）模型对该平稳序列建模，然后再经逆变换得到原序列。上述过程就是 ARIMA 的建模方法。模型的数学描述为：

$$\Delta^d y_t = \theta_0 + \sum_{i=1}^{p} \varphi_i \Delta^d y_t + \varepsilon_t + \sum_{j=1}^{q} \theta_j \varepsilon_{t-j}$$

其中，$\Delta^d y_t$ 表示 $y_t$ 经 $d$ 次差分转换之后的序列；$\varepsilon_t$ 是 $t$ 时刻的随机误差，是相互独立的白噪声序列，且服从均值为 0，方差 $\sigma_2$ 的正态分布。$\varphi_i$（$i=1, 2, \cdots, p$）和 $\theta_j$（$j=1, 2, \cdots, q$）模型的待估计参数，$p$ 和 $q$ 为模型的阶。上述模型记为 ARIMA（$p$，$d$，$q$）。在生成产量预测模型后，可以通过预测值和实际值之间的平均相对误差（MAPE）来检验拟合结果。

（3）比例系数法。一些指标的变化并不是孤立的，常与其他因素相关，如人口变化、消费水平变化、经济增长等。采取比例系数法，知道其中某一变量的变动规律和它们之间的比例关系，就可预测另外一种变量的变化趋势。计算某项指标的目标值，可以结合基期已知指标同待预测指标的函数关系，来预测指标的变动率。公式如下：

$$g = \frac{D_a}{D_b} = \frac{f(C_a)}{f(C_b)}$$

其中，$C_a$ 表示 $a$ 年份的某已知指标基期值；$C_b$ 表示 $b$ 年份某已知指标的目标值；$D_a$ 表示 $a$ 年份的待预测指标基期值；$D_b$ 表示 $b$ 年份待预测指标的目标值；$f$ 表示已知指标与待预测指标函数关系；$g$ 表示待预测指标变化率；最后，根据指标变化率和待预测指标基期值，就能计算出待预测指标目标值。

(4) 专家评价法。对于无法用具体数值衡量的比率指标，特别是较新的指标，采取专家调查的方法，搜集农业权威专家的经验判断，将这些意见集中进行综合分析，作出相应的预测。预测结果以区间形式为主，设定一个上限或者下限。当有 $n$ 个专家时，共有 $n$ 个（包括重复的）答数排列如下：$x_1 \leqslant x_2 \leqslant \cdots \leqslant x_n$，中位数及上、下四分位点分别用 $X_{中}$、$X_{上}$ 和 $X_{下}$ 表示。

预测值的最大值与最小值之差称为全距，即全距为 $X_{max}-X_{min}$，式中 $X_{max}$ 是最大值，$X_{min}$ 是最小值。运用四分位点法描述专家们的预测结果，中位数表示专家们预测的协调结果（期望值），上、下四分位点表示专家们意见的分散程度，或者 $X_{max}$ 表示预测区间的上限、$X_{min}$ 表示预测区间的下限。于是，上、下四分位点的范围就表示预测区间。

## （二）指标体系构建

"十四五"天津市农业农村现代化指标体系可分为现代农业产业发展体系、乡村生态环保体系、城乡融合发展体系、农民民生保障体系、现代乡村治理体系、乡村文化体系等6个大类，共33项统计指标，详见表1-7。

表1-7 "十四五"天津市农业农村现代化指标体系

| 分类 | 序号 | 主要指标 | 单位 | 属性 |
| --- | --- | --- | --- | --- |
| 现代农业产业发展体系 | 1 | 粮食综合生产能力 | 万吨 | 约束性 |
| | 2 | 农业科技进步贡献率 | % | 预期性 |
| | 3 | 主要农作物耕种收综合机械化水平 | % | 约束性 |
| | 4 | 农业劳动生产率 | 万元/人 | 预期性 |
| | 5 | 农业土地生产率 | 元/亩 | 预期性 |
| | 6 | 多种形式土地适度规模经营比重 | % | 预期性 |
| | 7 | 天津市知名农产品品牌数量 | 个 | 预期性 |
| | 8 | 地产农产品质量安全抽检合格率 | % | 约束性 |
| | 9 | 休闲农业综合收入 | 亿元 | 预期性 |
| 乡村生态环保体系 | 10 | 森林覆盖率 | % | 预期性 |
| | 11 | 林木绿化率 | % | 约束性 |
| | 12 | 农田灌溉水有效利用系数 | — | 预期性 |
| | 13 | 秸秆利用率 | % | 预期性 |
| | 14 | 畜禽粪污综合利用率 | % | 约束性 |
| | 15 | 规划保留村污水处理设施覆盖率 | % | 预期性 |
| | 16 | 农村卫生厕所普及率 | % | 约束性 |
| | 17 | 创建美丽村庄 | 个 | 预期性 |

(续表)

| 分类 | 序号 | 主要指标 | 单位 | 属性 |
|---|---|---|---|---|
| 城乡融合发展体系 | 18 | 常住人口城镇化率 | % | 预期性 |
| | 19 | 财政支农支出占财政支出比重 | % | 预期性 |
| | 20 | 农村义务教育学校专任教师本科以上学历比例 | % | 预期性 |
| | 21 | 新增劳动力平均受教育年限 | 年 | 约束性 |
| | 22 | 城乡居民恩格尔系数差异 | | |
| | 23 | 城乡居民收入比 | | 预期性 |
| 农民民生保障体系 | 24 | 农村居民恩格尔系数 | % | 预期性 |
| | 25 | 农村居民人均可支配收入 | 元 | 预期性 |
| | 26 | 农村自来水普及率 | % | 预期性 |
| | 27 | 农村居民养老保险参保率 | % | 约束性 |
| | 28 | 农村居民基本医疗保险参保率 | % | 约束性 |
| 现代乡村治理体系 | 29 | 村庄规划管理覆盖率 | % | 预期性 |
| | 30 | 村党组织书记兼任村委会主任的村占比 | % | 预期性 |
| | 31 | 有村规民约的村占比 | % | 预期性 |
| 乡村文化体系 | 32 | 村综合性文化服务中心覆盖率 | % | 预期性 |
| | 33 | 农村居民教育文化娱乐支出占比 | % | 预期性 |

1. 现代农业产业发展体系

"十四五"时期是天津市发展现代都市型农业提质增效升级的关键时期，农业产业将更加注重质量和效果，因此在指标设计上集中体现都市型农业的基本定位，突出农业经济发展成果和质量。

现代农业产业发展指标体系主要包括以下9项：粮食综合生产能力、农业科技进步贡献率、主要农作物耕种收综合机械化水平、农业劳动生产率、农业土地生产率、多种形式土地适度规模经营比重、天津市知名农产品品牌数量、地产农产品质量安全抽检合格率、休闲农业综合收入。

2. 乡村生态环保体系

乡村生态环保体系指标选取以保障生态资源安全为前提，坚持节约优先、保护优先、自然恢复为主的方针，正确处理人与自然的关系，推动生产、生活和生态融合发展，建设生活环境整洁优美、生态系统稳定健康、人与自然和谐共生的生态宜居美丽乡村。

乡村生态环保指标体系主要包括以下8项：森林覆盖率、林木绿化率、农田灌溉水有效利用系数、秸秆利用率、畜禽粪污综合利用率、规划保留村污水处理设施覆盖率、农村卫生厕所普及率、创建美丽村庄。

### 3. 城乡融合发展体系

城乡融合发展，就是要统筹城乡经济社会发展，促进城乡一体化。因此在指标设计上集中体现天津市城乡要素合理配置、城乡基本公共服务普惠共享。

城乡融合发展指标体系主要包括以下 6 项：城镇化率、财政支农支出占财政支出比重、农村义务教育学校专任教师本科以上学历比例、新增劳动力平均受教育年限、城乡居民恩格尔系数差异、城乡居民收入比。

### 4. 农民民生保障体系

"十四五"时期，天津市持续保障和改善民生，因此在指标设计上集中体现城乡发展差距缩小，农村美好生活保障水平提高以及农民的获得感、幸福感和安全感不断增强的基本定位。

农民民生保障指标体系主要包括以下 5 项：农村居民恩格尔系数、农村居民人均可支配收入、农村自来水普及率、农村居民养老保险参保率、农村居民基本医疗保险参保率。

### 5. 现代乡村治理体系

在现代乡村治理体系指标选取上，体现党委领导、政府负责、社会协同、公众参与、法治保障的现代乡村社会治理体制，体现自治、法治、德治相结合的乡村治理建设。

现代乡村治理指标体系主要包括以下 3 项：村庄规划管理覆盖率、村党组织书记兼任村委会主任的村占比、有村规民约的村占比。

### 6. 乡村文化体系

"十四五"时期，天津市提高乡村社会文明程度，加强农村思想道德建设，传承发扬乡村优秀传统文化，加强乡村公共文化建设，提升农民精神风貌。

乡村文化指标体系主要包括以下 2 项：村综合性文化服务中心覆盖率、农村居民教育文化娱乐支出占比。

# 六、推进农业农村现代化发展的对策措施

"十四五"期间，要以问题为导向，围绕要实现的目标，采用新理念、新思维、新举措，加快推进农业农村现代化建设。

## （一）强化组织领导，明确责任分工

### 1. 加强组织管理

成立农业农村现代化领导小组，办公室设在市农业农村委，由主管农业市长任组长，市农业农村委主任任副组长，相关部门领导为组员，共同推进天津市农业农村现代化建设。建立目标责任制度，责任落实到具体单位和个人。建立联席会议制度，定期召开工作交流会，共同解决项目实施过程中遇到的难题。将农业农村现代化建设纳入绩效

考核体系，目标落实与责任人绩效直接挂钩。

2. 强化社会参与

组建一支精干的专家顾问团，形成"智囊团"，团队由熟悉天津市农业农村发展情况、在国内外知名高校或科研院所从事农业农村现代化相关方面研究的专家团队组成。同时，建立灵活的人才机制，把人才引进与培养结合起来。按需招才，结合农业农村现代化发展需求，引进科技、政策、经济、生态等方面的专业型人才，从事咨询服务、技术指导、市场开拓等工作。引导资本投入农业农村现代化事业，带动劳动力流回农村，重点做好农民教育及培训工作，提高农民整体素质。

3. 强化督察检查

制定严格的农业农村现代化推动措施和督导机制，成立专项督导组，建立常态化督查巡查机制。突出重点项目、重点任务的引擎引领作用，重点关注推进，分类有序实施，对项目基础设施建设工程、设施物资采购等工作进行定期结算，对重点项目建设工作持续开展监察督导，确保项目工作顺利实施。

## （二）完善政策配套，加大扶持力度

1. 强化土地利用管理

落实土地政策，在保护和不破坏农业综合生产能力的前提下，放活农业项目用地政策，对不破坏耕作层农业生产辅助设施用地，不占用基本农田的，可及时办理用地手续。结合推进农村集体产权制度改革，明确产权，完善权能，给集体权属用于农业农村现代化发展更多用地权。在充分调查及掌握土地各类资源基础上，探索建设用地指标"统筹管理"，统一整合，提高土地利用率。支持点状用地方式，鼓励土地复合利用，通过土地综合整治、归并地块等方式，加强农村三产融合项目用地保障。

2. 强化科技支撑

一是开展农业科技物质装备提升工程。打造以农业大数据、农业物联网、植保无人机、农产品质量追溯为重点的数字农业技术平台，推动智慧农业加快发展。二是进一步加强产学研用合作，强化与"四院四校"的农业科技合作以及日本、以色列、加拿大等国际合作，实施重大农业科技成果转化与推广项目，促进农业高新技术的引进与应用。三是实施高素质农民教育培训计划，开展分专业、分层次、分区域、多形式的高素质农民教育培训，提高基层农业技术人员、农民的科技素质，为新科技引用、推广提供有力的人力资源保障。

3. 推行绿色农业发展引领行动

加大新技术、新农机推广应用力度，进一步提升农作物单位面积肥料和农药利用率，推动畜禽粪便综合利用，支持推进水产养殖高标准池塘建设、海淡水水产养殖尾水处理设施建设和循环水养殖设施设备更新改造。坚持种养业有机结合、循环发展的理念，建立人畜粪便、生活污水、生活垃圾和秸秆等农村有机废弃物"收集—转化—利用"三级网络体系。

## (三）健全投入机制，保障资金供给

### 1. 加大财政支持力度

建立健全实施农业农村现代化财政投入保障制度，完善财政投入稳定增长机制，坚持把农业农村现代化作为财政支出的优先保障领域。优化财政供给结构，除足额及时兑现项目支持资金外，还要整合各种财政支农资金，实行"大专项+任务清单"管理模式和因素法分配机制，推进行业间涉农资金统筹使用，进一步提高涉农资金投入效率和使用效益。优化政府投资安排方式，探索通过建立基金、先建后补、以奖代补等方式，允许以多种方式投入农业农村现代化确需支持的项目。

应利用扩大发行国债、国有股的减持或市场化来增加对农业的投入，增加土地出让收入中用于农业农村的比例，建立支持农业现代化专项基金，增加对现代农业建设的投入，提高对农村公共服务支持强度。

### 2. 完善农业金融体系

支持各金融机构将普惠金融重点放在农业农村现代化建设项目上，并增加信贷投放。鼓励商业银行参与项目建设贷款的发放，对于符合条件的金融机构给予政策优待。深入推进金融支农的产品和服务方式创新。推动金融机构下沉服务网点、优化网点布局，积极推进农业供应链金融产品、大型农机抵押贷款、农机融资租赁、农户小额信用贷款等业务，加大对农村新产业新业态新模式的信贷投放。对政策性担保给予担保费补贴和奖励补贴。拓宽融资渠道，积极发行地方政府专项债券支持农业。

### 3. 引导和撬动社会资本投入

鼓励外出务工经商人员返乡投资种植业、农产品加工业，视同工商企业并给予相关支持。加大招商引资力度，创新招商模式，采取走出去、请进来和以商招商等措施，大力吸引社会资本投向项目建设。鼓励有规模、有实力的农业产业化龙头企业兴办农产品加工、流通等专业合作经济组织。丰富社会资金筹集方式，发挥财政资金的引导作用，通过股份合作、PPP、众筹、农发行融资等方式，撬动更多社会资本投入农业农村现代化建设，重点用于农业产业发展、特色村庄改造、数字农业农村、优秀农耕文化传承保护等项目。

专题研究二：

# 天津市现代都市型农业主要功能及发展前景研究

# 一、天津市都市型农业发展条件

## （一）自然资源

1. 地理气候条件

（1）地理条件优越。天津市地处华北平原的东北部，海河流域下游，东临渤海，北依燕山，西靠首都北京，地处中国北方黄金海岸的中部。天津市的地势西北高，东南低，有山地、丘陵和平原三种地形，平原面积占总面积的94%。流经天津的河流有海河干流及南运河、北运河、子牙河、大清河、永定河、潮白河、蓟运河等，构成丰富的天津水系。

（2）交通优势明显。天津市居京津城区"一小时鲜活农产品物流圈"的地理位置，距北京120千米，是拱卫京畿的要地和门户，是华北、西北广大地区的出海口，中国北方最大的沿海开放城市，是亚欧大陆桥中国境内距离最短的东部起点。天津市海陆空交通便捷，铁路、公路四通八达。天津港是中国北方最大的综合性贸易港口，拥有全国最大的集装箱码头，与世界上180多个国家和地区的400多个港口保持着贸易往来。天津滨海国际机场有多条国际国内航线，是华北地区最大货运中心。目前，天津市已形成以港口为中心的海陆空相结合，立体式、综合性、现代化的运输网络。

（3）气候条件适宜农业发展。天津市位于中纬度欧亚大陆东岸，属温带季风气候，主要受季风环流影响，四季分明。夏季受西太平洋副热带高气压影响，以吹偏南风为主；冬季受蒙古冷高气压控制，盛行偏北风，在初春时易诱发扬沙天气。一月平均气温为-5.4℃到-3.0℃，七月平均气温为25.9℃到26.7℃，年平均气温为13.0℃，年降水量平均为544.3毫米，无霜期为196~246天。

2. 水资源

天津市处于黄淮海缺水区域，存在淡水资源匮乏的资源型环境问题，人均水资源占有量只有全国的1/15，高耗水作物种植受到一定制约。天津市面临工业园区围城的问题，全市共有314个工业园区和聚集区，其中国家级10个、市级42个、区级93个、区级以下169个。见表2-1。

表2-1 2018年天津、北京、上海三市水资源状况

| 指标 | 北京 | 天津 | 上海 |
| --- | --- | --- | --- |
| 人均水资源量（立方米/人） | 164.2 | 112.9 | 159.9 |
| 农业用水总量（亿立方米） | 4.2 | 10.0 | 16.5 |
| 耕地灌溉面积（万公顷） | 10.97 | 30.47 | 19.08 |
| 单位耕地用水量（立方米/亩） | 255.2 | 218.8 | 576.5 |

(续表)

| 指标 | 北京 | 天津 | 上海 |
|---|---|---|---|
| 农作物播种面积（万公顷） | 10.38 | 42.93 | 28.23 |
| 单位播种面积用水量（立方米/亩） | 269.7 | 155.3 | 389.7 |

### 3. 土地资源

天津市人均耕地远低于全国1.4亩的平均水平，发展种植业的资源禀赋可谓先天不足，却让土地变成了"金地"。

根据中国农村统计年鉴，2017年天津市耕地面积43.68万公顷（655.2万亩），比北京、上海多，但基本农田保护面积2020年目标值为35.67万公顷（535.05万亩），并于2019年在基本农田范围内划定了粮食生产功能区170万亩，因此，在种植结构上，天津市粮食作物比例较高，占到了农作物播种面积的80%，一定程度上制约了向设施农业、经济作物等高效益经营类型进行结构调整。见表2-2。

表2-2  几类土地面积比较（2017年）

| 地区 | 耕地面积（万公顷） | 基本农田面积（万公顷） | 农作物播种面积（万公顷） | 粮食播种面积（万公顷） | 粮食播种面积占比（%） |
|---|---|---|---|---|---|
| 北京 | 21.37 | 18.67 | 12.09 | 6.69 | 55 |
| 天津 | 43.68 | 35.67 | 43.95 | 35.14 | 80 |
| 上海 | 19.16 | 16.60 | 28.49 | 13.31 | 47 |

数据来源：《中国农村统计年鉴2018》。基本农田数据为2020年基本农田保护面积目标值，来自《国务院关于天津市土地利用总体规划的批复》（国函〔2010〕59号）、《国务院关于北京市土地利用总体规划的批复》（国函〔2009〕116号）、《上海市土地资源利用和保护"十三五"规划》（沪府发〔2017〕24号）。

## （二）社会经济条件

### 1. 京津都市消费群为都市农业奠定了基础

天津市处于京津冀"首都经济圈"，面向京津两地城市人群，为都市农业发展提供了庞大的消费群。北京和天津城镇常住人口共有3 714万人（2018年，如无特别说明，本节下同），加上即将崛起的经济增长极——雄安新区，这一区域未来将形成人口超4 000万的世界级城市群，构成了对农业多功能的需求。天津市第一产业产值占GDP比重在1%左右，农业分布在环城四区和远郊六区，以城郊农业为主，与城市发展产生一定的融合。

### 2. 经济水平与发达地区仍有差距

2019年，天津市农村居民人均可支配收入24 804元，比全国平均水平高8 783.3元（全国16 020.7元），农村居民人均消费支出为17 843元（全国13 327.7元），比全国平均水平高 4 515.3 元，但与北京、上海相比仍有一定差距。体现在消费能力上以及对农业功能需求的差异，决定了都市农业阶段、形式和提供的产品或服务类型。

### 3. 农村发展滞后情况仍普遍存在

2019 年，天津市常住人口城镇化率已达到 83.48%，排在全国第三位，仅次于上海和北京。农村基础设施水平、公共服务与城市仍有一定差距，是未来重点建设投资方向。农村居民人均可支配收入中，天津市经营净收入比北京、上海更高，说明农村居民从事农业的比例更高，农业发展对农民收入的影响更大。2018 年，天津市城乡居民收入比例为 2.87∶1，在各省市中收入差距是最小的。见表 2-3。

表 2-3　城市发展水平

| 指标（2018 年） | 北京 | 天津 | 上海 |
| --- | --- | --- | --- |
| 人均 GDP（元） | 140 211 | 120 711 | 134 982 |
| 居民人均可支配收入（元） | 62 361 | 39 506 | 64 183 |
| 居民人均消费支出（元） | 39 843 | 29 903 | 43 351 |
| 农村居民人均可支配收入（元）、占比 | 26 490、100% | 23 065、100% | 30 375、100% |
| 其中：工资性收入（元）、占比 | 19 827、75% | 13 568、59% | 19 504、64% |
| 　　　经营净收入（元）、占比 | 2 022、8% | 5 335、23% | 1 753、6% |
| 　　　财产净收入（元）、占比 | 1 877、7% | 922、4% | 1 003、3% |
| 　　　转移净收入（元）、占比 | 2 765、10% | 3 241、14% | 8 115、27% |

### 4. 都市农业特色不够突出

根据与农业部战略合作协议，天津市大力开展"四区两平台"建设，包括加快推进国家级现代农业示范区、农业高新技术产业园区、农产品物流中心区、农业农村改革试验区和信息化平台、农业对外合作平台建设。农业设施化、集约化发展趋势明显，设施蔬菜面积占比达到 75% 以上，在全国处于较高水平。

天津市都市农业元素较全，既有食品供给功能的粮食作物、蔬菜作物生产，也有市民菜园、乡村旅游村等休闲功能。但总体上，在农业科技含量、农产品质量水平和休闲旅游吸引力等方面，竞争力不够突出。

## 二、都市型农业研究综述

### （一）都市农业定义

都市农业的定义一般通过地理位置来区分，最常见的是指位于城市内或城市周围的农业（Ganapathi，1983；Sawio，1993；Smit 等，1996b；FAO，1999）。从地理位置进行划分，都市农业（Urban Agriculture，UA）是指在城市范围内进行的农业活动。城郊农业（Peri-Urban Agriculture，PUA）是指在城市边界以外城市边缘地区进行的农业活动。农村农业（Rural Agriculture，RA）是指不在城市内部和边缘地区进行的农业活动。但很少实际区分城市内部和郊区的位置。学术文献提供了有关 UA 的多个定义。最常用的定义是由 Smit 等（1996）提出，被联合国开发计划署采用的：都市农业是为了响应城镇、城市或大都市内的消费者的日常需求，以分散在城市和城郊地区的陆地和水域生产、加工和销售食品的行业，并强调了对城市垃圾的回收利用和对日常城市需求的满足。

UA 的这些定义淡化了一个关键特征：将其融入当地城市经济和生态系统。塔科里（1998）认为，这些定义是对农村和城市农业生产的过度简化描述；UA 和 RA 几乎没有对比，更不用说一个对另一个的影响（Binns 和 Lynch，1998）。Mougeot（2000）提出，不仅要考虑地理位置，更应强调农业与城市的关系。Bryld（2003）认为，将都市农业视为动态概念是重要的。都市农业不是一个孤立现象，都市农业有关的活动很少与农村隔绝，农村和城市地区的活动往往与空间和部门相互联系。

Mougeot（2000）提出了一个修订的定义，即都市农业是位于城镇、城市或大都市内或郊区的行业，其种植或养殖、加工和分配多样化的食品和非食品产品，使用在该市区周围的大量人力、物力资源、服务，并反过来主要向该市区提供人力和物力资源、产品和服务。UA 与 RA 的区别在于其融入城市经济和生态系统，并不是城市位置决定了 UA 与 RA 的区别，而是嵌入在城市生态系统中并相互作用的事实（Richter 等，1995）。融入城市体系对于 UA 的持续存在至关重要，更重要的是其在历史上对 RA 的技术和经济影响。Stevenson 等（1996）从商品分析角度提供了区别 UA 的一种方法。与大多数农村农业（RA）不同，生产、加工和营销在时间和空间上往往有更高的关联度，因为地理距离更短、资源流通更快。这让各种小型单元构成了到达大规模消费市场的广泛和分散的供应体系。UA 中的集聚经济效应似乎胜过规模经济，后者在 RA 生产中更为重要。在 UA 中，通过合作努力实现规模经济可进一步提高纵向一体化的效益。

综上所述，最初主要以农业所处的地理位置来区分都市农业，但从更利于科学、技术和政策应用的角度，逐渐强调都市农业与城郊农业、农区农业的区别在于其融入城市经济和生态系统的程度。UA 的定义包含距离都市的地理位置和与都市的融合程度两个核心要素。国内普遍使用的"都市农业"概念，是指都市中、都市郊区和大都市经济圈以内的现代农业，从实际范围来看，通常以大都市郊区农业为主，通过供应"菜篮子"产品、提供休闲产品与都市产生一定程度的融合。例如，北京、上海和天津等大都市，城区内几乎没有农业，主要为城郊农业，其中，近郊区的园艺化、设施化、工厂化比例更高，文化、科普、休闲功能更强，远郊区的规模化生产功能更突出。

## （二）都市农业主要功能

都市农业的功能主要包括经济、社会和生态环境方面。

1. 都市农业的食品生产能力

根据 McClintock 等（2013）的评估，美国加利福尼亚州奥克兰市有 1 201 英亩

（486.4公顷）的公共土地和337英亩（136.4公顷）私人土地可以用于蔬菜生产。估计最保守的情况下，能生产奥克兰当前消费量的2.9%～7.3%。Grewal（2012）对俄亥俄州克利夫兰市食品自力更生潜力水平进行了定量评估。在使用80%的空置土地的情境下，都市农业可满足克利夫兰对新鲜农产品（蔬菜和水果）的需求量的22%～48%。CoDyre等（2015）根据贵湖（加拿大多伦多以西的中等城市）2012年数据发现，家庭菜园每平方米平均生产1.43千克水果或蔬菜。根据对现代西非城市的评估，城市和城郊蔬菜生产（UPVP）是叶菜类和其他高易腐蔬菜到城市市场的重要供应源（Kessler等，2004；Moustier等，2004；Temple等，2005）。据估计，达喀尔（塞内加尔共和国的首都）消费的蔬菜中有60%是在城市内生产的。在洛美（多哥共和国的首都）和阿克拉（加纳首都），这些城市消费的莴苣有90%是通过城市和城郊菜地生产的（Kouvonou等，1999；Cofie等，2003）。

Diaz等（2003）认为，都市农业是增加饮食多样性的一个战略，能够增加城市内蔬菜和水果的供应和消费。Sioen等（2017）研究表明，都市农业能够为灾后提供营养饮食，可作为备灾食品。Mougeot（2000）提出，UA有助于补充农村和国外对城市的食品供应。UA投入产出比较好，是一个值得注意的收入和储蓄来源，比农村生产更有利可图。Pinna（2017）提出，多功能和城郊农业（MFA和PUA）作为新的替代食品生产手段在全世界传播。它们被认为是粮食和农村发展的基础，也是保护城市边缘和限制开发的工具。

2. 都市农业的社区功能

Saldivar-Tanaka和Krasny（2004）提出，除了生产常规蔬菜之外，城市园地还举办许多社会、教育和文化活动，有助于促进社区活动。Vitiello（2014）提出，都市农业是难民、离开监狱的青年人群融入社会的有效手段。城市种植者培训和支持计划通过围绕社区的粮食生产、分配和消费网络来培养人力资本（Allen等，2008；Alaimo等，2010）。Giacche等（2017）提出，都市农业是作为社会空间转型的手段。城市园艺举措已经从原来的粮食生产目的演变成了美学、娱乐、教育、社会或治疗功能。Roth等（2015）提出，从社会文化的角度，都市农业可以用作刺激和支持城市创新的催化剂。在西班牙马德里，季节性农产品在塑造农业景观方面发挥了重要作用（Pinna，2017）。

3. 都市农业对提高收入和减少贫困的作用

都市农业在城市中创造了可观的经济活动。这是由于土地利用的增加带来的，因为收入是由暂时可用的土地和不适合建筑的土地产生的（Ratta和Nasr，1996；Smith，1996；UNDP，1996）。都市农业在促进贫困城市居民的福利方面发挥了重要作用（Maxwell，1995；Lourenco-Lindell，1996；Mwalukasa，2000；Nugent，2000；Zeeuw等，2000）。Levasseur和Temple（2007）发现，现代西非城市中，持续不断的新鲜蔬菜供应是非常重要的，特别是对那些非常依赖叶类蔬菜作为微量营养素主要来源的最贫困的家庭（Gockowski等，2003；Lee和Prain，2006）。城市和城郊蔬菜生产（UPVP）是一项重要的创收活动。许多城市居民依靠UPVP作为他们的主要收入来源，而且在许多情况下，这个收入等于或高于高级公务员的工资，通常是他们在农村地区获得的收入的两倍（Kounovou 等，1999；Zallé，1999；Obuobie 等，2006）。如果居民从事都市农业，将减少营养不良和增加食物摄入量。都市农业在补充创收、劳动力发展、社区建设、扶贫和健康改善方面发挥了最有效的作用（Nugent，2000；Dubbeling 等，2009）。Zezza 和 Tasciotti（2010）认为，一方面，都市农业在削减城市贫困和粮食不安全方面发挥作用的潜力不应被过分强调，因为其在收入和农业总产量中的份额往往相当有限。另一方面，它的作用也不应被忽视，特别是在非洲大部分地区，以及所有那些城市贫民靠农业提供大部分收入的国家。一致的证据表明，参与都市农业和膳食充足度之间在统计学上存在显著的正向关联。

4. 都市农业对妇女发展的作用

Olivier 和 Heinecken（2017）的调查结果表明，非政府组织经营的都市农业项目不仅有助于粮食安全，而且还帮助妇女开展支持性网络，在个人、社会和经济方面解决福利问题。Mougeot（2000）发现，大多数女性城市生产者可能在很大程度上解决个人生计问题（Hovorka，1999）。由于女性比较关注更加集约化和综合性的生产系统，因此她们更容易接受研究和推广服务的影响。女性对儿童健康的关注、对粮食采购的关注都使她们更喜欢有机的而不是化学成分的农业投入品。在一些国家，女性城市农民组织和政治水平较高。不过，Bryld（2003）在撒哈拉以南非洲和南亚地区的研究发现了两个重要成果。一方面，发展中国家的家庭住户参与都市农业，加重了女性的负担。她们的业余时间减少，不能获得更高薪的非正规或正规部门职业。在这个意义上，都市农业可能成为束缚女性的低收入陷阱（Potts，1997；Freeman，1993；联合国开发计划署，1996）。另一方面，不同的研究表明，妇女一般对从事都市农业非常满意（Freeman，1993；Dennery，1996；Maxwell，1999）。都市农业是家庭特别是女性成员的重要生计来源。通过自主生产而减少了大量的家庭食品支出，意味着以前要购买食物的资源现在可以用于其他需求，如学费、医疗或租金。这样，都市农业就能赋予妇女权力，同时促进其他家庭成员增加福利。

5. 都市农业的生态效益

Brown 和 Jameton（2000）提出城市园艺有潜力作为改善城市公共卫生的重要元素。Smith 等（2017）研究发现，在大都市核心地区有大量适合绿化的空地，有可能用于减轻该地区的城市热岛效应和食物沙漠。Bryld（2003）发现，都市农业的环境优势包括：植物和树木的种植有助于减少灰尘，并通过其叶子吸收污染物。树木和植物也可以增加干旱气候的湿度，并通过将地下水转化为大气湿度来减少辐射，回收有机废物是改善环境的最有效途径之一，城市有机物堆肥成为肥料可以用于城市和郊区，人类排泄物可用于养殖（Smith，1996；UNDP，1996；Furedy 等，1999）。都市农业通过减少了运输距离、所需包装和运输过程中发生的粮食损失，有利于减少温室气体排放（Llorach - Massana 等，2017）。

综上所述，都市农业的功能主要体现在几个方面。

（1）社会功能。①食品供给功能，以蔬菜和水果为主，提高食品质量和满足食品多样性需求，保障城市食物安全；②创造活动场所，促进社区活动，发挥科普教育功能、文化融合功能，促进青少年发展，培养人力资本；③为女性、外来人口和城市贫民提供就业机会，促进社会公平。

（2）经济功能。①创收功能，提供优质农产品、休闲服务，并根据城市市场优化农业产业结构，提高经济效益；②与第二、第三产业融合，节约成本；③房屋增值。

（3）生态功能。①成为城市景观；②利用现代技术，控制农业污染，改善农村环境；③减少城市生态足迹，实现对城市整体环境的保护和有效利用。

## （三）都市农业发展存在的问题

### 1. 城市污染对都市农业的影响

都市农业的粮食生产在发展中国家和发达国家越来越重要。工业化和城市化以及相关的空气污染的增加将威胁到城市粮食生产及其质量。城市环境中的作物通常比农村地区的污染物含量更高（Saeumel 等，2012）。根据 Agrawal 等（2003）对瓦拉纳西（位于印度北方邦东南部）的研究，空气污染可能对作物产量产生负面影响。根据 Anikwe 和 Nwobodo（2002）对尼日利亚城市的研究，长期的城市废物倾倒可以影响城市垃圾场的土壤性质和生产力。

### 2. 都市农业带来的公共卫生问题

Afrane 等（2004）研究都市农业是否影响到加纳库马西市的疟疾传播而发现，在城郊和都市农业地区，与非都市农业地区相比，出现了更多的疟疾病例和随之而来的疾病。Mougeot（2000）认为，对 UA 中农药使用的担忧往往被夸大。在 UA 中使用农药确实存在，但到目前为止似乎比较有限。Bryld（2003）提出，当固体废物加工或废水用于灌溉和养鱼时，可能会发生多个问题。堆肥管理不善增加了支气管炎、肺结核、痢疾和由废气引起的癌症等疾病。

## （四）都市农业发展支撑条件

### 1. 发展都市农业的技术

都市农业的技术障碍包括水管理、结构性负荷、现有建筑物的整合以及空气污染带来的污染风险（Sanyé，2016）。Miller 等（2017）对都市农业在用水、能源消耗和温室气体排放量、营养摄取量和作物病原体质量方面进行权衡，对不同质量（经处理的废水、未处理的废水和地下水）的灌溉水进行了比较，发现在废水中发现的营养物质和水分是有价值的，可以在都市农业中重新利用。Llorach 等（2017）研究发现，将番茄生物质废物从焚化或堆肥转移到生物炭生产用作土壤修复剂将在环境上是有益的。Graamans 等（2017）研究植物在封闭生产系统中的能量平衡模型，试图为都市农业系统提供支持，可以为确定植物生产力的可行性和优化提供一个起点。Riggio 等（2017）对都市农业废物管理的研究表明，堆肥和城市废物的化学水解得到的可溶性生物基物质（SBO）辅助厌氧发酵可降低农场肥料以及城市生物农药的消化氨含量。这一发现意味着，通过更广泛的物质循环，可以获得更多收益。

### 2. 都市农业发展规划

城市规划师对都市农业越来越感兴趣，需要决定是否在不断壮大的城市内和在其附近区分农业用地领域（Aubry 等，2012）。研究人员需要设计工具来指导公众对土地利用的决策。在塔那利佛（马达加斯加），专家设计了一个跨学科研究计划，为获得都市农业的相关知识提供了一个有用的模型，有助于确定都市农业在这个城市的土地利用规划中的最适当的作用。Grichting（2017）提出都市农业规划的永续（Permaculture）方法，包括系统考虑和最大资源效率。Roth 等（2015）将空间和利益相关者分析与都市农业方法相匹配，为城市粮食生产寻找空间。通过将这几个领域同时结合起来，形成强烈的反馈循环，可以实现将科学知识、都市农业可持续发展潜在绩效、区域效益和个体都市农业参与者的利益协同起来。

3. 支持政策

都市农业政策面临的一个重要挑战就是迫切需要采取干预措施。Mougeot（2000）提出，政策可能会影响城市生产者的未来。将 UA 更全面地融入城市生态系统中，需要城市规划者、公共卫生和环境管理行为者与其他相关人的共同参与。Mougeot（2000）指出，自 1970 年代以来，各种非政府组织、政府和国际机构一直在支持最不发达国家的 UA 活动。在城市地区，更多的非政府组织一直在寻求政府的合作来提高当地的 UA 干预措施。Tawk（2019）研究将中东和北非都市农业纳入主流，最终在大安曼市建立了一个专门的人力和财力资源的 UA 管理局，作为城市发展农业战略的一部分，市政府与其他感兴趣和有影响力的利益相关者将 UA 列入了城市议程。

## 三、国内外都市型农业发展经验与启示

### （一）国外发达国家经验

都市农业发展从功能上看，美国模式以经济功能为主，欧洲模式以生态、社会功能为主，亚洲模式兼顾经济、社会和生态功能。

1. 日本

日本的都市农业是指都市内的零星插花型的农业，主要集中在东京圈、大阪圈和中京圈，在经营模式上，主要可分为三类：私人田庄、市民农业园和休闲娱乐性农业园。在地价和劳动力价格偏高的形势下，日本的都市农业着重从设施型农业、加工型农业和观光型农业等类型发展，且社会生态等公益功能大于经济功能。日本对都市农业在区域范围作了明确规定，即人口集中地区面积占可居住地面积 5% 以上，人口密度在 500 人以上的市町村。2016 年，日本从事都市农业的农家为 22.8 万户，约占全国总农家数 215.5 万户的 11%；经营都市农业的耕地面积为 7.2 万公顷，约占全国总耕地面积 447.1 万公顷的 2%；都市农业经营产值为 4 466 亿日元，占全国农业总产值 58 366 亿日元的 8%。

日本都市农业的特点主要表现在：都市农业呈点状和片状分布；集约化程度高，园艺生产设施先进，生产蔬菜水果为主；都市观光、休闲、体验农业盛行；农民收入中不

动产收入比例高。在功能上,主要表现在:为市民提供新鲜农副产品;改善城市生态环境,为市民提供优质生活环境;为市民提供休闲场所;为市民提供防灾御害的生存空间。

日本都市农业发展也存在一些问题,如城市发展对农田的侵占、农业污染和城市对农业的干扰等。在措施方面,主要通过立法和规划、创新形态、增加投入、培养都市农业接班人等措施提升都市农业发展水平。

2. 德国

德国是欧洲较早发展都市农业的国家,且其最早发展的是市民农园。早在1919年,德国就制定了市民农园法,确立了市民农园的现代模式。二次大战后,在食物匮乏的情形下,市民农园曾经发挥过供应蔬菜等农产品的功能。1983年,德国又将《市民农园法》做了修订,增加了社区发展的概念。按照法律,德国的所有都市都有义务将市民农园提供给市民,目标是达到每10户居民中就有1户拥有市民农园。德国的市民农园不仅具有生产粮、菜、花、果、鱼的生产性功能,而且具有改善城市生态环境的生态性功能和为人们观光、休闲、体验、娱乐提供空间的生活性功能。由于市民农园的经营内容可自由发挥,承租人又有互相竞争比美的心态,所以市民农园大多保持良好的经营状况。由于每个单元的土地面积不大,耕种活动又兼具生产、运动、教育、体验和享受田园生活的乐趣,因此在德国申请承租市民农园者供不应求。2006年,德国市民农园呈兴旺之势,承租者已超过80万户,面积达3万公顷,其产品总产值占全国农业总产值的1/3。近年来,德国市民农园的做法与宗旨,与过去相比已有很大不同,主要是转向农业耕作体验与休闲,而不是以生产经营为方向。

3. 法国

巴黎是法国农业最先进的地区之一,农业用地面积占全区总面积的50%,是法国第三大玉米产区和水果、蔬菜、鲜花的主要产区。巴黎的都市农业以家庭农场为核心载体,主要作用体现在:一是安排就业;二是充分利用土地;三是供市民休闲体验活动;四是作为城市景观。家庭农场一般设在距市区较近,交通、停车都便利的地方。租种农园的市民,需要加入家庭农园协会,交纳入会费,并按面积交租金;委托农园主作业的,还要另付费用。家庭农场的土地,有的属于家庭农场协会,有的是国有土地,有的是租用私人土地。目前巴黎周边遍布着这类农场。农场的功能多样,包括教育农场、家庭农园、自然保护区等。其中教育农场由政府向土地所有者租用土地,然后将一部分作为农业部门所属培训中心,或者辟为"自然之家"教育中心,另一部分再租给农业工作者耕种。有的农场规模有上万亩土地,其中开设了供学生和游人免费参观的牛圈、挤奶室等设施。这些教育中心的经费一般要自行解决,主要通过农业和土地的经营取得收入来维持教育设施。巴黎都市农业对城市食品供应的功能并不明显,对生态、景观、休闲和教育方面的功能比较显著。根据巴黎的城市生态规划,到2020年,巴黎将打造100公顷的绿色屋顶和外墙,其中,三分之一面积将用于都市农业发展。

4. 新加坡

新加坡自然资源贫瘠,土地和水资源非常有限,724平方千米的土地中只有1%的农业用地,生产成本高于东南亚其他任何国家,90%以上的食品依赖进口。尽管如此,其都市现代高科技农业水平在世界上仍处于领先地位,都市农业在保障食物供应特别是蔬菜供应、改善城市生态、提供观光旅游等方面功不可没。新加坡的"都市农场",不同于欧美的现代化、机械化大型家庭农场,而是小而精的现代化农业科技园。新加坡现有6个农业科技园,总面积1 465公顷,占国土面积的2.3%。包括动物学家、微生物专家、遗传专家、昆虫专家、农业专家和蚕桑学家在内的大量科技专业人员参与其组建和管理。新加坡发展都市农业的目标是,到2030年,通过增加本地水果、蔬菜和肉类及鱼类蛋白的供应,实现30%的农产品自给自足。新加坡政府加快本地食品生产的一项新措施包括了将公共住宅区停车场屋顶改造成城市农场的计划。

5. 美国

美国是世界上农业最为发达的国家之一,无论是农业生产还是在农产品贸易领域,美国都占据着主要地位。美国农业的高度发展,一方面依赖于其高效的农业技术支持和规模化生产优势,另一方面也和美国现代都市化农业生产模式密不可分。根据美国都市农业的区位条件可大致划分为两种类型:近郊区农业和都市区农业。近郊区农业是指处于都市边缘,或处于市区核心边缘地带,具有一定种植规模,且以农产品销售或涉农服务为主的农业。都市区农业指处于市区核心或紧邻市区核心区地带的农业,一般种植规模较小,且以自足及休闲娱乐为主的农业种植区域。美国都市区农业主要有商业农场、社区花园和庭院花园。其中社区花园和庭院花园主要集中在城市居住区或市中心,均为非营利性农业,一般其种植面积较小,农产品品种较单一,为城市居民家庭生活所需的农产品提供补充。商业性农场主要集中在城市周边,种植面积较大,经过科学规划后,农产品品种较多,主要提供观光旅游、休闲娱乐及通过农产品市场、超市或以直接配送的方式为市区居民及餐饮行业提供优质农产品,有的学者认为商业性农场其实就是近郊区农业。

总体上,美国都市区农业是休闲娱乐和农产品自给并重。但不同区域的农业功能也不一致,一般而言,紧邻核心区的都市区农业具有一定的规模优势和区位优势,休闲性和产品专业性较强,基本都属于商业性农场。而社区农业和庭院农业,由于种植面积的限制,基本上都是以娱乐与自足为目的。另外,为适应城市发展需要,从种植方式来看,美国都市区农业一般都是分散的种植方式,但单产水平较高,再加上城市需求的特性,一般以高端农产品种植和生产为主。

6. 荷兰

荷兰虽然陆地面积较小,但其农业是欧洲最具有科技化、专业化和国际化的国家之一。荷兰都市农业模式和其他国家基本相似,主要有家庭农场、社区农业园及庭院农业等,但从都市农业组织形式来看主要以家庭农场为主。从都市农业生产布局来看,荷兰都市农业基本上是依据都市运输网络与市场布局而配置农业资源,大型都市农场一般都是依附于大型批发市场或运输网络的节点。而市区农业园和庭院农业只是属于都市农业的一种点缀,其产品主要供家庭或社区成员消费或娱乐。从农产品产销组织方式来看,荷兰都市农业主要有两种形式:一是自营性产销方式;二是以都市农业协会(行会）为主的产销组织方式。由于荷兰家庭农场大都是以公司组织形式成立的,具有完全的自主经营权,因此其产销方式也比较灵活,对于一些适销性农产品主要以自营性产销为主。而作为农业协会成员的家庭农场通常是将农产品交给农业协会或在其组织指导下销售农产品。

## （二）国内发达地区经验

### 1. 北京市

北京都市农业以农业的多功能开发为中心,运用现代高新技术改造传统农业,从根本上改变传统农业生产方式,使都市农业迅速向资本和技术密集的产业发展。其功能由过去单一的农副产品生产功能,转变为集就业增收、生态涵养、观光休闲、文化传承等多元功能于一体,不断做优城市"菜篮子",提高生态服务保障水平,打开农业上升空间,带动其他地区发展。在发展模式方面,北京探索出了较多模式,如科技支撑型园区经济模式、生态优先型沟域经济模式、示范带动型会展经济模式、创新驱动型现代种业模式、品牌引领型加工农业模式等。2019年北京市设施农业播种面积40.6万亩,实现产值47.1亿元,观光园948个,接待游客1538万人次,实现收入23.2亿元,市级以上农业产业化龙头企业180家,销售收入达到5898亿元,其中国家级龙头企业39家；农民专业合作社6744个,市级示范合作社216家,联合社31家,辐射带动75%的一产农户；创建北京都市型现代农业（高效农业）示范镇68个,全国一村一品示范村镇57个。为保护这一新兴的产业,北京市政府采取评估都市农业的生态价值、鼓励规模化发展、加大生态补贴力度等措施,推进都市农业发展,并逐渐形成都市农业发展的制度框架,将一些优秀实践经验制度化,有力促进了本地都市农业发展。

### 2. 上海市

上海市土地面积0.634万平方千米,但耕地面积只有19万公顷,人均耕地面积仅为0.12亩（0.08公顷）,不足全国人均水平的1/12。针对超大型城市居民生活需求,上海市始终坚持把主要农产品有效供给和质量安全作为农业发展首要目标,大力推进农业现代化,提升农业生产效率,创新农业发展模式,围绕"主要农产品最低保有量制度",发展多种模式的都市型现代农业。尽管耕地资源十分稀缺、农业总产值仅占全市经济总量的0.3%,但与市民生活密切相关的蔬菜等农产品的供应多年来保持稳定,蔬菜价格指数在全国50多个城市对比中稳居30名以外,尤其是市民生活不可或缺的绿叶菜90%靠自己解决。

上海都市农业表现出小而强的特点,在功能上,突出了供给保障优先,从满足城市自身需求看,保障上海"菜篮子"产品的有效供给,是"第一生产功能"。其中绿叶菜,明确以郊菜为主,上海市民吃的绿叶菜,九成来自沪郊的田间地头。上海市农业成功的最重要最基本的一条,正是有效整合了分散细碎的农地产权,从而使农地可以适合进行适度规模经营。为解决大都市粮食生产经济比较收益过低、农民积极性不足的问题,上海市探索出了松江家庭农场这一全新的经营组织形式,以提高种粮主体的规模效应。上海都市农业的快速发展,除了先进的科技支撑,同时相关部门出台了一系列政策,从土地流转、种粮补贴、农机购置补贴、种养结合、贷款贴息、保险补贴等方面,重点扶持当地"有文化、懂技术、会经营"农业经营者发展家庭农场等新兴业态,并加强规范管理,完善配套服务,为都市农业发展提供了重要制度保障。

### 3. 台湾地区

中国台湾地区都市农业主要是在城市化、工业化过度发展和居民收入水平迅速提高的背景下,应市民对优美环境的渴望而产生的。台湾地区的都市农业大致有以下几种类型:观光农园,包括开放成熟的果园、菜园、花圃等,让游客入内采果、拔菜、赏花,享受田园乐趣;市民农园,由农民提供农地,让市民参加耕作的园地;休闲农场,这是一种综合性的休闲农业区,游客可观光、采果,体验农作,了解农民生活,享受乡土情趣,而且可住宿、度假、游乐。除上述类型,还有假日花市、农业公园、教育农园、银发族农园、森林旅游区、屋顶农业等其他型态,呈现出五彩缤纷的景色。经过多年发展,台湾地区的都市农业处于普及阶段,主要特征是:都市农业分布广、类型多;都市农业的管理已初步走向规范化、制度化,特别是观光农园的管理体制已基本健全;赋予都市农业以文化内涵,提升了都市农业的层次和水平;强化了文化教育功能,如进行亲子教育等,使都市农业已摆脱了单纯的经济功能;把都市农业与具有民族特色的旅游业结合起来,对少数民族地区的经济发展发挥了作用。

## (三) 对天津市都市农业发展的启示

发达国家或城市的都市农业发展经济功能通常较弱,更注重社会和生态功能。天津市农村居民收入中仍有较大比例由经营收入构成,因此,提高都市农业的经济效益仍将是一定时期的重要任务。随着农村集体产权制度改革推进,农村居民财产性收入提高,天津市都市农业的功能将逐渐向社会和生态功能转型。

### 1. 根据发展阶段决定都市农业主要功能

发达国家已经步入到了"城乡(都市圈)统一规划"和"环境保护与环境利用阶段",休闲空间、绿色空间的创造已经成为都市农业发展的首要目标,而大多数发展中国家则基本上还停留在依靠都市农业解决食物供给和社会公平的问题,来维持"社会的稳定性与可持续性"。遵循都市农业发展规律,根据城市经济发展水平差异,城市化水平高、经济发展快速的地区可以发展观光农业、生态农业加强生态功能,发展休闲农业、体验农业满足城市居民的需要;一般地区则可以发展生物农业、设施农业、精品农业为主,提升都市农业的经济功能。

### 2. 以到都市中心距离决定功能差异

根据距离都市位置远近,在城市近郊区可以为城市提供休闲空间,满足城市居民亲近自然的需要;在城市远郊区,通过选取适宜的作物和林业种植,都市农业可以成为城市绿带的重要组成部分;而在城市内部,则可以通过插花式种植和立体栽培,使都市农业在发挥经济功能的同时,成为城市景观和功能中不可或缺的部分。

### 3. 结合都市条件约束,不盲目跟风

根据天津市耕地资源相对丰富、水资源短缺的条件,结合优势特色农产品品牌、农

业园区布局、"四区两平台"建设成果以及京津冀协同发展机遇，不盲目照搬北京的高科技模式、上海的供给保障模式以及台湾的观光农业模式，应发展具有天津特色的都市农业产业、探索适应天津情境的都市农业模式。

**4. 加强规划、立法，避免无序、重复发展**

吸取部分发达地区缺少城乡统一规划，农业与城市发展相互干扰的教训，要加强多规合一，特别是发挥国土空间规划的约束作用，使土地利用科学合理、价值得到充分体现，避免无序发展。天津市近郊区的都市农业发展正面临着快速城市化侵占农业用地，都市农业发展特别是设施农业缺少用地保障和法律保护的问题。"大棚房"整治使设施农业、休闲农业面临较大调整和休整期，迫切需要政府引导促进规范发展，重塑农业经营主体发展和投资信心。

**5. 加强政策支持和财政扶持，发挥公益作用**

随着城市生活水平提高、经济发达程度提高，都市农业的社会、生态功能的公益作用逐渐凸显，天津市在后期发展中要加大财政支持力度，支撑都市农业发挥公益性产品的作用。在生态振兴、文化振兴的背景下，更要促进都市农业的生态景观、文化社区功能充分发挥。

# 四、天津市都市型农业的结构与特征

## （一）结构特征及变化趋势

**1. 农业产值比重小，大城市、小农业特点明显**

天津市2019年农林牧渔业总产值414.4亿元，其中种植业产值占比为49%，牧业和渔业产值占比为42%，林业产值占比为5%，产值构成跟上海市比较接近。见表2-4。

表2-4 天津、北京、上海三市农业总产值对比

| 指标 | 北京 | | 天津 | | 上海 | |
|---|---|---|---|---|---|---|
| | 2018 | 2019 | 2018 | 2019 | 2018 | 2019 |
| 农林牧渔业总产值（亿元） | 296.8 | 281.7 | 390.5 | 414.4 | 289.6 | 280.7 |
| 其中：种植业总产值（亿元） | 114.7 | 102.3 | 197.2 | 202.9 | 150.1 | 143.5 |
| 林业总产值（亿元） | 95.1 | 115.6 | 12.7 | 21.9 | 15.8 | 18.1 |
| 牧业总产值（亿元） | 72.0 | 49.3 | 95.8 | 100.4 | 48.3 | 48.4 |
| 渔业总产值（亿元） | 6.1 | 5.2 | 71.1 | 74.4 | 56.2 | 53.9 |
| 农业占比（%） | 39 | 36 | 50 | 49 | 52 | 51 |
| 林业占比（%） | 32 | 41 | 3 | 5 | 5 | 6 |
| 牧业占比（%） | 24 | 18 | 25 | 24 | 17 | 17 |
| 渔业占比（%） | 2 | 2 | 18 | 18 | 19 | 19 |

2001—2018年，天津市第一产业增加值除2006年有明显下降外，整体保持增长态势，且呈现增速放缓趋势，年均增长率4.73%。2014年开始，第三产业增加值超过第二产业增加值，并保持扩大趋势。2018年，三次产业结构比为0.92∶40.46∶58.62。见图2-1。

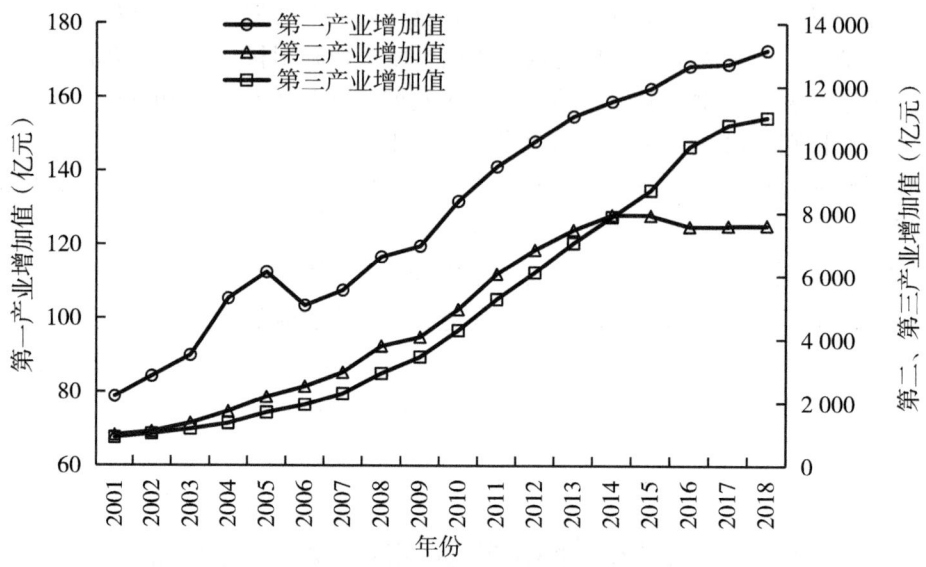

**图2-1 天津市三次产业发展趋势**
（数据来源：2019年《天津统计年鉴》）

天津市主要农产品产量、人均产量都高于北京市、上海市。见表2-5。

表2-5 天津、北京、上海三市主要农产品生产对比

| 指标 | 北京 | 天津 | 上海 |
| --- | --- | --- | --- |
| 农作物播种面积（万公顷） | 10.38 | 42.93 | 28.23 |
| 其中：粮食作物播种面积（万公顷） | 5.56 | 35.02 | 12.99 |
| 蔬菜面积（万公顷） | 3.60 | 4.97 | 9.43 |
| 蔬菜占农作物面积比例（%） | 35 | 12 | 33 |
| 果园面积（万公顷） | 4.64 | 2.86 | 1.45 |
| 大牲畜年底头数（万头、万只） | 10.9 | 25.1 | 5.8 |
| 肉类产量（万吨） | 17.5 | 33.9 | 13.5 |
| 奶类产量（万吨） | 31.1 | 48.0 | 33.4 |
| 水产品产量（万吨） | 3.0 | 32.6 | 26.3 |
| 人均粮食产量（千克） | 16 | 135 | 43 |
| 人均猪牛羊肉产量（千克） | 7.0 | 16.2 | 4.8 |

## 2. 粮食作物比重较大，蔬菜供给稳价功能未充分发挥

天津市种植业中，粮食作物占了较大比重，玉米、小麦和稻谷播种面积之和占了农作物总播种面积的75%以上（图2-2）。粮食作物结构以玉米、小麦、水稻三种作物为主，北部地区主要以小麦和玉米两茬平播为主，东部地区为水稻生产区，南部是豆类、杂粮作物的主要产地。

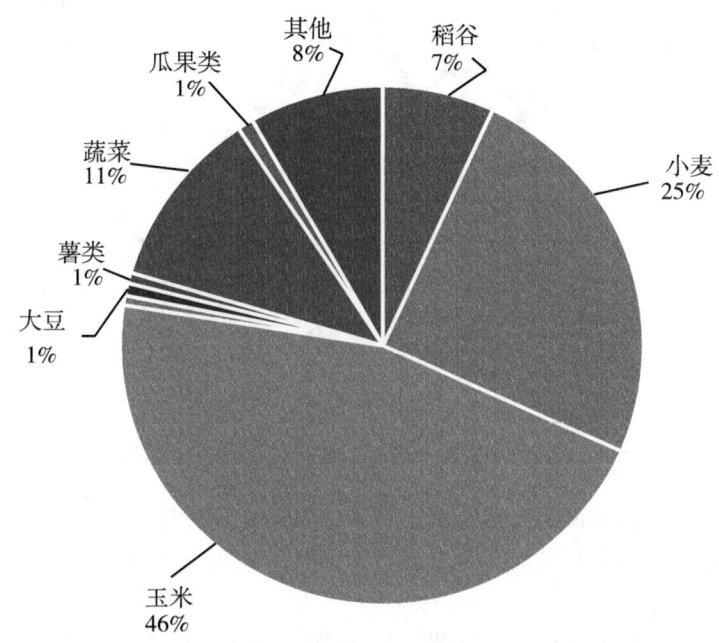

**图 2-2　天津市农作物播种面积构成（2018 年）**

2018年天津市蔬菜播种面积49.7万亩，约占农作物播种面积的12%，远低于北京、上海30%以上的比重，且蔬菜播种面积只相当于上海的一半左右。都市农业的一个重要功能就是供应城市居民所需的时令新鲜蔬菜。这方面天津市还有较大发展空间。天津市鲜菜类城市居民消费价格指数波动趋势跟北京市比较接近，波动幅度比上海市更大，反映出上海市鲜菜供应大，在稳价方面效果较好。见图2-3。

在保障粮食安全的压力下，天津市粮食播种面积仍呈稳定增长态势，而蔬菜面积有一定的下降趋势。虽然蔬菜种植逐渐从露天种植向更加集约化的高效设施种植转型，但面对京津超大消费市场，蔬菜种植仍有增加供给、稳定价格的需求。

## 3. 养殖业保持稳定，向工厂化、绿色化转型

由于生态环保要求日益严格，天津市许多比较粗放型的养殖方式被淘汰，新建扩建养殖场的空间逐渐缩小，养殖业主要向工厂化养殖转型，不断提高养殖过程的自动化、智能化水平，推进畜牧、水产养殖业绿色发展，支持大型工厂化养殖设施建设。

## 4. 休闲农业和乡村旅游发展不够稳定，需要创新突破

天津市休闲农业以综合性园区为主，包括采摘、观光、科普教育、餐饮、市民菜园等。"大棚房"整治行动中，许多不规范农业设施建设被拆除，对天津市休闲农业造成

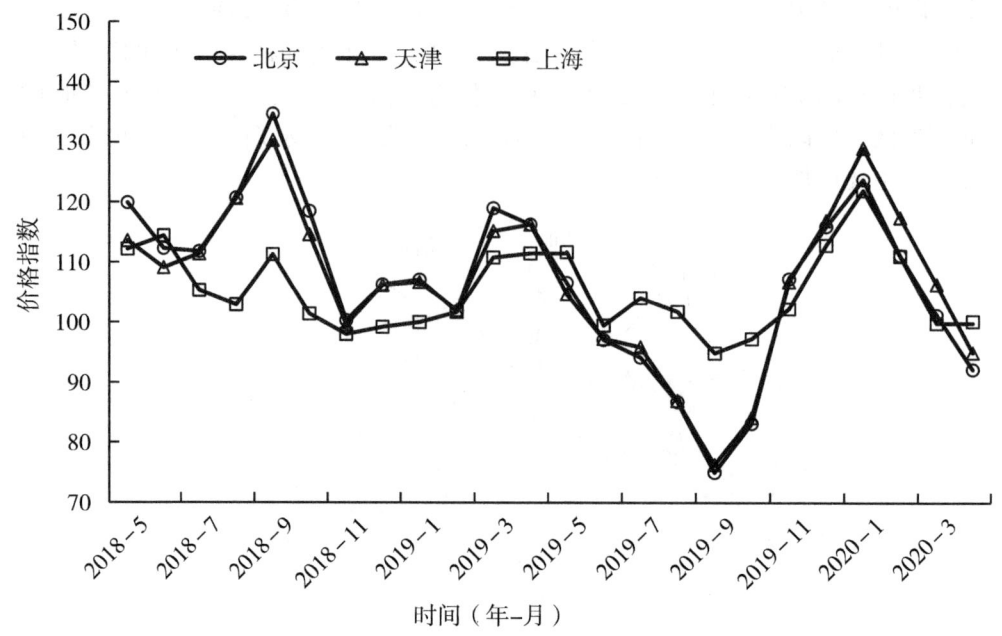

图 2-3 近 24 个月鲜菜类城市居民消费价格指数（上年同月 = 100%）

了较大影响，反映出休闲农业快速发展中存在的缺乏规划和法规支持的问题。都市农业供市民休闲、观光的功能未得到充分发挥。对天津、北京市民的吸引力不足，尚有较大发展空间。

乡村旅游主要分布在蓟州区。蓟州区依托山区特色自然环境，结合特色农产品、农村风光，打造乡村旅游示范村，吸引了京津市民前往。但天津市其他区对农村特色资源开发比较欠缺。蓟州区 2017 年农家旅店接待 588.72 万人次，直接收入 7.41 亿元。

## （二）政策配套和支撑条件

### 1. 支农政策体系健全，财政支持力度有待提高

天津市高度重视中央和各部委支农政策的贯彻实施，及时制定和发布本市配套政策，并与农业农村部签订了合作协议，推进"四区两平台"建设，促进天津市农业劳动生产率、土地生产率、资源利用率提高。

天津市 2018 年农林水支出 165 亿元，为第一产业增加值的 96%，占地方一般公共预算支出的 5.3%。农林水支出与第一产业增加值的比重远低于北京、上海，反映了其城市反哺农业的力度有待提高。见表 2-6。

表 2-6 天津、北京、上海三市农林水支出对比

| 指标 | 北京 | 天津 | 上海 |
| --- | --- | --- | --- |
| 第一产业增加值（亿元） | 118.69 | 172.71 | 104.37 |
| 地方一般公共预算支出（亿元） | 7 471 | 3 103 | 8 352 |

(续表)

| 指标 | 北京 | 天津 | 上海 |
|---|---|---|---|
| 农林水支出（亿元） | 576 | 165 | 470 |
| 占第一产业增加值比例（%） | 485 | 96 | 450 |
| 占公共预算支出比例（%） | 7.7 | 5.3 | 5.6 |

### 2. 农业组织化基础较好，具备现代化发展载体

截至2019年，天津市家庭承包耕地流转总面积达到191.64万亩，流转率达到49.29%。天津市有国家级产业化龙头企业17家。截至2019年底，天津市纳入名录系统的家庭农场达到3 159家。蓟州区禹道家庭农场成功（示范家庭农场）入选农业农村部第一批全国家庭农场典型案例。

天津市重视农业新型主体及家庭农场培育，2020年4月发布的《市农业农村委市财政局关于印发支持做好新型农业经营主体培育工作的实施方案的通知》提出，到2022年，市级农民合作社和示范社总量稳定在600家；农业产业化龙头企业达到150家左右；创建300家有规模、有品牌、有管理、有带动、有效益的市级示范家庭农场，培育1 000家生产稳定、经营规范的农户家庭农场，全市家庭农场总数超过1万家。

### 3. 科技支撑体系较完善，创新发展潜力较强

天津市建立了蔬菜、水稻等10个现代农业产业技术体系创新团队，为农业产业发展提供科研支撑。天津市农业科学院、天津市农学院等提供长期技术支持，并凭借毗邻北京的区位优势，与农业领域国家级科研院所建立起长期合作机制。蔬菜育种优势明显，特别是黄瓜育种全国领先。2019年底建成"育繁推"企业5个、种子（种苗）生产基地10个、畜禽水产良种繁育基地25个，为天津市都市农业发展奠定了良种基础。

## （三）重点农业产业概况

### 1. 传统大宗产业

从历年产量来看，天津市粮食保持稳定增长态势，2016—2018年保持在200万吨以上。蔬菜在2010年后呈现下降趋势，2014年后降到300万吨以下。猪肉产量2010—2016年稳定在27万吨以上，2017年、2018年有所下降。牛羊肉近10年稳定在4.5万吨以上，2018年略有下降。禽蛋产量比较稳定，近10年保持在17万吨以上。奶类产量在波动中呈下降趋势，从最高的2008年65.60万吨，降到了2018年的48.04万吨。水产品产量2006—2015年保持增长趋势，2015年产量40.12万吨，2016年出现下滑后保持在32万吨左右。见图2-4。

### 2. 特色产业

天津市共认定了147个市级农产品品牌。沙窝萝卜被农业农村部认定为"中国百强农产品区域公用品牌"，宝坻黄板泥鳅、沙窝萝卜分别被农业农村部等9部委认定为第二、第三批"中国特色农产品优势区"。截至2018年底，天津市获得绿色食

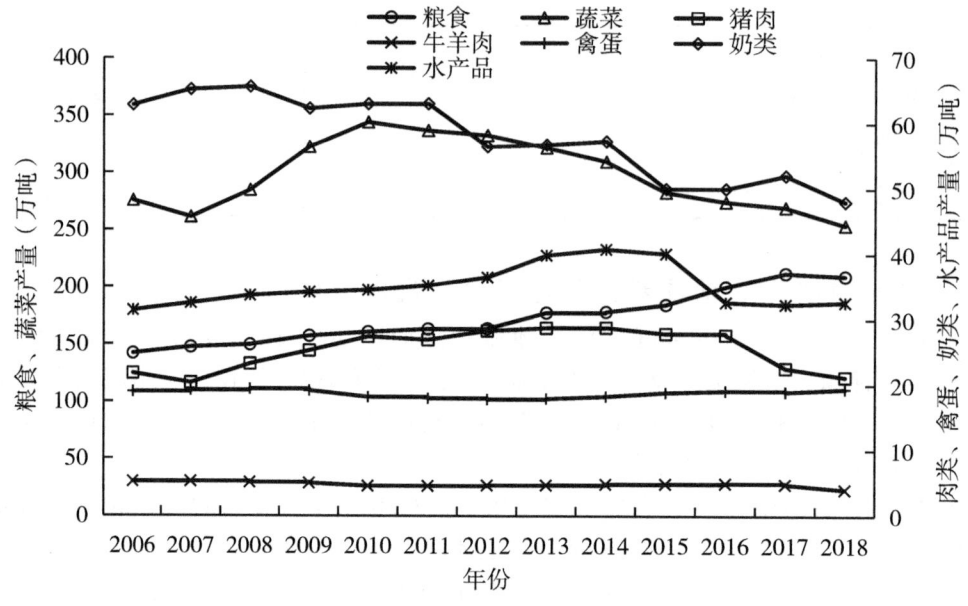

图2-4 天津市传统农业产业发展趋势

品、有机农产品和地理标志农产品认证且在有效期内的农产品共计443个,已形成有一定影响力和知名度的农产品区域公用品牌、企业品牌、产品品牌288个,覆盖肉、蛋、菜、奶、鱼、果、粮、种等八大农业优势产业。2019年,小站稻、沙窝萝卜、茶淀玫瑰香葡萄、宝坻黄板泥鳅等4个区域公用品牌入选中国农业品牌目录。2020年农业农村部、财政部开展优势特色产业集群建设,天津都市型奶业产业集群入选2020年优势特色产业集群建设名单。天津市地理标志农产品,见表2-7;特色农产品优势产区,见表2-8。

表2-7 天津市农产品地理标志

| 产品名称 | 产地 | 证书持有者 | 登记年份 |
| --- | --- | --- | --- |
| 宝坻大葱 | 天津市宝坻区 | 天津市宝坻区种植业发展服务中心 | 2011年 |
| 宝坻天鹰椒 | 天津市宝坻区 | 天津市宝坻区蔬菜产销协会 | 2011年 |
| 大港冬枣 | 天津市滨海新区 | 天津市滨海新区大港农业服务中心 | 2011年 |
| 静海金丝小枣 | 天津市静海县 | 天津市静海县西翟庄小枣协会 | 2013年 |
| 徐堡大枣 | 天津市北辰区 | 天津市徐堡枣种植专业合作社 | 2013年 |
| 桑梓西瓜 | 天津市蓟县 | 天津市蓟县农业蔬菜技术服务站 | 2015年 |
| 宝坻大蒜 | 天津市宝坻区 | 天津市宝坻区种植业发展服务中心 | 2016年 |
| 茶淀玫瑰香葡萄 | 天津市滨海新区 | 天津市滨海新区葡萄种植业协会 | 2018年 |
| 小站稻 | 天津市津南区 | 天津市津南区农业技术推广服务中心 | 2020年 |

表 2-8　2019 年天津市特色农产品优势区拟认定名单

| 序号 | 特色主导产品 | 申报单位 |
| --- | --- | --- |
| 1 | 小站稻 | 津南区小站镇人民政府 |
| 2 | 沙窝萝卜 | 西青区辛口镇人民政府 |
| 3 | 宝坻黄板泥鳅 | 宝坻区八门城镇人民政府 |
| 4 | 茶淀玫瑰香葡萄 | 滨海新区茶淀街道办事处 |
| 5 | 田水铺青萝卜 | 武清区大良镇人民政府 |
| 6 | 崔庄冬枣 | 滨海新区太平镇人民政府 |

### 3. 休闲农业和乡村旅游

自 2005 年以来，天津市休闲农业和乡村旅游蓬勃发展。截至 2019 年，市涉农区拥有 5A 景区 1 个、4A 景区 22 个、3A 景区 26 个、2A 景区 13 个。五星级饭店 7 家、四星级饭店 16 家、三星级饭店 19 家、二星级饭店 2 家；5 个镇入选住建部第一、第二批中国特色小镇名单；蓟州区被评为全国全域旅游示范区；蓟州盘山风景区、黄崖关长城风景名胜区、东丽区东丽湖景区被确定为国家生态旅游示范区；蓟州、宝坻、武清、西青 4 个区被评为全国休闲农业与乡村旅游示范区；全国休闲农业与乡村旅游示范点 20 个；中国美丽休闲乡村 14 个；宝坻区休闲观光园荷花景观和蓟州区白庄子湿地景观被评为中国美丽田园；中国乡村旅游模范村 21 个、金牌农家乐 121 个、全国乡村旅游重点村 7 个；入选农业农村部推介的"仲秋到田间去采摘"为主题的全国休闲农业和乡村旅游精品景点线路 2 条，崔庄古冬枣园、热带植物观光园被列入农业农村部推荐的 100 个休闲农业和乡村旅游精品景点线路；市级旅游特色村（点）200 个以及市级特色小镇 29 个；市休闲农业和乡村旅游经营户近 3 200 家，直接从业人员约 7 万人，带动农民就业约 30 万人。

依托大运河文化、了凡稻耕文化等为代表的传统农耕文化资源，以及历史名镇和特色名村，建设"中国民间文化艺术之乡"。依托天津市非物质文化遗产，推进乡村传统工艺振兴。依托天津传统村落历史风貌、特色民俗文化等资源，形成"三廊道三板块"空间布局，即湿地生态景观、滨海观光生态休闲、运河民俗生态文化三条休闲观光廊道，蓟州山水度假、滨海渔农休闲、平原田园养生三大板块。规划了 9 条休闲农业精品旅游线路，规范提升了 243 个休闲农业示范村（点）和 3 000 户示范经营户，推出两批 25 个市级特色小镇创建试点，举办了"稻香文化旅游节""葡萄采摘节""大顺盆花节"等新兴节庆活动。

### 4. 智能农业

天津市智能农业大数据平台建设取得新突破。天津市是农业农村部第一批农业农村大数据试点省市之一，初步建成天津市三农大数据平台，包括龙头企业、一村一品、休闲农业、基层党建、结对帮扶、农产品市场动态监测等 26 个应用主题，采集结构化数据合计 1 055.86 万条，为农业农村科学管理决策提供了强有力支撑。通过实施农产品网络销售全覆盖工程，天津市累计实现新增 700 家规模新型农业经营主体开展网络销售，全覆盖率达到 70%。筛选出蓟州、宝坻、武清、宁河、静海、津南、西青等区和市食品集团等 8 个区域农产品电商平台，在完成平台建设基础上，进一步完善提升了平台的服务和功能。

近年来，天津市智能农业示范应用能力不断增强，应用领域覆盖了畜禽、水产、蔬菜等菜篮子产品和各地优势、特色农产品，实现了天津市主要菜篮子产品的应用全覆盖，建成了国际先进水平的天津市农业物联网平台，依托平台推广应用了一批新型节本增效农业物联网应用模式，在天津市 800 多个种养殖生产基地开展示范应用。示范模式不断创新，瑞普集团创新研发养殖场巡检机器人、智能头盔远程高清视频诊疗、人工智能检测诊断平台等智慧兽医产品并应用于全国 100 余家猪场。建成天津市放心猪肉质量安全全程监管可追溯系统，在线监管全市近 2.7 万家养殖场和 48 家生猪定点屠宰场。建成天津市放心水产品信息化管理平台，实现 100 余家水产养殖企业投入品等的在线监管。

5. 现代种业

天津市委、市政府高度重视种业发展，印发了《天津市 2020 年种业工作要点》《天津市加强农业种质资源保护与利用实施方案》，出台《天津市水产种业发展扶持及工厂化养殖循环水设备维护项目和补助资金管理办法（试行）》《天津市农业种业基地贷款贴息办法》等一系列促进种业发展文件，扶持了天津嘉立荷牧业集团有限公司高产奶牛良种繁育体系建设项目、天津市宁河原种猪场建设、天津市蓝科水产良种基地建设等种业企业项目建设。

2020 年 5 月，按照《关于开展天津市育繁推一体化种业企业和良种繁育基地（第二批）认定工作的通知》要求，市农业农村委第二批拟认定天津市育繁推一体化种业企业 5 个，农作物种子（苗）生产基地 9 个，畜牧水产良种繁育基地 21 个，天津市种业自主创新能力明显提升。

# 五、天津市都市型农业发展方向

## （一）面临的新形势

### 1. 财政约束偏紧

受宏观经济影响，天津市各区财政赤字较大，如宁河、蓟州区等，财政支出已远大于财政收入，后续财政压力较大。2019 年，天津市一般公共财政收入 2 410.3 亿元，比上年同期增长 14.4%；一般公共财政支出 3 508.7 亿元，增长 13.1%。天津市政府性基金收入 1 430.8 亿元，增长 23.3%；政府性基金支出 2 275.1 亿元，增长 37.7%。2020 年 1—3 月，受新冠肺炎疫情和减税降费翘尾影响，天津市一般公共财政收入 471.6 亿元，比上年同期下降 16.3%；一般公共财政支出 704.3 亿元，下降 10.3%。需要通过加大地方政府专项债券等方式提高地方财权、事权,加大对农业发展的支持力度。

### 2. 绿色发展要求提高

中央对生态文明建设、绿色发展理念的高度重视,以及消费者对优质安全农产品的需求提高,农业农村绿色发展要求不断提高。对保护耕地、节约水土资源、农药化肥减施、治理农业面源污染、农村人居环境等都提出了更高要求。武清区、西青区先后被评为国家农业绿色发展先行区。

2018年,为强化中心城区与滨海新区之间绿色生态屏障功能,优化城市空间格局,天津市出台《双城中间规划管控和实施方案》。根据方案,天津市将中心城区与滨海新区之间736平方千米的区域纳入规划管控,实施分级管理,按照宜林则林、宜农则农、宜田则田、宜水则水的原则,建设展现后现代生态文明理念,呈现"大水、大绿、成林、成片"景观的"双城生态屏障、津沽绿色之洲"。2019年4月公布《天津市双城中间绿色生态屏障区规划(2018—2035年)》,设定目标为:未来736平方千米的绿色生态屏障区内,将实现水域、林草地、农用地、建设用地内绿地等蓝绿空间占总用地的62%。

2019年7月出台《天津市关于推进现代都市型农业绿色发展的实施意见》,提出目标:到2020年,天津市耕地保有量不少于501万亩,永久基本农田面积不少于427万亩,耕地质量平均比2015年提高0.5个等级,农田灌溉水有效利用系数提高到0.72。农业劳动生产率达到9万元/人。秸秆综合利用率达到98%,养殖废弃物综合利用率达到80%。森林覆盖率达到12.1%,林木绿化率达到28%,湿地面积不低于443.4万亩,基本农田林网控制率达到95%。

2020年3月出台《市农业农村委等10部门关于印发天津市关于加快推进水产养殖业绿色发展的实施意见的通知》,提出的目标为:水产养殖规模化养殖场实现尾水达标排放;国家级水产健康养殖示范场达到70个以上,健康养殖示范面积达到70%以上,天津市稻渔综合种养面积达到20万亩以上,产地水产品抽检合格率保持在98%以上。

### 3. 保供任务阶段性提高

为切实保障疫情防控期间"菜篮子"蔬菜生产稳定供应,天津市启动特殊时期"菜篮子"蔬菜保供基地生产补贴项目。一是启动特定蔬菜品种生产补贴;二是实施蔬菜集约化育苗补贴。发布《市农业农村委关于印发〈天津市特殊时期"菜篮子"蔬菜保供基地生产扶持项目实施方案〉的通知》,经各区审核通过,初步确定了58家保供基地。

为有效落实粮食安全省长责任制,确保粮食生产安全,保障市民"米袋子"供应充足,天津市财政局下达涉农区农业支持保护补贴资金3.6亿元,对小麦、玉米、水稻等种粮农民,每亩补贴95元,支持各涉农区抓早抓好天津市春耕生产。

### 4. 经营主体积极性受挫

经过"大棚房"、禁养限养、退出生态红线等一系列的严格整治行动,以及对农产品市场风险缺乏应对能力,农业用地政策走向和农产品市场波动的不确定性,造成农业经营主体积极性受挫,不敢大胆、积极投资生产,采取保守发展策略。因此,迫切需要政府出台支持引导政策提高信心，完善农业保险制度、加大农业保险补贴等推动新型农业经营主体发展。

## （二）功能定位

天津市现代都市型农业发展，以资源优势为依托，按照行政区划，将都市农业空间布局划分为环城四区和远郊六区两大功能片区。

### 1. 环城四区

以服务天津市都市居民需求为主要目标，辐射京津冀都市圈，成为以服务本市都市居民为主的京津冀都市圈生态休闲农业重点供给区。主要功能包括：

（1）时鲜农产品供给功能。时鲜农产品对都市居民来说需求量较大。环城四区作为城乡结合部地区，是距离都市区最近的涉农区，主要以生产蔬菜等不耐储存的时鲜农产品为主，以较低储藏和运输成本满足都市居民对时鲜农产品的需求，保障都市居民餐桌必需品基本需求。

（2）休闲体验功能。城市居民在满足对食品的最基本需求的前提下，随着收入的不断提高，对休闲体验需求越来越大。环城四区作为离都市区最近区域，成为天津市居民周末休闲的首选区域。对于有农业生产区域，通过休闲采摘、代耕代种、农业劳作体验等方式达到放松身心的目的。

（3）科普示范功能。都市郊区农业具有"窗口农业"的作用，由于现代化程度高，对其他地区起到样板、示范作用。环城四区作为高科技聚集区，可为城市居民、中小学生进行农业知识教育，满足城市居民和学生认知农业、了解农业的需求。

（4）城市景观功能。环城四区作为高度城市化地区，农业表现形式更多体现城市景观功能。以农业生产为抓手，通过景观打造，并通过优化景观结构来增强景观的多功能性，更好地服务于都市居民的休闲需求。

（5）生态涵养功能。农业作为绿色植物产业，是城市生态系统的组成部分，它对保育自然生态、涵养水源、调节微气候、改善人们生存环境起重要作用。环城四区作为与城市接壤地区，突出生态涵养功能，为市区居民生活营造良好的生态空间。

### 2. 远郊六区

以保障天津市农产品自给率和农民收入为主要目标，最大限度满足本市居民农产品需求，同时作为大宗农产品生产基地，在科技不断进步的基础上，成为提高农民收入的重要途径。主要功能包括：

（1）重要农产品供给功能。远郊六区中，除蓟州区北部为山地，其余地区均为平原区。天津市大宗农产品生产主要源于远郊六区，具有规模化生产的优势，成为本市粮食、畜禽、水产、果品等重要农产品供给基地。

（2）乡村旅游功能。天津市远郊区自然资源丰富，山水林田湖景色优美，村庄生态环境良好。随着都市居民对休闲需求的增加，城郊一日体验游已不能满足休闲需求。乡村旅游功能的拓展，为本市及周边地区都市居民提供了小长假期间外出休闲度假的最佳目的地。

(3) 农民增收功能。远郊六区作为大宗农产品生产基地和乡村旅游目的地，通过现代化农业生产和开展乡村旅游经营，能够有效促进农民就业、创业，进而实现农民增收。

## (三) 发展方向

### 1. 环城四区

环城四区在重点发展领域，注重与城市发展的融合，成为城市生态的有机组成部分。在管理上，注重创新管理，形成保障制度，避免城市环境和农业的相互污染，避免城市发展对农田侵占，建立形成可持续的环城四区现代都市型农业发展机制。主导产业发展以资源优势为依托，东丽区重点发展设施花卉；津南区重点发展小站稻、水产；西青区重点发展设施蔬菜、沙窝萝卜（辛口镇）、水稻和水产（王稳庄镇）；北辰区重点发展设施蔬菜（大张庄镇）、水产（西堤头镇）、设施葡萄、休闲农业（双街镇）、水稻、林下经济和奶牛（双口镇）。

主要发展方向包括：市民农园、观光园、高效设施园艺、高科技农业、科普文化展示、综合性园区等。

(1) 市民农园。采取租赁方式，租赁一小块地供市民自己耕种，自由选择种植品种，并为市民提供农资服务、托管服务和技术指导等。可以包含专门为青少年和老年人设计的元素，让青少年了解农产品生长过程，让老年人享受耕种乐趣。如西青的市民菜园、北辰的开心农场等。

(2) 观光园。以花卉等观赏性植物品种为主，供市民游览、摄影，如西青的热带植物园、北辰的郁金香园等。

(3) 高效设施园艺。以高投入的设施为标志，保障高产高质，以智能温室进行的工厂化生产，如东丽的大顺园林、植物工厂等。

(4) 高科技农业。以高科技为标志，应用国内外先进技术，打造高端农业，具有科普教育和引领示范作用，如天津市津南国家农业科技园、北辰的珊瑚养殖园。

(5) 科普文化展示。挖掘农业历史、农产品文化，集中展示展览，既是产品展览平台，也是科普文化教育基地，如津南的小站稻展览馆、西青的沙窝萝卜文化展览馆。

(6) 综合性园区。融农业生产与休闲观光于一体的园区，如北辰的龙顺庄园、西青的水高庄园、杨柳青庄园等。

### 2. 远郊六区

远郊六区在重点发展领域，主要以提高农业生产效率和效益，保障农民增收为目的，提高农业机械化、智能化水平，促进农业高质量发展，形成带动农民发展机制。主导产业发展以区域资源优势为依托，武清区重点发展粮食、果蔬、奶牛等产业；宝坻区重点发展小站稻（粮食）、蔬菜、生猪等产业；宁河区重点发展水产、小站稻（粮食）、生猪等产业；静海区重点发展粮食、果品（台头西瓜、金丝小枣）、农产品加工（王口炒货、陈官屯腌渍菜）等产业；蓟州区北部重点发展山地生态农业、乡村旅游，南部重点发展高效农业；滨海新区重点发展工厂化海水养殖、海洋捕捞、滨海休闲、奶牛、生猪等产业。

主要发展方向包括：现代设施农业、特色农业、现代种业、智能农业、乡村旅游等。

（1）现代设施农业。以二代节能日光温室、工厂化畜牧和水产养殖为主，发展现代设施农业生产，提高土地产出效率。

（2）特色农业。以知名农产品品牌、绿色农产品、有机农产品和地理标志农产品等为主，形成规模优势，打造区域特色品牌。如武清的田水铺青萝卜、宝坻的小站稻、宝坻"三辣"等。

（3）现代种业。以技术含量较高的工厂化育种、育苗为主，建立育繁推一体化体系，为现代农业发展提供基础支持。如宁河的水产育种，滨海的海珍品育苗，天津市农业科学院的粮食育种、蔬菜育种等。

（4）智能农业。依托农业信息化基础设施、农业物联网平台等，发展智能农业。如智能温室、无人植保机、水稻智能化育秧、智慧养殖农场等。

（5）乡村旅游。以乡村文化、村落建筑、民俗风情等特色资源吸引游客的休闲旅游村，如"百年武术村"——武清区下伍旗镇马神庙村、"北方江南"——蓟州区上仓镇程家庄村等。

# 六、推进都市型农业发展建议

现代都市型农业作为天津市农业发展的总体定位，是推进乡村振兴的主要路径。"十四五"期间，重点从加大投入力度、深化三产融合、加强品牌建设、强化宣传引导四个方面入手。

## （一）加大投入力度

一是加大财政扶持力度。市农业农村委联合市乡村振兴局，积极申请国家财政支农资金，并与市财政支农资金形成打捆资金，按照现代都市型农业发展重点方向，围绕农业科技创新、农田水利基础设施建设、项目培育等方面加大投入力度，为现代都市型农业发展提供基本资金保障。

二是充分吸纳社会资本。鼓励工商资本下乡，采取贴息、人才引进、税收优惠、建设用地优先审批等优惠政策，吸引工商资本成为新型农业经营主体，开展农业项目经营，重点扶持育繁推一体化、农工贸一体化的规模经营主体，形成地方特色主导产业，带动地方都市农业发展。

三是加强农村金融服务。鼓励金融机构加大"支农"服务创新，立足于农业产业结构调整、农业产业链延伸和农业新功能开发，注重对农村产业龙头企业的融资和新型农业经营管理水平提升等全方位精准扶持，以强化金融功能为抓手优化农业产业体系、生产体系、经营体系，培育农村新产业、新业态、新模式，带动农村产业快速发展。

## （二）深化三产融合

一是推进适度规模经营。以新型农业经营主体为抓手，在强化新型农业经营主体培育的同时，鼓励新型农业经营主体开展适度规模经营，以村为基本单元，将小农户纳入生产经营组织，实现小农户与大市场的有效衔接。

二是构建标准化生产体系。推进新型农业经营主体标准化建设，建立农业标准化生产制度，从农资投入、全过程生产到农产品上市的各环节建立标准化检测体系，引导农业经营主体依标生产、产品达标上市。对适度规模经营企业，鼓励建立农业企业标准化经营管理制度，从规范企业制度到企业形象设计，再到文化元素植入，建立一整套企业运营管理制度，提升农业企业市场竞争能力。

三是注重农业产业链培育。鼓励适度规模经营企业，建立以市场信息为基础，农副产品交易为依托，农业生产性服务为主体，构建绿色农业多功能承载为支撑的现代生产、经营、市场一体化的农工贸一体化发展体系，根据经营内容，设计全产业链经营模式，以标准和品牌为引领，打造三产融合发展的产业链条，承担引导生产、加工、开拓市场、增加农产品附加值。

## （三）加强品牌建设

一是提升农产品的品质化。实施"质量兴农、绿色兴农、品牌强农"战略，按照农产品标准化生产体系，在生产优质、安全的绿色农产品的基础上，强化全程监管，提升绿色优质农产品供给能力。

二是培育农产品品牌。按照天津市农产品品牌名录，按照农业类别，构建农产品品牌经营体系，重点培育地标农产品、特色农产品和极具规模农产品，形成天津市农业品牌优势。经营主体在经营品牌过程中，充分利用区域公用品牌，推动经营主体的品牌化进程，提升农产品的影响力和知名度。

三是提升市场服务质量。建立农产品终端服务标准，采取绿色标识、可追溯系统等办法，在确定农产品质量可追溯的同时，提升农产品批发市场、专卖店等农产品销售渠道终端服务质量、提升农产品品牌形象，进而提高农产品影响力和销量。建立天津市休闲农业与乡村旅游服务业标准，促进天津市农旅结合，为天津市休闲农业和乡村旅游树立良好口碑形象。

## （四）强化宣传引导

一是加大宣传力度。广泛利用北方网、天津卫视、各区卫视、广播、报刊等宣传媒体，加强现代都市型农业发展特征、重要意义的宣传，引导小农户融入农业经营组织，促进社会资本下乡从事农业新业态产业经营。鼓励新型农业经营主体通过制作微视频、短视频，利用抖音、快手等宣传途径，宣传从事现代都市型农业的亮点，扩大天津市都市型农业影响力。

二是做好试点示范。按照国家现代农业示范园区、绿色先行区、科技园区、家庭农场、合作社等试点示范要求，逐步规范天津市经营主体运作模式，创新发展思路，按照现代都市型农业发展定位，打造天津市都市农业特色亮点，辐射带动天津市及周边地区现代都市型农业发展。

三是营造营商环境。大力开展农业经营办事难、融资难、投诉难等专项整治，解决农企、农村带头人等涉农事务办事难问题。坚持建设与监督两手抓，采用民主监督、媒体监督、群众监督等多种监督方式，推进涉农区营商环境全方位建设。建立新型农业经营主体注册绿色通道，减少审批环节，营造温馨经营环境，提高民企服务意识。围绕天津市现代都市型农业发展重点建设工程，建立考核评价体系，定期开展评价，根据评价结果调整天津市都市型农业发展方案和措施，为形成良好营商环境奠定坚实基础。

专题研究三：

# 天津市"十四五"农业农村产业发展布局及重点任务研究

# 一、研究背景与意义

## （一）研究背景

### 1. 乡村振兴战略深入推进

党中央、国务院高度重视"三农"工作，深入实施乡村振兴战略，农业农村优先发展政策体系不断完善，党的农村工作条例、农村基层组织工作条例相继出台，《乡村振兴促进法》实施，农业农村优先发展的制度保障进一步强化。多部委密集出台乡村振兴战略规划的配套政策和指导性文件，重点支持土地、产业、农村生态治理等"三农"发展领域，为农业农村现代化发展创造了良好的政策条件。天津市落实中央政策精神，先后出台了《天津市乡村振兴战略规划（2018—2022）》《天津市财政支持乡村振兴战略实施方案》等指导性方案，深入实施产业助农、质量兴农战略，加快推进"三农"重点领域改革，对提高农业农村发展质量和水平等关键问题进行了规划和部署。一系列重要的政策措施，为天津市新时期农业农村产业发展布局及"十四五"重点建设任务奠定了基础，并发挥了指导性作用。

### 2. 京津冀高质量协同发展步伐加快

京津冀协同发展是重大国家战略，是以有序疏解北京非首都功能、解决北京"大城市病"为基本出发点，以优化区域分工和产业布局为重点的协同发展战略。京津冀协同发展以来，三地在生态协同治理、产业对接协作、体制机制改革等领域取得了实质性进展，随着北京城市副中心和雄安新区开工建设实施，区域协同发展不断深化，从疏解到重塑的发展定位不断明确，京津冀协同发展再谱新篇章，高质量的协同发展为天津市农业农村发展带来了难得的政策机遇。天津市作为区域协同发展腹地，在交通区位、基础设施、信息化、科技化以及农业资源禀赋等方面具有优势，优化农业农村产业布局，挖掘发展潜力，实行"错位"对接战略，是新时期天津市农业农村发展的重点方向。京津冀高质量协同发展，为天津市优化农业农村发展布局推进现代化发展带来了新机遇。

### 3. 天津市现代都市型农业步入升级发展期

"十四五"时期，天津市将开启全面建设社会主义现代化大都市新征程，现代都市型农业作为基础性产业，将面临一系列新的机遇和挑战。一是天津市城市经济实力、科技实力、综合实力大幅跃升，将提高工业反哺农业、城市带动农村发展能力，并为农业农村现代化借势发展提供有利条件。二是现代都市型农业发展需要破解资源环境约束趋紧、科技创新与应用水平不高、产业链条较短等一般性问题，还必须解决一系列全新的难题，包括如何加快农业农村现代化步伐、推动农业发展与农业价值同步提升、提高品牌意识发展特色"菜篮子"供给、统筹农业农村现代化发展与乡村文化及农耕文明保护的关系等。通过优化农业农村产业发展布局、加大农业农村重点领域发展力度，能够有效突出天津市的区域特色、促进农业发展的规模化及集约化、破解制约农业发展的关键问题、提高农业生产比较效益及综合竞争力。

**4. 农业农村发展面临的内外部环境更为复杂**

新冠肺炎疫情蔓延，农产品生产、流通、消费、贸易受到不同程度的影响，粮食安全、农业保产稳供再度被提升至战略高度。天津市作为我国粮食生产的主销区，粮食产量和需求存在缺口，自给率低；"菜篮子"产品竞争力不高，部分地区、个别产业基础设施薄弱，资源利用率低，急需由"全面保障"向"重点突出"转变，提高保障质量及整体发展水平；畜牧业发展面临资源约束趋紧及生态环境保护的双重压力，养殖业防疫难度加大、市场波动加剧；渔业发展面临的"两个矛盾"和"五个不平衡不充分"问题日益突出，水产养殖业亟须深化生产结构、优化调整空间布局。科学布局农业农村产业，能够统筹全市优质资源，优化农业农村资源配置，提高综合生产能力，提高农业应对自然灾害、市场风险、贸易制约等方面的能力。

## （二）研究意义

**1. 推进天津市"十四五"农业农村产业发展布局是增强农业应对风险能力的有效途径**

农业生产具有基础性、弱质性特征，受自然、市场等外部环境的影响较大。新冠肺炎疫情爆发、国际部分农产品出口管制，这对国内农业生产模式变革、农业产业发展布局优化提出了更大的挑战。本课题研究以提高天津市粮食和"菜篮子"等重要农产品保障能力为目标，以市场需求为导向，以规模化、集约化生产为基础，以提高农业市场竞争力和综合生产能力为核心，深度挖掘农业农村资源，科学规划农业农村产业布局及发展重点，能够增强农业抵抗自然、社会、经济、贸易风险的能力，是实现产业带农业、农业保供给的重要举措。

**2. 推进天津市"十四五"农业农村产业发展布局是构建区域一体化发展模式的重要探索**

天津市农业农村发展要与天津城市功能定位相结合，发挥农业生产的经济功能、生态功能及文化功能。要实现农业农村的高质量升级发展，必须以区域农业产业特色为基础，以重点项目为抓手，探索一体化发展模式。通过合理规划产业布局，引导农业资源向优势地区聚集，促进农业产业的规模化、集约化发展。此外，通过明确"十四五"农业农村产业发展重点任务，合理分配重大项目，打通农业产业发展"堵点"，为做强主导产业、做精特色产业、做靓新产业新业态奠定基础，实现天津市农业产业"由点连线，由线串面"的区域化发展格局。

**3. 推进天津市"十四五"农业农村产业发展布局是带动农业产业振兴的有力抓手**

乡村振兴，产业兴旺是重点，做大、做强、做优农业产业，是农业农村经济发展拥有持久旺盛发展活力的根本途径。本课题科学谋划产业发展重点，能够有效解决乡村产业发展滞后，农业生产结构不合理，产业化、组织化、规模化程度不高，优势特色产业不突出、新兴产业发展动力不足，品牌影响力低等问题。在京津冀协同发展重大国家战略有序实施、农业供给侧结构性改革持续深化、创新驱动发展战略深入推进、农业绿色发展初见成效的大背景下,挖掘农业产业振兴驱动力,显得尤为关键。本课题通过规划产业布局,能够从主导产业发展、经营主体培育、金融及产权等制度创新等方面提振乡村产业。

**4. 推进天津市"十四五"农业农村产业发展布局是推进农业全产业链发展的客观要求**

本课题围绕优化布局农业农村产业,培育壮大"龙头企业+合作社+家庭农场"等农业产业化联合体,构建集"基地生产—农业综合服务—农产品加工—农产品流通—电商平台"于一体的农业产业体系,促进一二三产业融合发展。同时,明确重点任务建设,通过要素统筹、资源高效配置,促使区域产业发展与要素供给实现相互依赖、相互协调、相互促进、良性互动的局面,拓展产业发展的内涵和外延,推进农业全产业链发展。

## 二、研究基础

### (一) 现状分析

"十三五"时期,天津市加快现代都市型农业建设,推动农业转型升级,助力乡村振兴,农业产业发展取得重大进展,在夯实农业产业发展基础、优化农业产业布局等方面取得显著成效,农业农村现代化发展势头良好。

**1. 农业产业转型升级**

"十三五"时期,天津市加快农业产业转型升级。稳定粮食生产能力,蔬菜、肉类、禽蛋、牛奶等"菜篮子"产品自给率在大城市中保持较高水平。粮食综合生产能力保持在200万吨以上,实施小站稻振兴计划,小站稻种植面积由2016年的30万亩增加到2020年的80万亩。提高畜牧业发展质量,重点发展畜禽种业、标准化规模养殖及农牧结合、生态循环的畜牧业,畜禽养殖规模化率基本达到100%。推进渔业健康养殖,实施设施渔业提升工程,实现了渔业生产从粗放型经营向生态化、精细化发展的转变,2020年水产健康养殖示范面积比重已达到65%。

**2. 产业布局不断优化**

天津市依托现有产业发展基础,按照区域特色突出、错位发展的总要求,科学谋划发展路径,产业布局结构进一步优化。以北部远郊蔬菜生产聚集区和武清北部"京津鲜菜园"蔬菜生产聚集区等区域为主的产业聚集区规模化、连片经营趋势逐步增强,已形成300万亩以上优质粮食、90万亩以上优质蔬菜、40万亩以上优质果品的优势产业区、产业带。畜牧业呈规模化发展态势,现代化养殖水平明显提升,蛋鸡自动化立体笼养、自动集蛋、奶牛智能挤奶、TMR及智能管理、生猪养殖环境控制、自动饲喂、粪污收集等新设施、新设备在生产中普遍应用,畜禽养殖设施化、信息化、智能化水平取得新突破。水产业通过科学实施增殖放流等措施,不断实现高质量发展。

**3. 品种品牌优势突出**

"十三五"时期,天津市注重优质特色农产品打造,品牌培育工程稳步推进。现已形成沙窝萝卜、"小兔拔拔"水果萝卜、百利生菜、劝宝韭菜、多兴庄园等蔬菜品牌以及茶淀葡萄等水果品牌；二商迎宾、众品、天穆等肉类品牌；天祥水产、七里海河蟹、"盐汪子"虾等众多市场知名度高的水产品牌。此外，通过多年培育，天津市在设施专用品种研发选育方面处于国内领军地位，育种品牌优势明显、市场广阔、认知度高，有利于带动设施农业经营主体打造品牌，提升市场竞争力。天津市实现绿色、有机、地理标志农产品认证比例达10%以上，全市农产品质量安全水平稳步提高。

## （二）存在的问题

### 1. 资源条件约束趋紧

天津市农业产业发展面临来自土地、水等方面的资源条件约束。按农村人口计，天津市人均耕地面积低于全国平均水平，并且随着城市化进程加快，城乡建设用地矛盾日渐突显，农业产业化发展用地保障困难加大。天津市水资源匮乏，除蓟州区全境、宝坻区、武清区北部为非超采区外，其他地区均为地下水超采区，占市域面积的79.2%，属于典型的重度资源型缺水地区。加之，政策性约束对畜牧养殖业的限制，以及退渔还湿、地下水禁采、水域滩涂环境整治等工作的开展，农业产业发展的资源环境约束矛盾更加突出。

### 2. 现代化发展动力不足

天津市农业产业发展模式创新活力不足，科技成果转化率不高。虽然天津市在科技和人才方面具备了良好的基础，但与现代都市型农业发展的需求相比还存在很大的差距。截至2020年，天津市农业科技进步贡献率为68%，财政创新投入不足、稳定性不强，与京沪等地区存在明显的差距。农业机械化是农业现代化的物质基础，天津市农业机械化和农机装备产业发展不平衡不充分的问题突出，特别是农机科技创新能力不强、部分农机装备有效供给不足、农机农艺结合不够紧密、农机作业基础设施建设滞后等问题严重。智慧农业、数字农业普及率不高，相应的专业型技术人才短缺，长期发展动力不足。

### 3. 农业产业布局有待完善

天津市拥有山、河、湖、海、湿地等丰富的农业产业资源，这为农业产业多样化发展提供了基础。然而，由于对现代都市型农业的内涵与发展模式、在区域经济社会发展中的定位等认识不够深入，缺乏科学的顶层设计，使得主导产业规划定位不够清晰，区域总体产业形象模糊，缺乏特色。此外，在以区为单位进行农业产业开发时，起点不高、布局雷同、功能配套不齐全等，使得地区农业特色产业资源挖掘度不够，难以形成强大的产业发展集聚效应和规模效应。

# 三、"十四五"农业农村产业发展布局和重点

## （一）总体思路

按照乡村振兴战略部署，紧抓由全面建成高质量小康社会向建设社会主义现代化大

都市迈进的起步期,以构建高质高效的现代都市型农业体系为目标,以现代物质装备和科学技术为支撑,以新型农业经营主体和服务主体为载体,充分发挥天津市在资源条件、产业基础及区域特色等方面优势,按照错位发展、融合发展、全域打造的基本要求,对现代都市型农业功能布局进行整体优化及单项功能提升,明确产业功能定位,调整优化产业结构、功能结构与区域布局,突出绿色发展理念,构建形成理念国际化、布局区域化、功能多样化、产业多元化、发展生态化、技术现代化的现代都市型农业农村发展格局。

## (二) 布局原则

### 1. 坚持产业集中原则

根据本地的资源和产业基础,确定产业发展重点,扶大做强具有特色的主导产业和优势产品,落实相关产业基地建设项目。通过巩固发展产业基地,促进产业布局相对集中;建设项目突出重点,促进资源、人才、科技、资金等向产业带集中,推进规模化、集约化生产。

### 2. 坚持科技创新原则

因地制宜、分类指导,结合不同区域的交通区位、地理特征等客观实际,坚持宜农则农、宜养则养,积极培育各区特色产业。注重引进新品种、新技术,构筑现代农业产业体系、生产体系和经营体系,推广设施农业、生态农业、休闲农业、绿色农业和创意农业等,提高天津市农业产业发展的核心竞争力。

### 3. 坚持可持续发展原则

随着人口、资源、环境压力日益加大,农业资源的过度开发利用与农业可持续发展的矛盾日益突出。发展天津市高质量农业,推广资源节约型、环境保护型技术措施,减少农药及化肥使用,注重农业废弃物无害化处理和资源化利用,充分考虑空间环境的承载能力,确保资源利用与环境保护协调发展,以低消耗、高效率手段推进农业绿色、可持续发展。

## (三) 总体目标

农业农村产业布局应形成一个分工合理、优势互补、稳定协调、持续进化的农业系统,全面优化天津市农村经济结构、农业区域布局及农产品质量,加快天津市农业农村向现代化、集约化方向转变,具体完成以下目标:

一是优化种植业结构。按照"稳产、调优"的总思路,着力破解种植业供给侧结构性矛盾,保持粮食、蔬菜总体产能基本稳定,生产区域特色明显、优质绿色的农产品。

二是推进绿色畜牧业发展。以"提质量、增效益、稳供给、保生态"为目标,优化畜牧业养殖区域、推进废弃物资源化利用等工作,打造绿色兴牧、品牌强牧、智慧兴牧的天津市现代畜牧业发展新格局。

三是推进绿色渔业发展。以满足人们对优质水产品和优美水域生态环境需求为目标,以减量增收、提质增效为着力点,加快构建水产养殖绿色发展空间格局、产业结构和绿色生产方式,推动天津市水产养殖产业健康发展。

四是加强农产品加工物流业发展。以提高农产品附加值为根本,加大天津市初级农产品精深加工和储藏力度,淘汰落后工艺,提升农产品精深加工和储藏水平,与重点产业布局相结合,依托农产品资源优势优化农产品精深加工企业,提升储藏和物流设施设备水平,满足都市居民餐桌和休闲食品需求。

五是提升休闲农业与乡村旅游发展水平。拓展休闲农业与乡村旅游发展内涵,加大农业发展与文化、生态旅游的融合力度,重点提升北部山区农家乐品质,打造精品民宿,拓展平原区休闲农业功能,创建亲海生态文化旅游精品线路。

## (四)产业布局

天津市资源类型多样,不同地区间存在明显的差异,对空间区划进行清晰定位,发挥农业资源的比较优势,优化重点项目布局,聚集政策、资金、技术等资源,集中发力推进农业高质高效具有重要的意义。

以区位、交通和资源优势为依托,围绕天津市农业农村优势产业,重点打造高质、高效、农产品加工和休闲农业产业,构建形成"两带四区"的农业农村产业发展格局,为天津市"津城""滨城"双城都市圈及京冀城市地区都市居民提供鲜活农产品供给和休闲服务,满足都市居民生活需求。

**两带**:两带是指蓟州区北部山区乡村休闲旅游带和滨海新区沿渤海湾亲水休闲旅游带。一山一水两个乡村休闲旅游带构成山水相映的乡村旅游重点地区,满足都市居民"游山玩水"的乡村休闲旅游度假需求。

**四区**:四区是指按照农业生产功能及区位优势,将天津市涉农区划分为高质农业生产区、高效农业发展区、农产品加工物流区和生态休闲观光区。

(1)高质农业生产区。能够聚集北京、河北先进的优势农业产业资源,交通路网发达,到市中心的距离在35千米以内,行车时间不超过1小时,重点发展高端精品农业,打造现代农业质量高地,满足都市居民对农产品品质需求。高质农业生产区主要涉及东丽、西青、津南、北辰等环城四区。

(2)高效农业发展区。以严格依法合规划定永久基本农田、养殖禁养区为基础,重点发展以大田农业、规模养殖为主的高效农业,促进天津市现代农业适度规模发展。高效农业发展区主要涉及武清区、静海区、宝坻区、蓟州区及南部平原区等的远郊区。

(3)农产品加工物流区。以交通优势为依托,为规模化重点农业产业区配套农产品加工贮藏物流区,重点发展农产品加工物流业,满足生鲜农产品精深加工和仓储、物流需求,促进农业由一产向二产转型升级,提升农产品附加值。

(4)生态休闲观光区。充分利用天津市湿地资源,与周边农业相结合,发展生态休闲观光产业,满足游客生态休闲观光需求。以农业园区为载体,突出园区种养特色,通过游客对农业生产、收获等体验,满足认知农业、休闲养生需求。

## （五）发展重点

### 1. 两带

**（1）山区乡村休闲旅游带**

——产业发展定位：利用蓟州区北部山地资源，坚持生态旅游理念，依托山区乡村自然环境和人文资源，吸引游客前来休闲观光、度假养生，逐步调整和优化山区乡村产业结构，转变山区农村经济增长方式，不断改善山区乡村环境，促进山区乡村传统文化传承与发展。

——产业发展重点：依托山区人文、生态、森林、林果等资源优势，发展山区休闲旅游度假产业，重点打造高端民宿产业和林地资源经济两个板块。

一是高端民宿产业板块。依托山区村庄资源，重点发展山区农家乐、精品民宿，挖掘、传承村庄传统文化，丰富村庄文化内涵，打造山区特色高端民宿产业，成为都市居民周末、假期休闲旅游度假目的地。

二是林地资源经济板块。依托山区林地资源，打造林果产业带，推进酸枣、大枣、黑枣、柿子、栗子、李子、核桃、榛子、苹果、梨等山地林果产业发展，更新退化苗木，通过新型农业经营主的规模化产业化发展，带动山地资源开发利用，传承山地资源文化；充分发挥山区森林资源优势，发展林下经济，依托森林资源，培育林菌、林禽产业，发展林下养鸡、林下养兔、林下食用菌等项目，提高山地资源开发利用价值。

**（2）滨海亲水休闲旅游带**

——产业发展定位：以天津市渤海湾地区水资源为依托，利用生态海、淡水资源，吸引都市居民前来休闲观光度假，拓展水资源功能，优化水资源富足地区产业结构，为都市居民带来亲水休闲体验。

——产业发展重点：

一是渔家乐产业板块。以滨海新区环渤海湾地区农村为载体，重点发展渔家乐产业，提升渔家乐民宿品质，融入渔村文化，打造具有渔家风情的精品民宿，为都市居民带来吃渔家饭、住渔家屋、干渔家活的乡村休闲体验。

二是亲海生态游板块。依托滨海新区环渤海湾地区水资源、湿地资源，以及东疆港、港北森林公园、大沽口炮台、航母主题公园、中塘镇特色小镇等景区景点为核心，发展亲水休闲旅游业，打造特色亲水休闲旅游项目，传承渔村文化，欣赏渔港风情，为都市居民带来亲水休闲度假体验。

### 2. 四区

**（1）高质农业生产区**

——产业发展定位：按照"发展集约化、品种名优化、管理标准化、技术现代化"的思路，重点发展以特色、高端为特征的"菜篮子""果盘子"等地域优势明显的农产品，逐步形成"优势突出、名优荟萃"的产业格局，提高城市服务型绿色、精品、特色农产品供给水平。树立品牌化意识，助力推进农业品牌振兴战略，积极培育地方特色品牌，支持地方特色和地理标志农产品走出津门，以新、特、优农产品占领京津高端农产品消费市场。将数字农业、智慧农业、信息农业作为地区农业产业发展的主攻方向，凸显新时期现代都市型农业产业发展优、科技含量高的特点。

——产业发展重点：依据"十四五"时期天津市高质农业的发展定位，强化重要点位布局，设计优质特色农产品生产、高端农业展示、高科技孵化以及数字农业展示四个板块内容。

一是优质特色农产品生产板块。以地域特色为根基，将特色农产品保护性开发与现代科技相结合，发展优质农业产业。加大新技术引进、推广力度，做大做强小站稻、特色蔬菜（沙窝萝卜、堤头萝卜、韩家墅早春西红柿等）、食用菌及优质花卉生产。以项目区种植业发展基础和分布现状为依据，小站稻主要涉及西青区王稳庄镇、精武镇、辛口镇、李七庄街4个街镇14个村及津南区小站镇。特色蔬菜生产主要涉及西青区辛口镇、津南区葛沽镇、北辰区青光镇。食用菌生产主要涉及北辰区双街镇。高档花卉种植涉及东丽区大毕庄镇。同时，注重农业生产与乡村文化资源结合，对西青区杨柳青古镇、津南区葛沽镇等特色名镇进行深度开发，将传统民间工艺、民俗文化融入特色农业产业中，发展特色农业生产及民俗文化旅游产业。

二是高端农业展示板块。以京津高端市场为服务对象，适应天津市及周边地区城市居民消费结构和市场需求的变化，把提供高端农产品和农业科普教育场所作为主要任务，发展品种新奇、设施先进、技术现代的高端农业。本板块以优质高质量为特色，重点建设以高端种植为主的设施化、智能化水平一流的全国高端精品农产品生产基地。项目建设一方面建立优质农产品的可控生产基地，增强供给保障能力；另一方面加强配套基础设施建设，发展可视化强、寓教于乐的农业科普教育基地。

三是高科技孵化板块。搭建优质农产品和新技术引进、实验、示范和推广平台。加快农业种业高新技术产业发展，建立覆盖京津冀的良种、农业物联网等农业科技体系，形成种业创新高地。紧抓国内外农业科技发展新动向，加强与中国农业科学院、中国农业大学、天津市农业科学院、天津农学院等科研院所的合作，搭建优质农作物新品种和新技术引进、实验、示范和推广平台，形成天津市的开发基地、中试基地和生产基地。主要技术包括生物防治技术、基质槽栽培技术、"种、水、肥、药"一体化精准作业技术、农业废弃物利用技术等。

四是数字农业展示板块。以服务现代智慧农业园为核心，以农业大数据、农业物联网、植保无人机、农业气象站、农产品质量追溯等为重点领域，促进数字农业技术的推广应用。依靠物联网进行海量数据的实时获取，实现精准农业、智能灌溉、智能温室等新型经营方式；通过大数据与人工智能进行生产经营决策的"数字化"制定。构建农业大数据平台、农产品信息化追溯平台、农产品电子商务平台、农产品市场交易信息平台等。建立数字农业研究实习基地，开展应用型数字农业技术研究和应用推广，促进农业要素的数字化、农业过程的数字化、农业管理的数字化。

（2）高效农业发展区

——产业发展定位：依托当地资源优势以及畜禽、水产科研和技术等方面的优势，发展规模化经营、绿色化投入、集约化发展的高效种植业以及资源节约型、生态环保型绿色养殖业，全面实施农产品品牌化发展战略。延长农业产业链条，发展休闲农业及乡村旅游业、加工物流业，推进产业集群发展，发挥农产品研发、种养殖、商贸流通功能，促进电子商务发展，形成天津市优质农产品种养殖、展销、观光旅游重要基地，推进农业产业化发展进程，提高产业链的增值收益。

——产业发展重点：高效农业生产区重点打造优质果蔬标准化生产板块、畜禽养殖生态化发展板块、水产养殖绿色发展板块等。面向京津市场，注重农业生产和生态协调发展，体现高效、绿色、生态发展要求。

一是优质果蔬标准化生产板块。在宁河区、滨海新区、东丽区设施果蔬产业带和武清、西青、静海传统优势设施蔬菜产业带等地区，充分利用浅层地下水及优质地表水资源，建设规模化优质果蔬生产基地，调整优化品种结构与生产布局。结合天津市果蔬种植的资源、技术优势，进一步推进种植经营规模化、产业化发展，形成从育苗、种植、加工、销售到休闲的全产业链模式。逐步推行符合国际标准的绿色农产品生产技术，严格生产管理，推广"灯、板、带"等病虫害物理综合防治技术，肥源以有机肥为主。在稳定已有市场的基础上，进一步扩大市场规模，形成天津市优质果蔬生产基地。项目区建设要结合景观生态学、园林设计的理论，在满足作物生长规律的前提下，以植物造景，建设中轴景观带及各式田间小品，营造风光旖旎的大田景观。

二是畜禽养殖生态化发展板块。严格依法合规划定畜禽养殖禁养区，发挥区域比较优势划定环城特色养殖区、远郊生态养殖区，实现畜牧生产布局与土地、资源、环境、经济社会发展相互协调。树立"差异化布局、区域化发展、品牌化经营"的发展理念，发展现代化畜禽养殖业，巩固提升生猪、奶牛等优势产业。重点推进畜禽种、养、加一体化产业基地建设。按照"圈舍标准化、饲养自动化、品种良种化、养殖规模化、粪污无害化"要求，建设标准生产线。污水处理系统采取"雨污、干湿、固液"三分离，建设废水综合处理池、发酵罐、应急池、人工湿地等配套环保设施；建设蓄水池、渠道等，将养殖废水存储用于灌溉，不直接进入自然水体。加大招商引资力度，引进大型农业龙头企业，推广"公司+家庭农场或专业大户"模式，实行产业链全程管理的一条龙生产经营模式，促进标准化养殖场发展。

三是水产养殖绿色发展板块。改建或新建水产养殖设施，配套完善的养殖设备，提高水产养殖的硬件水平，逐步形成高标准养殖区、现代渔业基地、生态高效渔业发展区和水产品加工流通产业相结合的区域布局。将绿色发展理念贯穿于水产养殖生产全过程，发挥水产养殖业的生态功能，通过调整养殖结构、转变养殖方式、推广清洁生产、防控养殖污染，实现由粗放经营、单一增产向提质增效、绿色生态转变。加强与天津农学院和北京水产技术推广站的合作，大力推广水产良种繁育体系，建设水产良种场，主要生产梭鱼、鲈鱼、草鱼、彭泽鲫、半滑舌鳎、乌克兰鳞鲤、牙鲆、三疣梭子蟹、南美白对虾、中国对虾、中华鳖等多种鱼类品种，加大种苗繁育。

（3）农产品加工物流区

——产业发展定位：以优势特色农产品主产区为重点，选择交通优势明显区域或利用既有批发市场、农贸市场集散地等区域，建设集农产品加工、电子商务、冷链物流、质量追溯等功能于一体的现代农产品加工物流体系，构建规范化、标准化、智能化加工流通系统。

——产业发展重点：

一是农产品精深加工板块。以规模化种养殖重点区域为核心，大力发展订单农业，推进标准化生产，采取就近就地原则，鼓励规模化种养殖企业延伸产业链，鼓励社会资本采取资本下乡的方式，发展农产品精深加工业，打造农产品精深加工业产业集群，生产具有地理标识的特色精深加工农产品和以本地农产品为原料的食品，扩大加工产品的品牌效应，大幅提升农产品附加值，实现由一产向二产转型升级，成为连接一产和三产的纽带，为休闲旅游度假游客提供伴手礼。

二是农产品仓储物流板块。强化农产品仓储物流基地建设，选择交通优势区域或利用既有农产品集散地、批发市场，新建或改造仓储物流基地，配套与现代农业生产相适应的仓储设施和流通设施，提升农产品仓储物流水平。分层次、分阶段对农产品供应链上的企业进行信息化改造，建立覆盖农产品综合（专业）批发市场和终端配送的农产品物流信息平台。拓展农产品加工包装、贴牌配送等业务，实现农产品的高效流通。

（4）生态休闲观光区

——产业发展定位：最大限度发挥区域湿地、山林资源的优势，通过合理布局、适度开发，一方面建立"资源—生产—产品—消费—废弃物再资源化"的物质清洁闭环流动模式，发展循环农业；另一方面为城乡居民提供旅游度假、科普教育、文化娱乐、农业体验的场所，实现湿地保护、旅游观光、农业生产的综合发展。

——产业发展重点：生态休闲农业区重点发展湿地涵养修复板块、生态休闲养殖板块、循环农业示范板块。

一是湿地涵养修复板块。在项目区打造大绿和水生态，涵养水源和生态恢复。建设高标准设施农业，形成绿色有机农产品基地。湿地作物种植区，以种植优质水稻、莲藕、茭白等水生作物为主。在进行农业生产的同时，保护湿地生态，供游客欣赏田园风光，参与农业耕作，品尝劳动果实。果树苗木生产基地，建设果树采摘园、优质绿色苗圃、人工森林及天然湿地。

二是生态休闲养殖板块。合理利用项目区的水面洼地、野生植物等资源，尊重当地渔业生产的传统，对水面进行合理改造和布局，进行池塘改造和养鱼设备升级，形成景色宜人、生态安全的水产品养殖基地。调节水产养殖品种结构，探索鱼虾混养、泥鳅精养等养殖新技术。建设水产育苗中心、养殖池塘高标准化改造，进行环境治理和养鱼设备更新，建设标准化、工厂化、规模化的设施水产养殖，对养殖全过程进行有效控制，不断提高病灾防治效率，严格遵循养殖废水排放标准。兼顾渔家乐、休闲渔业发展，开展垂钓等"渔"事体验活动。

三是循环农业示范板块。以"生态"为核心，以"科技"为支撑，遵守生态经济学原理，按照"整体、协调、循环、再生"的原则，以食用菌立体种植为核心，采用先进的"资源—产品—再生资源"循环发展模式，构建"农、牧、菌"复合生态农业系统，对生产活动中产生的废弃物实行综合利用，利用生物酶解技术经过一系列的高科技方法进行处理，制成营养元素含量丰富的生物有机肥料。生猪养殖、食用菌生产等循环农业链条进一步拉长。在食用菌产业上，推行"食用菌生产—菌棒再利用—生产有机肥，牛粪+秸秆发酵—食用菌生产—生产有机复合肥"的循环农业模式。兼顾农业休闲观光、科普教育、农事项目体验，促进休闲农业发展。

## 四、"十四五"重点产业发展模式

坚持创新、协调、绿色、开放、共享的新发展理念，坚持问题导向，围绕破解制约因素，以稳定产业链、畅通供应链、提升价值链为目标，确定种植业、养殖业、农产品加工仓储物流业、休闲农业的发展方向。

### （一）绿色种植业

"十四五"时期，天津市种植业发展需发挥四种功能：优质农产品供给、产业提升、休闲体验、文化科普教育，重点推行规模化大田种植模式、现代设施园艺发展模式、高端高新推广模式。

1. 规模化大田种植模式

主要用于水稻、小麦等粮食种植，按照"布局区域化、科技集成化、设施工程化、生产标准化"的总目标，建设优质粮食标准化生产基地。主要完善沟渠、排灌等农田水利设施，改良土壤、平整土地、培肥地力，改善生产条件，提高农田高效生产水平。提高农业机械装备水平，重点推广应用农艺与农机融合技术，提高农业生产全程机械化的科技化、现代化水平。重点对滨海新区、静海区等中南部地区加大农田水利设施提升改造。

2. 现代设施园艺发展模式

主要用于果蔬生产，通过合理规划种植品种，形成"科技引领、基地支撑、园区示范"的空间发展新格局。以整合特种农业资源、保护优质农产品产地为目标，加强品牌化建设，树立自主品牌，对特色农产品实行统一品牌制，进行有序管理。

3. 高端高新推广模式

主要用于种业发展、苗种繁育中，应用物联网技术等智慧农业手段对农业生产进行自动化、可视化控制。加大新技术、新品种引进力度，注重科研攻关及部门间的协作，以市场为导向，围绕优势特色农产品产业带建设，加快农业种业高新技术产业发展，建设冬枣、梨、蜜桃等无病毒原种苗繁育基地。

### （二）健康养殖业

天津市养殖业主要包括畜牧养殖、水产养殖。"十四五"时期，天津市养殖业重点推进绿色发展模式、循环种养模式。

1. 绿色发展模式

改造提升现有养殖基地，新建标准化生态养殖场，配套养殖自动化设施、无害化处理设施、粪污处理及资源化利用设施，发展绿色、清洁、高效养殖业。全面推行清洁生产,加快养殖基地绿色化改造提升,建成资源梯级利用、水资源循环利用、废物交换利用的绿色发展路径。

2. 循环种养模式

"按照农牧结合、农渔结合"的原则,科学布局养殖业,全面推进养殖业粪污的资源化利用。在畜禽养殖方面,大力推行种养结合的循环农业,打通种养协调发展"堵点",促进种养业资源循环利用。鼓励有机肥场建设,把粪污处理与综合利用结合起来。在水产养殖方面,按照"稳粮增效、以渔促稻"的要求,建立稻渔综合种养产业化发展技术体系和配套服务体系,大力发展标准化健康立体混养,建成高标准、生态循环的"稻+渔业"主导模式示范区。

## (三)农产品加工物流业

农产品加工、仓储物流业作为与农业生产相关的第二、第三产融合产业,低端、粗放式的发展方式已不能满足竞争日益激烈的市场环境。"十四五"时期,天津市农产品加工、仓储物流业推行集约化发展模式、信息化发展模式。

1. 集约化发展模式

围绕天津市蔬菜、林果、肉类、水产品、奶制品、粮油6大农业主导产业的空间布局,大力发展产地加工业,推进农产品加工业向规模化、集群化方向发展。扶持一批农产品加工产业化龙头企业,提升企业技术进步和自主创新能力,支持企业与科研院所合作,攻克农产品加工技术难关,发展精深加工业,提高农业生产的整体实力。

2. 信息化发展模式

推广农产品质量安全快速分析检测技术,加快安全可追溯及预警系统开发。发展壮大数字经济,加快物联网、大数据、空间信息(GIS)等新一代信息技术与农产品仓储物流业的深度融合,发展区域农产品电商服务平台,打造基于大数据的农业产业体系。全域构建以智能化为主要特征的现代物流配送体系建设。

## (四)休闲农业与乡村旅游业

结合天津市的旅游资源状况,"十四五"时期,天津市休闲农业推行5种发展模式,分别为:生态景观旅游模式、乡野生活体验模式、农耕民俗文化带动模式、现代农业展示模式、康养度假模式。

1. 生态景观旅游模式

借助地区特有的湿地、海洋、山地等资源,以绿色农业、生态景观为基础,通过改造提升,凸显农业的观光游览等功能,满足城乡居民体验自然、回归自然、放空自我的需求。该模式主要有湿地公园、森林公园等类型。利用大黄堡—七里海—黄港湿地、蓟州区九龙山国家森林公园等自然景观旅游资源,与当地的农业生产经营以及休闲观光功能结合起来,形成以自然生态景观为亮点的休闲农业与乡村旅游发展模式。

2. 乡野生活体验模式

利用区域特有的自然资源、农业资源和特色村庄,提供购物、垂钓、采摘体验、住农家房等服务,体现"住农家屋、吃农家饭、干农家活、享农家乐"的发展思路。该模式包括采摘园、市民菜园、农家乐、渔家乐等类型。在西青、津南、东丽和北辰四个环城区,重点发展市民智慧菜园、采摘农园等,在滨海新区、宁河区,发挥海洋资源优势,重点发展渔家乐。

3. 农耕民俗文化带动模式

选择具有乡土、民俗特色的地区,以民俗文化、民间艺术为抓手,为游客营造乡土风情浓郁、民风客俗浓重的文化氛围。该模式包括民俗文化村、民间手工艺、古镇建筑游和乡村节庆游等类型。围绕西青区杨柳青民俗文化城、石家大院,滨海新区烟云,津南小站稻练兵园等乡村主体,同时配合节日、庆典(如杨柳青年画节)活动,拓展农业观光旅游范围,丰富农村旅游观光内容。

4. 现代农业展示模式

以现代高科技设施、农业新品种及高效生产流程展示等为亮点,以观光、教育为主要功能,向游客展示传统农业发展历程及现代农业发展特色。该模式包括农业科技园、农业博览园、科普教育园等。天津市农业产业园星罗棋布,这些均可作为现代农业观光旅游的资源基础,既可以寓教于乐,又可以促进城乡资源双向流动。

5. 康养度假模式

发挥天津市浅层地热能量非常丰富的优势,开发温泉康乐项目,发展一批以温泉为特色的理疗、休闲、度假等旅游项目。同时,开发商务娱乐功能,以优美田园风光为依托,利用优质的生态环境建设特色主题餐厅、商务套房、会议室等必要设施,满足商务游客休闲康养需求。

# 五、保障措施

## (一)加大新型农业经营主体培育

在坚持农村基本经营制度基础上,大力培育发展新型农业经营主体和服务主体。通过增强农业主体的发展实力、经营活力和带动能力,提高农业农村产业的综合发展水平。充分发挥小农户在农业产业发展中的作用,按照"政府扶持、市场引导、统筹推进"的原则,着力完善符合天津市现代都市型农业发展特点的农业生产体系、产业体系、经营体系和助推小农户提升发展的政策体系,通过促进传统小农户向现代小农户转变,实现小农户与现代农业发展的有机衔接,为农业农村产业发展提供主体保障。

## (二)明确农业农村产业建设重点

从天津市农业发展的实际情况出发,把种苗繁育、粮食及果蔬生产、畜牧及水产养殖作为全市"十四五"时期农业农村现代化发展的重点,优先扶持,制定相关政策,强化各类示范区、标准化发展区建设,建立完善的农业农村现代化发展体系。统筹规划、分布实施，优先安排在稳产保供中发挥重要作用的产业。前期，遵循绿色发展的要求，着力推进各类生产基地设施改造提升，为现代农业标准化、规模化、绿色化发展搭建载体和平台；后期，重点完善配套设施、设备，以科技为支撑、质量安全为重点，高质量发展农业产业，延伸农业产业链条。

## （三）加大农业农村人才培育

建立多层次的农业人才教育与培训机制。落实国家关于基层农技推广的资金保障措施，整合已有的乡村教育及培训资源，以服务现代农业产业发展、服务农业经营主体、服务项目区重点项目为导向，加大高素质农民培育力度及水平。加强农民教育培训实践实训能力建设，运用互联网、电视等方式拓展培训渠道。适度引进国内外高端农业科技人才，为天津市现代都市型农业高质高效发展提供人才支撑。

## （四）强化现代农业技术应用

把握京津冀协同发展升级的机遇，借助京津优质的科技资源，通过建设一批京津冀农业科技合作平台和创新基地，为绿色、优质、特色农产品供给提供技术支撑。围绕重点农业产业，与国内外重点实验室和科研团队开展联合技术攻关，突破一批卡脖子技术，提升天津市农业自主创新能力。以数字农业农村发展为契机，强化智慧农业农村技术与装备的研发与应用，打造智慧农业产业集群，提高现代农业发展水平。

## （五）建立完善风险保障体系

农业生产面临着市场风险、自然风险等诸多因素的影响，这些风险严重影响了农业生产的顺利进行，如禽流感等疫情对畜禽业的影响、旱灾和洪灾对种植业的影响。因此，必须逐步建立起农业风险保障体系，使风险对农业生产造成的影响降到最低，从而推进农业空间布局的实现。一是加大政策对农业保护的扶持力度，建立农业市场主体之间利益和风险均衡的机制以及有效的产品价格保护机制；二是拓宽农业保险覆盖范围、提高参保率，结合天津市实际，加快农业保险立法，规范农业保险业的发展；三是增强农业风险的预测及应对能力，加强农业市场、农业自然环境等自然信息的收集、处理，建立权威性的农业信息体系，并及时发布预测和预警信息；四是示范发展农业期货市场，充分利用农业期货市场的风险转移功能，使农业生产流通承受的风险得到最大限度的降低。

专题研究四：

# 天津市农业农村绿色发展研究

# 一、研究背景与意义

## （一）研究背景

农业是生态产品的重要供给者，乡村是生态环境的主体区域，生态是乡村最大的发展优势。推进农业农村绿色发展不仅是解决农业农村资源环境过度开发问题，也是实现"五位一体"战略布局、建设生态宜居乡村的必然选择。

多年来，我国不断加大农业农村绿色发展力度。在农村生态环境治理方面，2005年以来，逐渐强化村庄基础设施建设，尤其2013年全国开展美丽乡村建设以来，农村生活垃圾、污水治理以及绿化美化成为村庄生态环境治理的重点。2018年，中共中央办公厅、国务院办公厅印发《农村人居环境整治三年行动方案》，进一步强化农村生活垃圾、污水治理和生态环境综合整治，并把厕所革命摆在更加重要的位置。截至目前，全国各地涌现出一大批国家级生态文明建设示范村镇、美丽乡村、生态示范村等生态环境治理优良的村庄，农村生态环境得到显著改善。

在农业绿色发展方面，近年来，国家采取了一系列措施加大农业面源污染治理，强调走绿色可持续发展道路。2015年3月，农业部启动化肥农药使用量零增长行动，严格控制化肥、农药施用量。2016年8月，为贯彻落实《全国农业可持续发展规划（2015—2030年）》和2016年中央一号文件关于建设农业可持续发展试验示范区的要求，部委（局）《关于印发国家农业可持续发展试验示范区建设方案的通知》，推进国家农业可持续发展试验示范区建设工作，探索符合我国不同区域特征的农业可持续发展模式，为农业可持续发展提供基础支撑。2017年9月，中共中央办公厅、国务院办公厅发布的《关于创新体制机制推进农业绿色发展的意见》（中办发〔2017〕56号）强调："以绿水青山就是金山银山理念为指引，以资源环境承载力为基准，以推进农业供给侧结构性改革为主线，尊重农业发展规律，转变农业发展方式，优化空间布局，节约利用资源，保护产地环境，提升生态服务功能，全力构建人与自然和谐共生的农业发展新格局，推动形成绿色生产方式和生活方式。"

2017年10月，党的十九大提出乡村振兴战略，生态宜居成为乡村振兴的必然要求。至此，农业和农村作为有机统一体，在乡村振兴战略实施中被统筹考虑。2018年中央一号文件提出："推进乡村绿色发展，打造人与自然和谐共生发展新格局，乡村振兴，生态宜居是关键。必须尊重自然、顺应自然、保护自然，推进乡村自然资本加快增值，实现百姓富、生态美的统一。"2018年7月，农业农村部发布《农业绿色发展技术导则（2018—2030年）》，从农业和农村两个视角、农业生产和农民生活两个层面，着力构建绿色发展的技术体系，大力推动农村生态文明建设和农业绿色发展，农业面源污染和产地环境治理取得了显著成效。2015—2019年，化肥施用量连年下降，由2015年的6 022.6万吨下降到2019年的5 403.6万吨，年均降幅2.7%；农药施用量由2015年的178.3万吨降到2019年的139.17万吨，年均降幅6%。截至2019年，全国产生了两批总计 81 个国家农业可持续发展试验示范区，为农业农村绿色发展奠定了坚实的基础。

自 2005 年以来，天津市着力推进乡村生态文明建设，在文明生态村建设的基础上，于 2013 年制定美丽村庄建设方案，打造美丽村庄"六化""六有"，同步实施清洁村庄行动，重点推进农村生活垃圾、生活污水治理、村庄绿化美化和环境综合整治工作，并通过实施《天津市农村人居环境整治三年行动》，进一步细化农村生态环境治理工作，农村生态环境得到显著改善。

天津市农业发展以现代都市型农业发展为导向。近年来，在国家绿色农业发展政策推动下，全力推进农业绿色发展，落实农药化肥零增长行动，通过测土配方施肥技术及统防统治，有效降低化肥农药使用量。2019 年 7 月，天津市委、市政府印发《关于推进现代都市型农业绿色发展的实施意见》，对推进现代都市型农业和绿色发展进行专项部署，提出全面建立以绿色生态为导向的制度体系，加快形成与资源环境承载力相匹配、与生产生活生态相协调的现代都市型农业绿色发展新格局。截至 2019 年，天津市武清区、西青区作为国家农业绿色发展先行区，在农业农村绿色发展方面积累了丰富经验，为天津市其他地区农业农村绿色发展奠定了基础。

经过多年改革与实践，天津市农业农村绿色发展虽然取得了显著成效，但在治理方式和治理水平上与发达地区仍有较大差距，仍存在发展的瓶颈和短板。乡村生态振兴作为乡村振兴战略的重要组成部分，是天津市"十四五"时期重要工作内容。本研究通过对天津市农业农村绿色发展态势分析，提出"十四五"期间天津市农业农村绿色发展的思路、目标和重点任务，并结合天津市农业农村绿色发展基础和条件，以科技为支撑，建立适于天津市的农业农村绿色发展模式，最后提出促进天津市农业农村绿色发展的运行机制和措施建议，为天津市编制《天津市农业农村现代化"十四五"规划》提供参考依据。

## （二）研究意义

实践表明，农业农村绿色发展对改善农业农村生态环境、推进农业农村现代化建设具有深远影响，其意义主要体现以下几个方面。

### 1. 农业农村绿色发展是推动乡村全面振兴的重要支撑

实现农业绿色发展，必然要遵循自然规律，走农业农村生产发展、生活富裕、生态宜居的"三生"协调的绿色发展道路。实施乡村振兴战略，生态振兴是其中重要组成部分，只有补足乡村生态治理这块短板，才能推动农业全面升级、农村全面进步和农民全面发展。当前，天津市乃至全国各地在乡村生态环境治理方面仍存在基础设施薄弱、先进适用生态治理技术及治理模式缺乏等短板。"十四五"时期是乡村振兴全面推进的基础阶段，补足乡村生态治理这块短板，走农业农村绿色发展之路，是乡村全面振兴的必然选择。

### 2. 农业农村绿色发展是推动农业高质量发展的必要手段

习近平同志指出，保护生态环境就是保护生产力，改善生态环境就是发展生产力。乡村振兴战略要求加快农业结构调整，加快转变农业发展方式，加快农业技术创新步伐，走产出高效、产品安全、资源节约、环境友好的农业绿色发展道路。天津市以发展现代都市型农业为重点，近年来，着重农业产业结构调整，并对农产品品质提出了更高要求。以乡村生态振兴为契机，通过推进农业绿色发展，建立起产业振兴发展与生态环境保护互促共兴的机制，有利于加快天津市农业生态体系建设，提高农业质量效益和竞争力，推动天津市农业发展全面升级。

**3. 农业农村绿色发展是缓解乡村资源紧张的现实途径**

牢固树立节约、集约、循环利用的资源观，像珍爱生命珍惜生态环境，实现人与自然和谐共生，是落实可持续发展战略、建设生态文明的战略选择。随着社会经济发展，天津市加快推进工业化和城镇化建设，耕地数量逐渐减少，农业水、土等资源约束日益严重，农业面源污染不断加剧，农业生态服务功能弱化，农业生态系统退化等问题较为突出，高投入、高消耗、低产出的粗放型生产方式尚未根本转变。推进农业绿色发展，重点依靠现代农业技术并采用种养循环等资源节约、环境友好等生产模式，促进土地集约和资源节约，推动建立起农业生产力与资源环境承载力相匹配的生态农业新格局，是缓解天津市农业资源紧张、优化农业生产环境的根本途径。

**4. 农业农村绿色发展是培育乡村发展新动能的必由之路**

近年来，我国农业科技进步有力支撑了农业农村现代化建设。截至2020年，天津市农业科技进步贡献率达到68%，农业现代化水平明显提升，但由于基础性、长期性创新积累不足，在节本增效、质量安全、绿色环保等方面的新技术还缺乏储备，循环发展所需集成技术和模式仍供给不足。农业农村绿色发展，将着力突破一批农业农村绿色发展关键技术和重大产品，培育一批战略性新兴产业，以新产业、新业态、新模式改造提升传统产业，实现从传统要素驱动为主向科技创新驱动为主的转变，增强农业农村可持续发展能力。

## 二、农业农村绿色发展态势分析

### （一）发展基础

多年来，天津市贯彻落实新发展理念，逐步加大农业农村生态环境治理力度，为农业农村绿色发展奠定了坚实的基础。

**1. 农村基础设施建设逐步完善**

2013年以来，通过美丽村庄建设和清洁村庄行动，农村基础设施建设水平进一步提高。截至2020年底，按照"六化""六有"的标准，天津市建成美丽村庄1 802个，以农村生活垃圾和生活污水治理为重点，全市村庄全部建成清洁村庄，建立起"村收集、镇运输、区处理"的垃圾处理体系，建成250个农村生活垃圾分类减量示范村，规划建设了蓟州、宝坻、武清、宁河、静海、东丽、西青、北辰、滨海新区9座垃圾焚烧发电厂，农村生活垃圾无害化处理率达到97.4%；完成1 885个村的生活污水处理设施建设，实现了现状保留村庄生活污水处理设施全覆盖；改造提升户厕62.8万座、公厕4 303座，实现了农村卫生厕所基本覆盖；启动实施了村内道路建设改造三年规划，完成1 500千米乡村公路建设改造，农村出行更加便利。

### 2. 农业经济保持平稳增长

2019年，天津市农林牧渔业总产值414.35亿元，比上年增长0.4%。其中，农业产值202.91亿元，增长2.6%；林业产值21.91亿元，增长1.2倍；牧业产值100.39亿元，下降14.3%；渔业产值74.43亿元，增长10.0%；农林牧渔专业及辅助性活动产值14.71亿元，增长8.0%。农林牧渔总产值之比为51：5：25：19，种植业仍为天津市农业主导产业，占四大产业总产值的一半以上，其次是畜牧业，2019年虽然有所下降，但仍是天津市农业经济的重要组成部分。

### 3. 绿色产品供给能力明显增强

截至2020年底，天津市完成170万亩粮食生产功能区划定，完成畜牧养殖禁养区、限养区和适度发展区划分。加大畜禽标准化养殖力度，创建畜禽标准化示范区30个、水产健康养殖示范场74家。现代种业创新取得新进展，培育了水稻、黄瓜、肉羊、花椰菜等一批优势品种，建成国家肉羊（天津）生产性能测定中心、天津南繁（乐东）科研育种基地等一批种业科研和育种创新基地。组织开展农作物种质资源普查与收集行动，征集农作物种质资源566个。农业基础设施建设水平不断提高，累计建成高标准农田370万亩，农作物耕种收综合机械化水平达到90.15%。农产品质量安全水平不断提高，地产农产品抽检合格率达到98.68%，绿色、有机及地理标志认证产品1 616个，静海区、武清区获批创建第一批国家级农产品质量安全示范县，武清区、西青区作为国家农业绿色发展先行区全面启动建设，为其他涉农区起到较好的示范带动作用。

### 4. 新型农业经营主体逐渐壮大

截至2019年底，天津市累计工商登记注册合作社12 282家，带动农户52万户，累计培育市级农民合作社544家，示范性家庭农场111家。农村一二三产业加快融合，休闲农业、农村电商等新兴产业快速发展，休闲农业直接从业人员超过6.9万人，带动农民就业超过30万人，年接待游客数量近2 000万人次，综合收入突破75亿元，增幅达到20%以上。

### 5. 农业面源污染防治效果显著

实施化肥农药零增长行动，主要农作物化肥、农药利用率达到40%以上，化肥、农药使用量逐年下降。秸秆焚烧现象从源头得到有效遏制，主要农作物秸秆综合利用率达到98%。全面推进畜禽养殖废弃物资源化利用，畜禽粪污综合利用率达到86.51%。全域开展农田残膜回收，农田残膜回收率达到80%以上。探索实施农药包装废弃物有偿回收处理，健全农药包装废弃物等回收和集中处理体系，取得明显成效。推进养殖尾水排放专项整治，推广鱼虾混养生物防控、连片池塘循环养殖等健康养殖模式，改造工厂化循环水养殖面积50万平方米。

### 6. 绿色支撑体系不断完善

积极构建农业绿色发展科技创新体系，推动成立农业领域产业技术创新联盟12家，累计认定2家国家级、7家市级农业科技园区，市级技术工程研究中心总数达到10个，建立了覆盖海淡水养殖、蔬菜、生猪等重点领域的7个现代农业产业技术体系。完善农业支持保护补贴制度和公益林补偿制度。推进农业标准化生产，健全完善绿色农业标准体系，现行农业地方标准达246项。完善绿色农业法规规章体系，制定实施《天津市土壤污染防治条例》一系列法律法规。加快农业人才培养，培养有绿色发展理念、掌握绿色生产技术的农业人才和新型职业农民2.5万余人。

### 7. 生态资源保护效果明显

落实最严格的耕地保护制度，永久基本农田保护面积达到427万亩，基本农田林网控制率达到95%。建立耕地轮作休耕制度，累计完成轮作面积6.11万亩、休耕面积3.63万亩。推进农业节水工作，累计完成农业水价综合改革面积455.71万亩，节水灌溉面积达到378.83万亩，农田灌溉水有效利用系数达到0.72。加强水生态修复保护，持续开展增殖放流，累计在渤海湾近岸放流中国对虾等各类经济苗种88亿单位。完成营造林面积170万亩，森林覆盖率达到13%，林木绿化率达到28.24%。加强七里海、北大港、大黄堡、团泊四大湿地自然保护区保护修复，湿地自然环境和生态功能得到有效恢复。

### 8. 人居环境治理成效显著

"十三五"以来，逐步加大人居环境整治力度，在天津市村庄全部建成清洁村庄的基础上，2018年开始实施人居环境整治三年行动。截至2020年底，农村人居环境整治三年行动目标任务全面完成，依法拆除违章建筑物13.2万处，清理农户庭院、房前屋后、道路两侧陈年垃圾杂物63万吨，清理各类农业生产废弃物33万吨，清理河道坑塘沟渠等水系中的垃圾杂物25.1万吨，完成黑臭水体整治567条，基本消除农村黑臭水体。实施清水工程，全面落实河长制，农村坑塘纳入河长制管理。开展村庄绿化美化，全部村庄绿化率均达到35%以上。在人居环境治理优良的区中，西青区被评为2018年农村人居环境整治成效明显激励县，武清区、津南区和宝坻区、北辰区分别被评为2019年、2020年全国村庄清洁行动先进县。

## （二）外部环境

天津市农业农村绿色发展虽然取得了显著成效，但仍存在基础设施建设、绿色农业技术应用、污染治理落后等短板。"十四五"时期，是绿色农业农村全面推进的机遇期，面对复杂多变的外部环境，既有机遇，也有挑战。

### 1. 发展机遇

（1）绿色发展观已成为全社会的共识和行动。绿色发展观是习近平生态文明思想的重要组成部分，全面推动绿色发展是习近平生态文明思想的内在要求。当前，坚持倡导绿色、低碳、循环、可持续的生产生活方式，绿水青山就是金山银山的理念已深入人心，成为全党全社会的共识和行动。在这一重要理念引领下，我国生态文明建设从实践到认识发生了历史性、转折性、全局性变化，我国生态文明建设不断迈出坚实步伐，绿色发展成就举世瞩目。农业农村绿色发展是新发展理念在农业农村领域的具体体现，社会各阶层尤其广大农民对农业农村绿色发展重要性的认识也在不断提升，并在农业农村领域广泛实践。

（2）政策为推动农业农村绿色发展提供了保障。2017年，国家出台的《关于创新体制机制推进农业绿色发展的意见》提出，到2030年，基本形成与资源环境承载力相匹配、与生产生活生态相协调的农业发展格局，实现农业可持续发展、农民生活更加富裕、乡村更加美丽宜居。《乡村振兴规划（2018—2022年）》提出，到2035年，农村生态环境实现根本好转。可见，未来10~15年内，农业绿色发展将成为建设我国美丽乡村的重要途径。按照国家绿色农业发展要求，天津市印发了《关于推进现代都市型农业绿色发展的实施意见》，制定了一系列支持农业绿色发展的政策措施，加大对农业绿色发展政策扶持，持续推动农业实现绿色持续发展。

（3）科技创新为推进农业绿色发展提供了强大支撑。近年来，我国聚焦农业绿色发展基础理论，推广应用物联网、大数据、区块链等新一代信息技术，加快研发新型育种、栽培技术和绿色农业机械装备等，推动农业科技绿色转型。科研单位、科技企业也加快了高产、优质、高抗逆性动植物新品种的选育及新型肥料、新型农药等绿色生产资料的研发，积极推广绿色农产品的生产、加工技术及农业废弃物资源化利用等技术，为推进农业绿色发展提供了强大的技术支撑。天津市现代农业科技支撑体系逐步完善，为农业农村绿色发展奠定了坚实的基础。

2. 面临挑战

（1）资源要素约束日趋紧张。随着耕地数量不断减少、农业用水供需矛盾进一步加剧等，农业资源供应日益趋紧。在有限的资源条件下，既要保障粮食、蔬菜等重要农产品的供应，还要确保提供优质绿色安全的农产品和生态宜居的乡村环境，对"十四五"期间推广绿色生产技术、实施农业节水灌溉工程、发展适水种植作物以及加大资金和政策支撑等提出更高的要求，对农业绿色发展资源要素提出了新的挑战。

（2）科技创新力度仍不够强。当前，我国绿色农业发展处于初始阶段，绿色农业技术创新正处于实验阶段，尚不能满足我国绿色农业快速发展的需求。天津市支撑农业绿色发展的科技创新体系尚不够完善，在新品种培育、农业投入品减量高效利用、废弃物资源化利用、产地环境修复和农产品绿色加工贮藏等领域，亟待根据实际需求加强科技创新，系统解决制约产业和村庄绿色发展的重大关键技术瓶颈问题，促进绿色农业技术研究力度不断提升。

（3）人们对绿色发展提出了更高要求。随着生活水平提高，城乡居民的需求呈现多层次、个性化特征，对绿色安全食品需求不断增加，对优良的生活环境质量更加期待。天津市作为现代化大都市，人民群众对绿色安全的农产品和生态宜居的乡村环境的期望更大、标准更高，这对农业农村绿色发展形成了更大挑战。

# 三、农业农村绿色发展总体思路与重点

## （一）指导思想

以习近平新时代中国特色社会主义思想为指导，全面贯彻党的十九大和十九届历次全会精神，认真贯彻落实党中央、国务院决策部署和市委、市政府部署要求，立足新发展阶段，紧紧围绕"绿水青山就是金山银山"的发展理念，以高质量发展为主题，以推进农业供给侧结构性改革和改善农村人居环境为主线，以资源环境承载力为准绳，尊重农业农村发展规律，强化科技支撑和标准引领，把绿色发展导向贯穿农业生产和农村生活全过程，推动形成绿色生产和生活方式，不断提升农业农村领域减污降碳能力，建设形成农村生活环境整洁优美、农业生态系统稳定健康、人与自然和谐共生的发展新格局，为全面推进乡村振兴、加快农业农村现代化提供有力支撑。

## （二）基本原则

**1. 坚持目标导向、统筹布局原则**

以提高绿色农业投入品和绿色技术成果供给能力为目标，进一步调整思路、凝练任务，系统合理布局绿色发展科技资源，根据不同产业发展需求和区域特点确定不同发展方向，建立涵盖农业绿色发展各个方面各个环节的绿色科技创新布局系统。

**2. 坚持绿色发展理念、以人民为中心**

深入贯彻习近平生态文明思想，牢固树立"绿水青山就是金山银山"的理念。坚持以人民为中心，把绿色发展方式贯穿到乡村振兴全过程。

**3. 坚持问题导向、科技创新原则**

瞄准农业水土资源约束趋紧、面源污染加剧、生态系统退化等突出问题，强化技术与装备等的集成与配套，系统解决制约农业农村绿色发展的重大关键科技问题和技术瓶颈。

**4. 坚持政府引导、社会参与原则**

政府通过制定引导政策、设立专项、完善补贴补偿与购买服务等措施，调动农业农村绿色发展创新主体的积极性，加大对农业绿色技术创新研究和示范推广的支持。以市场需求为导向，充分发挥企业在农业农村绿色技术研发和推广应用等方面的主体作用。

**5. 坚持科学评价、强化考核原则**

按照农业农村绿色发展要求，完善农业农村绿色发展评价指标体系，建立评价机制，注重中长期评价，同时注重绿色科技创新效率和创新活力整体的提升。

### (三) 发展目标

**1. 总体目标**

围绕实施乡村振兴战略和可持续发展战略,加快支撑农业绿色发展的科技创新步伐,按照"农业资源环境保护、要素投入精准环保、生产技术集约高效、产业模式生态循环、质量标准规范完备"的要求,全面构建以绿色为导向的农业农村发展格局。到2025年,农业农村绿色发展水平显著提升,农业资源保护与利用效果明显,农业产地环境更加清洁,农业生态系统更加稳定,绿色农产品供给能力明显提高,科技支撑农业农村绿色发展更加有力,农村人居环境质量全面提升。见表4-1。

**2. 具体目标**

——农业资源保护与利用效果明显。严守耕地红线,加强永久基本农田建设,基本农田保护数量保持稳定,强化土地用途管制;坚守粮食安全红线,加快高标准农田建设,确保粮食综合生产能力保持稳定增长;农业资源环境管控更加强化,加大节水灌溉推广力度,全市新增节水灌溉面积40万亩。

——农业产地环境治理水平明显提升。全力推进农业清洁生产,继续实施化肥农药零增长行动,积极推广化肥减施增效技术,全面推广测土配方施肥技术,加快推广有机肥替代化肥和病虫害绿色防控;推进农业废弃物资源化利用,逐步建立种养结合的农业循环经济模式,主要农作物秸秆综合利用率达到98%以上,畜禽粪污资源化利用率达到90%,主要农作物化肥利用率、主要农作物农药利用率达到国家指标要求以上水平。加大农药包装废弃物回收、无害化处理和农田残膜回收力度,消除土壤残留,修复被污染土地。加快农业生态系统修复,实现湿地保有率100%,基本农田林网控制率达到95%以上。

——绿色农产品供给能力明显提高。围绕农产品安全,推动绿色优质农产品基地建设,加强放心水产品基地和放心猪养殖基地建设,增加放心农产品种类,全市粮食和蔬菜、肉类、禽蛋、牛奶、水产品等主要农产品供给保障更加有力,粮食综合生产能力保持在223万吨左右。绿色食品、有机产品、地理标志农产品生产规模和品牌农产品占比持续提升,打造形成国内外有较高知名度和影响力的农产品品牌,形成较完善的天津农产品品牌体系。

——绿色农业科技创新能力明显提升。着力提升农业科技创新能力和科技服务水平,推进产学研用结合,打造水产、蔬菜、生猪、奶牛、林果、水稻等现代农业产业技术体系创新团队,科研创新平台建设和关键核心技术攻关实现新突破,农业科技进步贡献率达到72%,主要农作物良种覆盖率和主要畜禽良种覆盖率达到99%,支撑农业绿色发展的科技创新体系更加有力。提升农业信息化水平,为优质绿色农产品生产流通提供信息技术支撑。

——农村人居环境质量全面提升。以垃圾治理、旱厕改造、污水治理、道路和村容村貌提升、农业面源污染治理为重点,加强农村人居环境示范体系建设,继续推进农村人居环境整治示范村和农村人居环境整治达标村建设,强化农村民居绿色节能保温提升改造，建立完善农村人居环境治理长效机制，农村生活污水处理设施实现运行维护的村庄覆盖率达到100%。

表4-1 "十四五"天津市农业农村绿色发展主要指标

| 类指标 | 主要指标 | 单位 | 2020年 | 2025年 | 属性 |
| --- | --- | --- | --- | --- | --- |
| 资源保护与利用 | 耕地质量 | 等级 | 4.37（2019年） | 平均提高0.3个等级 | 预期性 |
| | 农田灌溉水有效利用系数 | — | 0.72 | 0.725 | 预期性 |
| | 新增灌溉节水面积 | 万亩 | — | 40 | 约束性 |
| 产地环境治理 | 主要农作物秸秆综合利用率 | % | 98 | >98 | 约束性 |
| | 畜禽粪污资源化利用率 | % | 86.51 | 90 | 约束性 |
| | 主要农作物化肥利用率 | % | 40.1 | 达到国家指标要求以上水平 | 约束性 |
| | 主要农作物农药利用率 | % | 40 | 达到国家指标要求以上水平 | 约束性 |
| | 农田残膜回收率 | % | 80 | >80 | 预期性 |
| | 基本农田林网控制率 | % | 95 | >95 | 预期性 |
| | 湿地保护率 | % | 50 | 100 | 预期性 |
| 绿色农产品供给 | 粮食综合生产能力 | 万吨 | 228 | 223左右 | 约束性 |
| | 地产农产品质量安全例行监测总体合格率 | % | 98.68 | 98 | 约束性 |
| | 累计绿色食品、有机农产品、地理标志农产品认证数量 | 个 | 176 | 220 | 预期性 |
| | "津农精品"品牌数量 | 个 | 170 | 200 | 预期性 |
| | 水产标准化健康养殖比重 | % | 45.5 | 68 | 预期性 |
| 农业科技创新 | 农业科技进步贡献率 | % | 68 | 72 | 预期性 |
| | 农作物耕种收综合机械化率 | % | 89.65（2019年） | >90 | 预期性 |
| | 主要农作物和主要畜禽的良种覆盖率 | % | 96 | 99 | 预期性 |
| 人居环境改善 | 农村生活垃圾处理率 | % | 97.4 | >98 | 预期性 |
| | 农村生活污水处理设施运维覆盖率 | % | 80 | 100 | 约束性 |
| | 人居环境管护长效机制 | — | 初步建立 | 建立完善 | 约束性 |

## （四）重点任务

"十四五"期间，以发展基础为支撑，以目标为导向，重点围绕农业资源保护与利用、农业产地环境治理与修复、农产品质量安全管控、农业科技创新能力和农村人居环境质量提升等几个方面，推进农业农村绿色发展。

1. 加强农业资源保护与利用

（1）加强耕地保护与开发。严守耕地红线，全面落实永久基本农田特殊保护政策，坚决遏制耕地"非农化"、防止耕地"非粮化"，坚持耕地占补平衡数量与质量并重，着力提升粮食产能和自给率。继续推进高标准农田建设，提升保护质量，注重发挥生态等多重功能，构建全面的永久基本农田保护体系。加强耕地污染防治，全面推进耕地分类管理，加大优先保护类耕地保护力度，巩固受污染耕地安全利用成效。健全耕地质量监测和等级评价制度，完善耕地质量管理信息系统，明确经营者耕地保护主体责任。推行轮作和适度休耕制度，集成推广种地养地和综合治理相结合的生产技术模式，降低耕地开发利用强度。

（2）加强种质资源保护与开发。建立种质资源普查制度，对天津市农林牧渔种质资源实施全面普查。建立农业种质资源保护和支撑体系，建设农作物种质资源库，建立资源鉴定评价和利用共享体系。加强野生动植物保护长效机制建设，提高保护管理水平。在全市开展相关法律法规和动植物保护知识的宣传普及，形成保护动植物种质资源的良好氛围。

（3）强化农业生物资源保护与利用。严格落实物种多样性和物种安全的法规、标准和技术规范，健全生物多样性监管基础设施，实施生物多样性保护工程。开展天津市农业外来入侵植物全面普查、监测和防控，对天津市农业生态环境有重要影响的外来入侵植物进行长期监测预警与防控，确保天津市农业生态和农业生产安全。加强农田、渔业水域等区域外来入侵物种治理，落实阻截防控措施。

（4）着力发展现代节水农业。优先推进粮食主产区、严重缺水和生态环境脆弱区的规模化高效节水灌溉，提高田间灌溉水利用率。开展水资源消耗总量和强度双控行动，深入推进农业用水定额管理，建立健全农业节水长效机制和政策体系。发展管道输水灌溉，积极发展喷灌、微灌和水肥一体化，推广用水计量和智能控制技术。在地下水超采区严格控制新增灌溉面积，大力提倡合理利用雨洪资源、再生水等。推进农业水价综合改革，坚持最严格水资源管理制度，落实用水总量和用水效率双控制度，建立健全农业用水精准补贴和节水奖励机制，提高农民有偿用水意识和节水积极性。加强地下水超采综合治理，到 2022 年底，除应急情况外，超采区基本实现深层地下水"零"开采。

到 2025 年，耕地保有量不低于 500 万亩，基本农田保护面积不低于 420 万亩，耕地质量提高 0.3 个等级，粮食播种面积稳定在 526 万亩以上；建成高标准农田 350 万亩以上，确保粮食综合生产能力保持在 223 万吨以上；农田灌溉水有效利用系数达到 0.725，新增灌溉节水面积 40 万亩。

2. 加强农业产地环境治理与修复

（1）推进农业清洁生产。加大投入品使用管理，依法实施农业投入品登记许可，落实国家农田污染控制标准，依法禁止未经处理达标的工业和城镇污染物进入农田、养殖水域等农业区域。继续实施"两减"行动，以种植大户、专业合作社、家庭农场为主体，全面推广测土配方施肥技术、有机肥替代化肥技术、病虫害绿色防控技术，推进生物有机肥、缓释肥料、高效低毒低残留农药、生物农药等投入品应用。加强兽用药品使用管理，推进兽用抗菌药使用减量，严格执行兽用处方药制度和休药期制度；推广安全绿色兽药，规范使用饲料添加剂。建立投入品购销台账制度，将化肥、农药、兽用处方药、水环境改良剂等纳入农业投入品生产经营购销台账，健全农业投入品电子追溯制度。

（2）强化农田废弃物资源化利用。推进农田废弃物资源化利用，深入落实秸秆禁烧制度和综合利用，按照秸秆"五化"利用方向，优化利用结构，提高农业废弃物和农林产品加工剩余物资源化利用率和利用价值；持续推进农田残膜回收处置，因地制宜建立废旧农膜回收服务网点，推进机械捡拾和人工捡拾综合施策，推广生物降解地膜使用；加强农药包装废弃物回收处置，建立健全农药包装废弃物回收处置责任机制，规范农药包装废弃物管理。

（3）加强畜禽养殖废弃物资源化利用。新建规模化畜禽养殖场同步建设粪污处理设施，推动现有规模化畜禽养殖场粪污处理设施正常运转；加强病死畜禽管理，推动蓟州区、静海区、武清区、滨海新区及环城四区建立健全病死畜禽无害化处理体系；以种植和养殖大区为重点，开展绿色种养循环农业试点，探索开展养殖粪肥资源化利用技术模式、运行方式，推动化肥减量化和地力水平提升。

（4）加强渔业养殖尾水污染治理。实施水产养殖尾水治理，充分利用进排水改造、动植物净化、人工湿地、稻渔综合种养等技术措施，开展规模化养殖场尾水处理，推动养殖尾水资源化利用或达标排放；加强养殖尾水监测，规范设置养殖尾水排放口，落实养殖设施所有者和生产者环境保护主体责任，以及养殖尾水排放属地监管职责；加强池塘周边废弃物综合整治，推进网具、饲料包装袋、药品包装等养殖生产副产物集中收置和资源化利用。

（5）加强生态系统修复。落实绿色生态保护补偿机制，进一步完善对生态公益林、水源地等的生态补偿机制，制定耕地保护补偿政策，拓展生态补偿政策覆盖范围；加快恢复田园生态系统基本空间格局的整体性，恢复和完善农田村网、围村片林、河流沟渠等生态廊道，逐步恢复田间生物群落和生态链；统筹建立山水林田湖等乡村重要生态系统监测网络和耕地质量、水质等重要农业资源环境监测网络。

到 2025 年，主要农作物秸秆综合利用率达到 98%以上，畜禽粪污资源化利用率达到 90%，主要农作物化肥利用率、主要农作物农药利用率达到国家指标要求以上水平；农业生态系统更加稳定，实现森林、湿地、水流、耕地等重点领域和生态保护红线区、生态涵养区等重点区域生态保护补偿全覆盖，湿地保有率 100%，基本农田林网控制率达到 95%以上。

**3. 加强农产品质量安全管控**

（1）健全农产品质量安全体系。完善农业质量标准体系，按照"有标采标、无标创标、全程贯标"的要求，加快基地产前、产中、产后关键环节标准的制修订，制修订一批引领绿色产业升级、以提质为导向的农业地方标准；建立农产品质量安全全程追溯体系，建立天津市农产品质量安全追溯信息平台，所有知名品牌农产品和"三品一标"\*农产品实现生产记录可存储、产品流向可追踪、储运信息可查询；完善食用农产品合格证制度，构建以合格证管理为核心的农产品质量安全监管新模式，督促农产品生产经营者落实主体责任，产品凭追溯码和合格证实现产地准出，做好产地准出与市场准入有效衔接；落实政府属地管理责任、部门监管责任和生产经营者主体责任，强化"从田间到餐桌"全过程监管。

（2）强化农产品质量安全问题整治。健全农产品质量监管制度，强化属地责任，对食品经营各类主体全面实施风险分级管理，严格落实监管部门监督检查职责，不断提高食品安全风险管控能力；加强食用农产品质量安全规范管理，进一步压实集中交易市场开办者主体责任，监督食用农产品销售者严格履行进货查验与记录等义务；强化质量安全突出问题整治，聚焦蔬菜、禽蛋、水产品、生猪、牛羊肉等农产品，重点整治使用禁限用农药兽药及其他化合物等违法行为、不执行安全间隔期和休药期制度行为、私屠滥宰病死猪及注水注药等违法行为、农药兽药中违法添加及隐性添加禁限用成分等问题；充分发挥农业综合执法队伍监管力量，用足用好行政处罚手段，对涉嫌犯罪的要坚决移送司法机关追究刑事责任。

（3）加强农产品品牌培育。推动绿色优质农产品基地建设，在放心菜、放心肉鸡工程建设基础上，进一步支持放心农产品基地建设，建设一批特色品种繁育基地和核心生产基地，增加放心农产品种类，扩大名特优新农产品、绿色食品、有机产品和地理标志农产品生产规模；挖掘农产品的核心价值和文化内涵，以肉、蛋、奶、鱼、菜、果、粮、种等优势产业农产品为重点，打造在国内外均具有较高知名度和影响力的绿色优质农产品品牌，形成较完善的天津农产品品牌体系；加强农业品牌质量管控，建立知名农产品品牌数据库，实行社会监督，加强动态管理，实行品牌准入退出机制，提升品牌监管保护能力。

到2025年，农产品质量安全体系健全完善，农产品质量安全问题治理力度不断加大，打造形成一批优质安全农产品生产基地，地产农产品质量安全例行监测总体合格率达到98%以上，累计绿色食品、有机农产品、地理标志农产品认证数量达到220个，培育"津农精品"品牌数量达到200个，水产标准化健康养殖比重达到68%以上。

4. 大力提升农业科技创新能力

（1）健全农业科技创新体系。构建现代都市型农业科技创新体系，打造水产、蔬菜、生猪、奶牛、林果、水稻等现代农业产业技术体系创新团队，推进产学研用结合，解决制约产业发展的重大关键技术问题，为优质绿色农产品生产流通提供技术保证；强化现代农业科技创新基地建设，加快建设天津宁河国际农业高新区，对现有科技园区改造提升，建成一批全国有影响力的农业科技园区；完善现代农业产业技术体系创新团队首席专家、农业技术推广体系推广专家和新型经营主体之间的联动机制，探索建立"创新团队+基层农技推广体系+新型农业经营主体"的新型农业科技服务模式。

---

\* 原来的无公害农产品登记取消，2018年农业农村部质量安全中心已开始了名特优新农产品收集登录工作。

(2) 加快关键技术的研发和转化。围绕天津市农业特色优势产业,对农业关键技术、产品、设施设备研发开展联合攻关,鼓励科研院校、农业企业及相关农业推广机构、农业组织,在绿色种养、循环农业、乡村环境治理、农业工程、农产品加工、农业品牌建设等领域,扩大农业科技成果转化和推广;加大农业生物技术、农业设施与智能装备、食品制造与营养健康、节水节能高效生态农业等领域的技术研发和转化应用;加强智能农机装备、农产品加工机械的研发与示范推广。

(3) 推进现代种业发展。构建以高等学校、科研院所为主体的基础性公益性研究和以企业为主体的商业化育种相结合的现代种业科技创新体系,建立育种创新联盟,联合攻关种业"卡脖子"技术,突破一批种业关键技术,提升种业自主创新能力;强化优势品种创新,提升"小站稻"良种选育,加快培育一批具有重大应用前景和自主知识产权的突破性优良品种;强化繁育基地建设,改造提升一批优势品种繁育基地,在优势区域新建一批标准化繁育基地,扩大繁育基地规模;加强"育繁推"一体化种业企业培育,培育一批领军型"育繁推一体化"现代种业企业,提升种业市场竞争力。

(4) 大力发展智慧农业。建立智慧农业技术支撑体系,加大物联网技术和互联网技术对设施农业生产、畜禽水产养殖、农业机械化的服务支撑,重点推进感知和控制体系建设,推进传感器技术研发和应用,实现对重点区域的土壤营养信息、动物疾病、植物病虫害等疫情信息,植物生理生态数据、动物健康监控等动植物生长信息进行实时监控;建设智慧农业发展平台,实施"物联网+农业""电商网+农业""信息网+农业"三网联动工程,推进农业信息进村入户全覆盖,提升农业信息化水平;开展电商企业进村工程,创新"互联网+产业融合"模式,培育农业电子商务新业态,推动农村特色农产品资源实现互联网销售。

5. 强化农村人居环境质量提升

(1) 加快补齐乡村人居环境短板。全面推进村庄全域清洁化,以垃圾分类和废弃物资源化利用为重点,推进村庄垃圾、厕所、畜禽粪污治理;继续推进"厕所革命",采用适宜模式,提升农村户厕、公厕升级改造水平;建立定期环境清整制度,定期清理房前屋后和村巷道柴草杂物、河岸垃圾、沿村公路和村道沿线散落垃圾;规范村内强弱电线路布设,整治乱拉乱接线路等不安全、不美观行为;加强农村建筑物建筑标准及外立面管控,加快形成实用、美观、协调、有特色的村庄建筑风貌;推进村庄绿化美化,加强环村林网、农田林网和沿路沿河林带建设,实现以绿治脏、以绿净村、以绿美村,重点推进一批绿化示范村建设,提升村庄绿化美化整体水平。

(2) 推进乡村人居环境示范工程。继续推进农村生活垃圾分类,建设一批农村生活垃圾分类减量示范村;以垃圾治理、旱厕改造、污水治理、道路和村容村貌提升、农业面源污染治理为重点,结合美丽村庄建设和特色民居改造提升,加快推进"百村示范、千村整治"工程,新建一批农村人居环境整治示范村和农村人居环境整治达标村,全面带动农村人居环境整治工作。结合清洁采暖城市试点建设工作,实施农村民居绿色节能保温提升改造示范工程,打造一批绿色节能建筑示范村,促进乡村绿色建筑发展。

(3) 构建乡村环境长效管护机制。建立农村生态环境长效管护制度,对村庄基础设施、绿化美化设施、公共场所进行长期管护维护;探索环境治理付费与补贴制度,建立垃圾污水处理农户付费制度，完善财政补贴和农户付费合理分担机制；加大对农村环保支持力度，财政部门统筹各类相关资金，对农村环保基础设施建设给予奖补，区县、镇办两级将环境基础设施运行费纳入本级财政保障或予以补贴；建立乡村环境治理考核机制，采取周期考核、定期抽查相结合的考核制度，把农村人居环境整治工作纳入各级干部年度工作目标考核内容。

到2025年，农村生活垃圾处理率达到98%以上，农村生活污水处理设施运维覆盖率达到100%，人居环境管护长效机制建立完善，农村人居环境质量得到全面提升。

# 四、农业农村绿色发展模式选择

通过构建节水农业、田间农业废弃物综合利用、畜禽粪污资源化利用、生态休闲农业等绿色发展模式，让绿色发展理念覆盖天津市农业农村生产生活全过程，建成一批生态田园和美丽家园。

## （一）高效节水农业发展模式

立足天津市农业资源实际，在加强农田水利基本建设和高标准农田建设同时，实施农业高效节水行动，大力改造和建设农田高效节水灌溉工程，推广微灌、滴灌等高效节水灌溉技术，示范推广耕地整理节水、减免耕保水、高效节水灌溉、水肥一体化等综合配套节水技术模式，彻底转变农田灌溉用水方式、提高灌溉水利用效率，大幅度提高节水灌溉率，全力打造节水高效现代农业。

1. 发展节水农业的关键环节

发展节水农业要重点关注以下四个环节：一是减少灌溉渠系（管道）输水过程中的水量蒸发与渗漏损失，提高农田灌溉水的利用率；二是减少田间灌溉过程中的水分深层渗漏和地表流失，在改善灌水质量的同时减少单位灌溉面积的用水量；三是减少农田土壤的水分蒸发损失，有效地利用天然降水和灌溉水资源；四是提高作物水分生产效率，减少作物的水分奢侈性蒸腾消耗，获得较高的作物产量和用水效益。

2. 节水农业技术应用体系

打造高效节水农业，主要采用以下节水技术，并配套相应设施，达到节水的目的。

（1）耕地整理节水技术。平整土地，畅通排灌，耙耱保墒，修建池、塘、坑、窖、库、堤等拦水、蓄水设施是保证节水灌溉实施的基本条件。在田间整理输水设施作业上，采用渠道防渗措施和引水沟由宽变窄，改大畦为小畦等，将大水漫灌变为快浇。

（2）减免耕保水技术。在干旱地区和缺墒季节，采用"以松代耕""以旋代耕""高留茬免耕套播"和"贴茬免耕直播"等方式，增加水分入渗深度和蓄水保墒能力，减少水分流失（跑墒），节约用水。其中，"小麦免耕技术"和"免耕大豆栽培"等，都是以节水保墒和减少水肥流失为主的保护性耕作技术。

（3）节水灌溉技术。目前生产上应用的主要有沟灌、沟中覆膜灌、低压管灌、滴灌、渗灌、喷灌、微喷等。其中沟中覆膜输水和管道输水等，可节水20%~30%，喷灌可节水50%，微灌可节水60%~70%，滴灌和渗灌可节水80%以上，并且有利于提高农产品产量、质量和经济效益，有利于节约土地、节省能源、节约肥料、节省劳力、节本增效，有利于发展农业机械化。在大田生产应用中，根据不同作物生长发育需要，配套不同灌溉时期、不同灌溉次数、不同灌水量的调控技术。有的作物采取定时、定量或间歇性灌溉的措施等。

（4）生物、化学制剂保水技术。推广应用多种生物和化学、有机与无机的抗旱保水剂、水分蒸腾抑制剂等。其中，农用保水剂主要用于拌种、苗木移栽和扦插之前的浸根，以增强作物根部的吸水保水能力，提高出苗、成活率。有的在整地时施入或与肥一起底施；也有的喷洒在土面或作物叶面；还有的是通过作物生理调控机制，增加作物抗旱机能，实现抗旱节水和保产增效的目的。

（5）地膜覆盖和秸秆覆盖保水技术。采用地膜覆盖和秸秆覆盖保水技术，大幅度减少土壤水分蒸发，增强耕地的蓄水保水性能。其中，秸秆还田主要通过秸秆粉碎还田、整秆还田、高留茬还田，有地面覆盖，也有沟埋土压方式，还有秸秆地膜双覆盖模式等。

（6）节水种植技术。推广采用玉米点水穴播（坐水点种）、小麦膜侧沟播等。小麦膜侧沟播模式，首先要起垄，垄面覆盖薄膜，为了保墒，可在播前20天覆膜，在两垄之间的垄沟底部与伸向垄沟的膜边际播种两行小麦，这样膜面成为集雨场，雨水沿膜面流入小麦根部，可将无效雨变为有效雨，小雨变中雨，中雨变大雨。水分渗入受膜保护的垄内，不易蒸发掉，小麦根系由于受到膜内高温高湿的驱使，根系全部扎入垄内土壤中，一般可增产30%~50%，高的成倍增产。

（7）水肥一体化调控节水技术。采用"以水调肥"和"以肥促水"的水肥耦合技术，从单一浇水转向浇营养液，肥随水走。把水变成庄稼的"复合水溶剂"，减少田间作业次数，节约农业生产成本，提高肥水的利用效益，可分别提高肥和水的利用效率30%以上。

（8）膜下滴灌节水技术。推广地膜覆盖栽培技术与滴灌技术结合的"大田膜下滴灌节水模式"。使滴灌水一滴一滴地均匀、定时、定量浸润作物根系发育区域，使作物主要根系区的土壤始终保持疏松和最佳含水状态，加之地膜覆盖，大大减少地表和作物棵间蒸发，水的利用是传统灌溉方式的1/8，是喷灌的1/2，是一般滴灌方式的70%。同时使肥料利用率从30%~40%提高到50%~60%。

## （二）田间农业废弃物综合利用模式

田间农业废弃物主要是农作物秸秆、园林废弃物和尾菜。对这些田间废弃物进行综合利用，以减小农业面源污染。

### 1. 秸秆综合利用模式

秸秆综合利用模式主要采用肥料化、饲料化、基料化、燃料化、原料化等"五化"利用技术，实现秸秆资源化综合利用（图4-1），其中秸秆肥料化、饲料化、基料化技术为当前应用的重点。

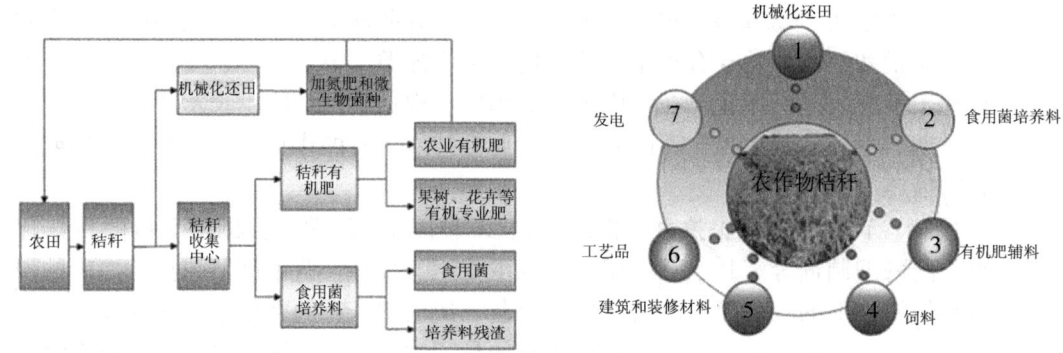

**图 4-1 秸秆综合利用模式流程**

（1）作物秸秆肥料化利用技术

①秸秆粉碎直接还田技术：以玉米秸秆为原料，根据天津市玉米种植与耕作特点，将秸秆粉碎得细一些，春季秸秆绝大部分留在垄沟中，对垄顶（作物播种带）的土壤温度影响较小的原理，构建玉米秸秆还田技术模式。工艺流程如下：玉米秋季机械收获、秸秆粉碎抛撒→沿原垄深松、灭茬→沿深松灭茬带播种玉米或大豆→播后化学封闭除草→苗期垄沟深松→苗期化学除草→中耕追肥→秋季机械收获并粉碎秸秆。

②秸秆菌糠生物有机肥技术：以麦秸、玉米秸、大豆秸等农业废弃物作为原料，利用工厂化秸秆栽培食用菌的菌糠，经过粉碎、补料、发酵等流程，二次利用秸秆原料，增加经济效益，减少秸秆对环境的污染，延长秸秆循环的链条，促进秸秆物质的进一步循环利用。

③高效生物质腐熟肥料技术：以麦秸、玉米秸等农作物秸秆为原料，在农作物收获后，及时将收下的作物秸秆均匀平铺，配套喷洒机具撒施高效生物腐熟菌剂，使腐熟剂与秸秆充分接触，维持微生物活动适宜的养分和通气条件，调节碳氮比，使秸秆快速腐熟释放有益物质，制成高效腐熟肥料，以利于下茬农作物的播种和定植，实现秸秆还田利用。

（2）作物秸秆饲料化利用技术

①揉丝饲料技术：以玉米秸、豆秸、麦秸等农作物秸秆为原料，通过对秸秆进行机械揉搓加工，使之成为柔软的丝状物，有利于反刍动物采食和消化的一种秸秆物理化处理手段。通过秸秆揉丝加工不仅分离了纤维素、半纤维素与木质素，而且较长的秸秆丝能够延长其在反刍动物瘤胃内的停留时间，有利于牲畜的消化吸收，从而达到提高反刍动物对秸秆的采食量和消化率的双重功效。

②青（黄）贮饲料技术：以玉米秸、麦秸等农作物秸秆为原料，把秸秆填入密闭的设施里（青贮窖、青贮塔或裹包等），经过微生物发酵作用，达到长期保存其青绿多汁营养成分的一种处理技术方法。秸秆青（黄）贮的原理是在适宜的条件下，通过给有益菌（乳酸菌等厌氧菌）提供有利的环境，使嗜氧性微生物如腐败菌等在存留氧气被耗尽后，活动减弱直至停止，从而达到抑制和杀死多种微生物、分解粗纤维、保存饲

料营养成分的目的,具有营养损失较少、饲料转化率高、适口性好、保存期长等优点。

③秸秆组合饲料生产技术:以秸秆为主要原料,引进秸秆破壁组合饲料生产技术,以破坏秸秆纤维结构、提高秸秆消化利用率为核心,通过利用破壁秸秆分粉包裹/组合精饲料成分,减少其在瘤胃中的酸解时间和接触面积,饲料消化吸收率提高12%,粮食使用量降低24%,形成节粮养殖、减少污染的可持续发展模式。

④秸秆发酵饲料复合菌剂技术:以玉米秸、麦秸、枯草等农作物秸秆为原料,通过筛选大量木质纤维素降解菌、产酸菌及无机氮转化功能菌株,经共存性及抑菌试验研制出高效秸秆发酵饲料复合菌剂。

(3) 作物秸秆基料化利用技术

①生产园艺基质技术:以小麦、玉米、棉花等多种农作物秸秆及农林废弃物为原料,通过微生物菌种的筛选、发酵配方的研制、发酵培养条件的优化、优良菌种的选育,以农作物秸秆、果渣等作为发酵基质,通过已经筛选出最佳微生物菌株,运用生物工程发酵技术,对其进行发酵处理。

②食用菌培养基质技术:以蔬菜废弃物、玉米秸秆和畜禽粪便为原料,添加微生物促腐菌剂,调整适宜的物料配比、含水率,采用好氧堆肥技术堆制腐熟,还田到设施菜田,配合追施化肥,保证蔬菜产量前提下,将蔬菜废弃物无害化、资源化,并在菜田循环利用,实现节肥增效、菜田清洁、安全、高效生产。

## 2. 园林废弃物综合利用模式

堆肥技术中的高温好氧发酵技术是国际上从20世纪60年代后期迅速发展起来的一项新的生物处理技术,它运用多学科技术,利用微生物群落在特定的环境中对多相有机物分解,产生稳定的腐殖质,经过堆肥的有机固体废弃物质地疏松,阳离子交换量(CEC)显著增加、容重减小、可被植物利用的营养成分增加、病原菌和寄生虫卵几乎全部杀灭,将其用于园林、绿地、林业、土壤修复及改良等。经过堆肥处理后产品质量稳定,容易有效利用,可以有效控制臭气和其他污染环境的因素,所以综合效应好,施用于土地能够改良土壤结构增加土壤肥力、促进植物生长,充分实现资源化利用的目的。目前该方法被认为是未来有机固体废弃物处理处置中最适宜的方法之一。

目前世界各国采用的堆肥方法主要有条垛堆肥(Windrow Composting)、静态通气堆肥(Static Aerated Composting)和反应器堆肥(in Vessal Composting)。发达国家多采用现代工业化的反应器工艺。国内目前有机固废处理技术比较成熟的工艺有高温好氧发酵、厌氧消化、焚烧,详见表4-2。

表4-2 有机废弃物处理工艺技术比较

| 工艺 | 优点 | 缺点 |
| --- | --- | --- |
| 高温好氧发酵 | 工艺成熟稳定。利用生物质能源,节省投资和运行费用。适用于各种规模项目。 | 重金属物质制约着堆肥产品的应用推广。臭气污染控制也是推广制约之一。 |
| 厌氧消化 | 可产生大量甲烷气体,可用来发电,故能抵消部分处理能量。 | 消化反应时间长、投资大。消化污泥不易沉淀,运行复杂,成本高,不稳定,隐患多。 |

(续表)

| 工艺 | 优点 | 缺点 |
| --- | --- | --- |
| 焚烧 | 占地面积节省、减量化、无害化效果最好。适用于无害化要求高且用地紧张的项目。 | 投资、运行费用高。需要外加燃料，运行成本存在不可控风险。技术存在不成熟因素。二噁英问题难以彻底解决。 |

好氧发酵技术作为投资节省、运行成本最低，成熟可靠的技术，是目前比较适合于绿化垃圾的处置技术。

高温好氧发酵是在有氧气条件下，借助好氧微生物（主要是好氧细菌）的作用，有机物不断被分解转化的过程。高温好氧发酵一般分三个阶段：升温阶段、高温阶段、降温阶段。

图 4-2 粉碎堆肥发酵模式流程

园林废弃物工程设计规模为 10 立方米/吨。工程处理工艺采取高温好氧发酵密闭式反应器工艺。园林废弃物由市政绿化进行收集提供，用运输车将剪枝运送至粉碎车间，脱水后剪枝含水率为 40%~45%，粒径为 5 毫米，粉碎后的剪枝与辅料进行混合。剪枝处置工程进料采取连续式自动进出料，每天处理量为 10 立方米/吨，车间采用自动输送系统进行倒料。主要的工艺过程如下。

（1）园林废弃物预处理

目的：统一物料粒径，同时减少绿化的体积和占地面积。

过程：园林废弃物进场后进入粉碎车间，经过两段粉碎后，集中存储留用。

（2）原料预混合

目的：原料预处理的目的是调整物料的水分和碳氮比，同时添加菌种以促进发酵过程快速进行。

过程：将园林废弃物、返料、填充剂等分别加入到混料机中，由混料机按程序预设配料比例进行混合，添加菌种以促进发酵过程快速进行。各种物料混合后送到搅拌机中充分地搅拌均匀，用螺杆机输出，由布料系统分配到各个密闭式反应器中。

(3) 高温好氧发酵

目的：好氧发酵的目的是使废弃物中的挥发性物质降低，臭气减少，杀灭寄生虫卵和病原微生物，达到无害化目的。另外，通过发酵处理使有机物料含水率降低，有机物得到分解和矿化释放 N、P、K 等养分，同时使有机物料的性质变得疏松、分散。

过程：好氧发酵过程在密闭式反应器中进行，密闭式反应器内安装曝气系统，由鼓风机通过曝气管强制通风供给氧气，形成好氧发酵环境。

(4) 产品

要求：发酵后的有机固体废弃物达到完全腐熟，满足后续制肥工艺的要求。

用途：成品为园林基质，可作为园林绿化基质；或直接用于土地利用，改良土壤。

3. 尾菜综合利用模式

以尾菜为主的各类农田废弃物为原料，搭配辅料及催化菌剂等生产自制堆沤有机肥。与周边畜牧养殖场、食用菌生产企业、农村专业合作社等新型农业生产组织签订合同，集中收集周边产出的废菌包菌渣以及作物秸秆、蔬菜尾菜等，生产自制堆沤有机肥，再发放到周边园区，年产自制堆沤有机肥 2 万吨以上。

## （三）畜禽粪污资源化利用模式

1. 种养一体化模式

采用"三改—两分—再利用"技术，实现养殖场粪污减量化、资源化、无害化。三改，即：改水冲清粪为干清粪、改无限用水为控制用水、改明沟排污为暗道排污；两分，即：固液分离、雨污分离；再利用，即：畜禽粪便经过高温堆肥无害化处理后农业利用，养殖污水经过稳定处理后成为肥水农业利用。

适用范围：有与粪污消纳相平衡的足够农田、菜地、林地、果园的规模化养殖场。

主要设施设备包括：雨污分离设施；污水贮存或处理设施；粪便发酵及堆放场所、固液分离设施；干粪运输车辆/有机肥生产设施；污水还田设施/车辆。

2. 粪污全量收集还田利用模式

对养殖场产生的粪便、尿和污水集中收集，全部进入氧化塘贮存，氧化塘分为敞开式和覆膜式两类，粪污通过氧化塘贮存进行无害化处理，在施肥季节进行农田利用。主要优点是粪污收集、处理、贮存设施建设成本低，处理利用费用较低；粪便和污水全量收集，养分利用率高。主要不足包括粪污贮存周期一般要达到半年以上，需要足够的土地建设氧化塘贮存设施；施肥期较集中，需配套专业化的搅拌设备、施肥机械、农田施用管网等；粪污长距离运输费用高，只能在一定范围内施用。

适用范围：适用于猪场水泡粪工艺或奶牛场的自动刮粪回冲工艺，粪污的总固体含量小于 15%；需要与粪污养分量相配套的农田。

3. 固体粪便堆肥利用模式

以生猪、奶牛、蛋鸡、肉羊等规模养殖场的固体粪便为主，经好氧堆肥无害化处理后，就地农田利用或生产有机肥。主要优点：好氧发酵温度高，粪便无害化处理较彻底，发酵周期短；堆肥处理提高粪便的附加值。主要不足：好氧堆肥过程易产生大量的臭气。

适用范围：适用于只有固体粪便、无污水产生的规模化肉鸡、蛋鸡或羊场等。

### 4. 粪便垫料回用模式

基于奶牛粪便纤维素含量高、质地松软的特点，将奶牛粪污固液分离后，固体粪便进行好氧发酵无害化处理后回用作为牛床垫料，污水贮存后作为肥料进行农田利用。主要优点：牛粪替代沙子和土作为垫料，减少粪污后续处理难度。主要不足：作为垫料若无害化处理不彻底，可能存在一定的生物安全风险。见图4-3。

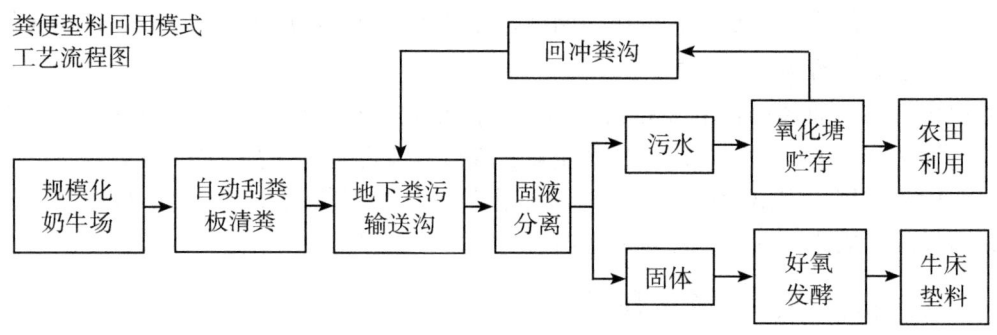

**图4-3 粪便垫料回用模式流程**

### 5. 污水肥料化利用模式

养殖场产生的污水厌氧发酵或氧化塘处理贮存后，在农田需肥和灌溉期间，将无害化处理的污水与灌溉用水按照一定的比例混合，进行水肥一体化施用，固体粪便进行堆肥发酵就近肥料化利用或委托他人进行集中处理。主要优点：污水进行厌氧发酵或氧化塘无害化处理后，为农田提供有机肥水资源，解决污水处理压力。主要不足：要有一定容积的贮存设施，周边配套一定农田面积；需配套建设粪水输送管网或购置粪水运输车辆。

适用范围：适用于周围配套有一定面积农田的规模猪场或奶牛场，在北方宜直接使用氧化塘贮存，在农田作物灌溉施肥期间进行水肥一体化施用。

## （四）休闲农业绿色发展模式

坚持绿色全域旅游理念和"宜粮则粮，宜菜则菜，宜畜则畜，宜花则花"的产业布局原则，充分整合天津市农、林、牧、渔和旅游、文化、文物、教育等资源，发展生态休闲农业，打造全域、全产业链的生态休闲农业发展模式，使"农区变景区、田园变公园、传统农业变生态休闲农业"。深度挖掘农业生态价值，优化配置田园景观，保障绿色发展，建立适应生态休闲农业发展的绿色生产方式。在环境承载力允许的前提下，适度、合理、科学地开发，保护田园风光，保留原始风貌，保持乡土味道，防止农村变成城市的缩小版，防止低水平重复建设。

### 1. 休闲农业绿色发展要求

（1）遵循生态学原理和经济规律，综合考虑环境承载能力，坚持"减量化、再利用、再循环"，构建前后衔接、合理高效的休闲农业产业链条。

（2）坚守水土资源保护红线和生态环境底线，科学谋划农业生产空间、生态空间，加快土壤修复、水源污染和农业面源污染治理。

（3）根据农业链条各环节的生态保护要求，同步进行农业标准化、绿色化生产与绿色环境美化、农田景观营造，实现经济活动生态化、生态建设产业化。

（4）根据区域环境承载能力、设施接待能力，合理规划产业融合发展的规模，确定休闲农业重点发展的空间区域。

（5）依托特色小镇、美丽乡村、农业园区、种养基地，统筹安排生产和休闲服务项目，推广低碳、循环、节能、环保的生产、生活方式，倡导低碳休闲模式，营造静谧自然的休闲环境，促使休闲农业建设与发展进入良性循环，实现经济效益、生态效益、社会效益协调发展。

（6）为休闲农业经营者建设治污设施提供帮助，并在事前落实环境影响评价制度，同时加强事中事后监管，加大环境执法力度。

（7）把美丽乡村建设与休闲农业绿色发展结合起来，持续改善农村的自然环境和人居环境，不断提高新农村建设水平。从根本上解决农村环境问题，推进路网、管网和河网的改造，垃圾处理和污水处理的一体化建设，全面整治公路沿线、景区、城镇周边的环境。从村庄建设、旅游发展等方面完善基础设施，提升村庄环境，力争把每一村都建成花园。加大休闲农业和旅游基础设施的建设力度，把每个美丽乡村打造成旅游景点。通过美丽乡村的建设来推动生态旅游建设，带动当地旅游业的发展。

## 2. 休闲农业绿色发展模式选择

（1）乡村自然景观绿色发展模式。借助地区特有生态资源，以生态农业、自然景观为基础，通过设计改造，强化农业的观光、休闲、教育等功能，满足游客体验自然、回归自然的心理需求。该模式主要有河道风景线、生态农园、森林公园、湿地公园等类型。通过自然景观旅游资源的开发，与当地的农业生产经营以及体验、观光、休闲等功能有机地结合起来，形成以自然景观带动农业功能拓展的休闲农业发展模式。

（2）绿色田园生活发展模式。以农民为经营主体，充分体现"住农家屋、吃农家饭、干农家活、享农家乐"的发展模式。由农民提供或出租耕地，让游客参与耕作，种植花草、蔬菜、果树或参与经营。利用当地特有的自然资源、农业资源和独特的民俗文化，提供购物、垂钓、农家菜品尝、住农家屋等服务，使游客体验农家生活，农民也可以获得农产品销售、餐饮、住宿等方面的经济效益。该模式主要包括采摘园、市民菜园、民俗农家乐和渔民农家乐等类型。发展市民智慧菜园、学童农园、银发农园和采摘农园等，重点开发农户小院度假游等形式，打造各具特色的农家乐和渔家乐，为都市居民体验农事、农村生活提供场所。

（3）"绿色乡村+人文开发"模式。选择具有地方或民族特色的地区，利用农村特有的民间文化、地方习俗、民间艺术，以及居民建筑、古建筑等，让游客充分享受浓郁的乡土风情和浓重的民风民俗文化气息。该模式主要有民俗文化村、民间手工艺、古镇建筑游和乡村节庆游等类型。

围绕天津市特色乡村风土人情、人文历史景观，开发乡村文化旅游景点，如杨柳青民俗文化城、石家大院等类似展示乡村风情风俗的景点，同时再配合节日、庆典（如杨柳青年画节）的农业观光旅游的拓展，丰富旅游观光内容。

（4）科普休闲农业绿色发展模式。以现代高科技设施、生产流程、高新技术等为卖点，与传统农业生产方式形成鲜明对比，让游客在参观我国科技发展成果的同时，了解农业生产的流变。使学习新科技、了解老传统的活动得到有效实践，对中、小学生有一定的教育价值。是传统农业生产方式与现代科技的有机结合。该模式包括农业观光园、农业科技园区、农业博览园及科普教育园等类型。统筹天津市高端智能现代化的农业产业园以及规模化、专业化的农产品生产基地，将其作为现代农业观光旅游的资源基础，再配合有组织的宣传和引导，打造成为具有天津特色的农业旅游观光景点，既可以使市民、学生在领略田园风光，回归自然的同时，了解现代农业文明，也可以更好地实现城乡之间的沟通和交流。

（5）景观农业发展模式。通过景观农业打造、集中展览展示，能综合运用多种传播手段加强宣传、信息交流等，有助于加深公众对绿化产业的直观感受，形成多维度的感性认识，从而促进产品的销售，并带动观光休闲餐饮、农作体验等产业发展。

景观农业的发展是近年来备受重视的现代都市型农业重要类型，为旅游观光农业提供了良好的生态环境基础。大田景观、园林植物苗圃、花卉种植基地等本身就具有很大的观光旅游价值。中北镇花卉产业基地、曹庄花卉市场、梨园花卉市场以及其他各种苗圃等，都可全年开放供游人观光。

（6）农庄休闲度假绿色发展模式。利用地区特色及区位优势，集科技示范、观光采摘、体育健身、休闲度假于一体，游客在农区内不仅可以观光、采摘、体验农作、了解农民生活、享受乡土情趣，而且可以住宿、度假、娱乐、品尝绿色产品。该模式主要包括乡村俱乐部、休闲农庄等类型。提升现有休闲农庄的内部环境，引导其以各自的农业特色和资源特色吸引游客。在休闲度假外也可向商务娱乐方向发展，以优美田园风光为依托，利用优质的生态环境建立特色主题、建设商务套房、会议室等商务必要设施，满足商务游客各种需求。

# 五、推进农业农村绿色发展的机制与措施

## （一）运行机制

### 1. 完善农业可持续发展机制

一是促进生态友好型农业发展。落实最严格的耕地保护制度、节约集约用地制度、水资源管理制度、环境保护制度，强化资源利用与环境治理的监督考核。建立节水灌溉制度，规模化推进高效节水灌溉工程建设。大力推进机械化深松整地和秸秆还田等综合利用，建立土壤有机质提升补贴制度，全面推进病虫害绿色防控和病死畜禽无害化处理。加大面源污染治理力度，支持高效肥、生物有机肥和低残留农药、生物农药使用，推进高标准可降解农膜使用和残膜、农药包装废弃物回收网点建设。

二是开展农业资源养护试点。建立农业资源养护制度，启动重金属污染耕地修复试点，在陡坡耕地、重要水源地实施退耕还林还草，加强地下水超采漏斗区综合治理、湿地生态效益补偿和退耕还湿试点，通过财政奖补、结构调整等措施对农业资源进行修复。

三是强化生态环境保护建设。建立森林、绿地养护补贴制度，提升绿化养护能力。降低渔业捕捞强度，严格控制渔业捕捞，继续实施增殖放流和水产养殖生态环境修复补助政策，推进水产养殖健康发展。实施湿地、河湖流域综合整治、重点洪涝区位水土保持建设工程，大力提升生态环境质量。

### 2. 创新绿色驱动和约束激励机制

一是创新农业科研主体协同攻关机制。以天津市农业科学院为核心，联合高校和农业企业，建立科技创新联盟，在农业投入品减量高效利用、废弃物资源化利用、产地环境修复等制约农业绿色发展的关键环节，创新一批突破性科研成果。加大既有先进适用技术的集成、示范推广和人才培训力度，在重点生产领域加快普及一批先进适用绿色农业技术，推动绿色生产方式落地生根。

二是构建农业绿色发展制度体系。完善政策激励机制，以耕地保护补偿、生态补偿制度和绿色金融激励机制等为重点，加快建立分类科学、区域有别、标准合理、规范统一的农业绿色发展激励政策体系，引导和激励生产者加快转变发展方式。建立标准引领机制，加快建立健全绿色农业标准体系，完善农业投入品、废弃物排放和农产品质量安全等领域的相关标准和行业规范，引导市场主体按绿色标准进行生产经营。建立制度约束机制，完善绿色农业法律法规体系，用法律法规为市场主体划定行为边界。

### 3. 建立绿色成果转化推广机制

一是建立绿色发展科技创新清单制度。根据绿色发展任务，在土壤治理、生态环境、节水农业、绿色休闲、绿色水产养殖和农业废弃物资源化利用、农业绿色节能、农作物秸秆和残余物处理等领域的关键技术和核心技术，开列清单，吸引和支持有科研基础和优势的企业、社会组织和研究机构积极参与科技创新攻关。

二是建立风险评估和市场准入制度。对绿色发展技术成果本身以及应用前景和存在的风险进行鉴定评价，对生产经营行为提出相应规范；建立绿色发展技术和良种用户奖励制度，以绿色发展为导向，建立财税、信贷担保等奖励制度，鼓励农业企业、新型经营主体、农民等生产经营者使用高效、安全、低碳、循环的科技成果。

三是建立绿色科技成果应用激励制度。充分发挥市场主体的作用，加大PPP在农业绿色发展领域的推广应用，以企业为主体，吸引金融机构、风险投资、社会团体等资本，与科研院所建立利益共同体，共同开展绿色技术创新和转化应用，壮大农业绿色产业。发挥基层农技推广体系作用，依托农技推广体系，实施农技推广服务特聘计划，鼓励支持基层农技推广人员大力推广应用绿色高效技术模式。发挥新型经营主体的作用，支持家庭农场、农民合作社、农业产业化龙头企业等新型经营主体科学精准高效地开展绿色技术推广应用，实现标准化绿色化品牌化生产。

四是建立成果发明权益保护制度。建立科技人员"研推用"主体激励机制，推进农业科技成果权益改革，将科研成果归属依法赋权给科研单位和科技人员，探索农技人员通过提供增值服务获取合理报酬的新机制，探索对使用绿色发展新技术的激励机制，调动支撑农业绿色发展技术研究者、推广者和使用者的积极性。建立以绿色为导向的科研评价机制，把资源消耗、环境损害、生态效益等体现绿色发展的指标纳入评价体系，使之成为评价科技成果、科研机构和科技人员的重要依据。

### 4. 建立农业生态系统监测机制

一是建立绿色农业标准体系。制定和完善适应都市农业发展和绿色农业发展先行区建设的标准体系，在农兽药残留、畜禽屠宰、饲料卫生安全、冷链物流、畜禽粪污资源化利用、水产养殖尾水排放等方面应高于国家标准和行业标准。

二是加强农产品质量安全全程监管。健全与市场准入相衔接的食用农产品合格证制度，依托现有资源建立农产品质量安全追溯管理平台，加快农产品质量安全追溯体系建设，并积极与国际标准接轨互认。严格执行绿色农业法律法规，研究制定本地农业绿色发展的执法清单，重点完善耕地保护、农业污染防治、农业生态保护、农业投入品管理等法律制度。

三是建立农业资源环境生态监测预警体系。建立耕地、渔业水域、生物资源、产地环境以及农产品生产、市场、消费信息监测体系，强化与国家相关体系的联网和信息互通，纳入国家天空地数字农业管理系统之中。加强基础设施建设，统一标准方法，实时监测报告，科学分析评价，及时发布预警。

### 5. 建立农村人才培养机制

一是强化高素质农民培养。把节约利用农业资源、保护产地环境、提升生态服务功能等内容纳入农业人才培养范畴，培养一批具有绿色发展理念、掌握绿色生产技术技能的农业人才和高素质农民。

二是培育绿色发展载体。以农业规模化、集约化为载体，积极培育一批与农业绿色发展相适应的新型农业经营主体、农业社会化专业服务组织，承担带动农民实现大市场与小农户有机衔接的功能。在此基础上，以农民为主要培训对象，鼓励其率先参与开展绿色生产，担任生态管护员等相关的公益职责。

### 6. 健全农民利益保障机制

一是健全收入稳定增长机制。建立绿色农业发展补贴制度，推广不同类型农业绿色生产技术和生产模式，对采取绿色生产模式进行生产的各类经营主体按照绿色生产执行程度及绿色产品达标程度给予适度补贴，确保农民生产的绿色农产品不受市场大众价格影响，使农民收入保持稳定增长。

二是完善就业和收益分配机制。以镇为核心，围绕村庄基础设施、村庄绿化、生活垃圾和污水治理等设施，设立绿色发展公益岗位，满足农村绿色可持续发展、农村剩余劳动力就业要求。建立收益分配机制，鼓励农户加入各类经营组织，经济组织与农民共享绿色增值收益。

三是建立资源权利分享机制。深入挖掘农村地区特色绿色资源，建立"企业+村集体+农户"的绿色资源权利分享机制，明确责权利关系，农民作为农村建设的主体，享有资源开发收益共享的权利。

## (二) 保障措施

"十四五"期间,重点围绕六个"强化",为推进天津市农业农村绿色发展提供实施保障。

### 1. 强化组织管理

一是建立领导小组。成立农业农村绿色发展工作领导小组,统领全市农业农村绿色发展。领导小组下设办公室,办公室设在农业农村委,负责农业农村绿色发展综合协调、信息报送、指导推动开展工作。搭建多部门共同发力、协同推进平台,围绕规划目标任务,加强沟通协调,明确各部门工作职责和任务分工,形成部门合力,共同推进天津市农业农村绿色发展。

二是做好顶层设计。按照国家对推进农业农村绿色发展要求,以实现乡村生态振兴为目标,编制《天津市农业农村绿色发展总体规划》,明确农业农村绿色发展总体布局、分阶段目标和重点任务,编制详细实施方案,为天津市农业农村绿色发展做好顶层设计。

三是推进管理创新。积极推动多村一社区体制改革,有序撤销合并社区内原行政村村民委员会,集中设立一个村民委员会,让社区成为农村社会治理服务基本单元。创新基层管理体制机制,整合优化公共服务和行政审批职责,打造"一门式办理""一站式服务"的综合服务平台。推进智慧乡村建设,建立乡村网上服务平台,逐步形成完善的乡村便民服务体系。大力培育服务性、公益性、互助性农村社会组织,积极发展农村社会工作和志愿服务。

四是推进乡村自治。深入推进民主决策,对乡村经济社会发展规划、产业结构调整、集体投资项目、兴办公益事业、大额财务开支、村庄建设规划等与农民群众切身利益密切相关事项,必须按照"四议两公开"民主决策程序办理。开展农村社区协商示范点建设,以镇为单位编制社区协商目录,推动社区协商制度化、规范化和程序化。

### 2. 强化政策扶持

一是加大财政投入力度。在农业农村绿色发展总体规划基础上,加大财政扶持力度,在乡村振兴打捆资金中设立农业农村绿色发展基金,加大财政对农业农村绿色发展、农业生态资源保护的支持力度,预算内固定资产投资向重大绿色发展建设项目倾斜。

二是引入社会资本。改变财政直助模式,通过设立担保基金、贷款贴息、股权投资、以奖代补等多种方式,引入社会资本,以绿色发展为主题进行农业农村项目开发,构建多元化投入机制,推行第三方运行管理、政府购买服务。

三是健全扶持政策。健全完善测土配方施肥、耕地质量保护与提升、农作物病虫害专业化统防统治和绿色防控、农机具购置补贴、动物疫病防控、病死畜禽无害化处理补助、农产品产地初加工补助等绿色发展扶持政策,支持投入品结构调整、动植物防疫和农业废弃物资源化利用。

### 3. 强化科技支撑

一是加快绿色技术研发。围绕农业农村绿色发展的关键共性技术难题，推行"专家领军、专业融合、联合攻关"模式，依托科研院校开展科技联合攻关，突出抗旱品种、灌溉节水、土肥水一体化、土壤改良和农艺栽培技术，加大旱作农业先进实用技术、畜禽疫病防治、生态养殖及粪污无害化处理等技术攻关。加强与国内科研教学单位和高新技术企业的合作，重点开展蔬菜、草莓、马铃薯脱毒微型种薯、种猪、肉牛、淡水鱼等新品种培育、良种繁育、联合攻关，解决生产过程中科技难题。

二是搭建科研创新平台。围绕关键共性"卡脖子"技术，以天津市农业科研院所、重点农业龙头企业为依托，以天津市农业农村绿色发展重点为方向，积极组织申报国家级、市级重点实验室、工程中心，配套先进科研设施设备，开展学科国际前沿问题研究，为科技自主创新能力提升搭建科研平台。

三是促进绿色成果转化。建立科技成果转化交易平台，按照利益共享、风险共担的原则，构建"科研机构+地方政府+龙头企业+基层农户"四位一体的转化推广模式，带动成果快速转化。以各区农技推广站为核心，建立完善科技成果推广体系，建立推广网络，完善推广队伍，提升科技推广人员素质，实现创新成果尽快转化和全覆盖。

### 4. 强化人才培养

一是培育既有专业人才。以农业科研院校、重点农业龙头企业等农业经营组织为平台，鼓励农业科研单位和企业依托农业科研、推广项目和农业科技人才培训工程，加强资源环境保护领域农业科技人才队伍建设，完善人才培养激励机制，培育绿色科技创新学科方向，引导部分科技人员研究方向向支撑农业农村绿色发展方向转型。

二是引进高端专业人才。充分利用海河英才行动计划，从国内外引进以农业农村绿色发展为研究方向的高端人才，充实天津市农业科研院校和重点农业企业科技人才队伍，按照高端人才研究领域，进一步完善科研单位学科建设。以农科院、农学院、科研型企业为载体，建立院士工作站，引进相关专业院士，打造高端科技人才队伍，全力支撑天津市农业农村绿色发展。

三是培育乡土特色人才。充分利用农业高等院校、各区农广校、村庄农民教室、合作社等农业经营组织、培训机构，开展乡村人才培育行动计划，围绕乡村环境管护、环境监测、生态修复、绿色科技应用、绿色休闲等内容，以农民为主体，培养乡土特色人才，打造新型职业农民队伍和实用人才，推进农业农村绿色可持续发展。

### 5. 强化执法监督

一是健全执法队伍。整合执法力量，改善执法条件，落实农业资源保护、环境治理和生态保护等各类法律法规，加强跨区资源环境合作执法和部门联动执法，依法严惩农业资源环境违法行为。

二是强化质量安全监管。建立市—区—街镇—村四级农产品质量安全监管体系，结合农产品质量认证，开展放心菜、放心肉蛋奶、放心水产品基地建设，大力推广生物、物理、生态技术田间防治，对农药、兽药、肥料、饲料、添加剂等农业投入品严格监管。健全重大环境事件和污染事故责任追究制度及损害赔偿制度，杜绝违法违禁农业投入品的生产、销售和使用，对违法事件严格追究责任主体责任。推行农业生态环境公告制度，健全农业环境污染举报制度，广泛接受社会公众的监督。

三是建立评价机制。以生态振兴为目标，以农业绿色生产和农民绿色生活为内容，从农业全产业链和提升村民生活幸福指数两个维度，构建农业农村绿色发展评价指标体系，对农业农村绿色发展进行定期评价，并与上海、北京、浙江、江苏等类似地区和绿色发展典型地区形成对比，发现天津市农业农村绿色发展的问题和不足。

### 6. 强化宣传引导

一是加大宣传力度。充分利用天津卫视、北方网、今晚报等电视、网络、报刊等媒体，广泛宣传"绿水青山就是金山银山"绿色发展理念，采用宣传册、画报、墙壁画等方式入村入户普及绿色发展认识、技术和重要意义，普及绿色常识和发展方式，使绿色发展理念家喻户晓、深入人心。

二是建立典型示范。在年度农业农村绿色发展评价的基础上，选树一批农村人居环境治理示范村典型、农业绿色发展模式典型、重点绿色技术和配套设施、现代农业机具装备，成为天津市农业农村绿色发展的标杆进行广泛宣传推广，辐射带动周边地区绿色可持续发展。

三是加强国内外交流。采取"走出去""引进来"的办法，鼓励天津市农业科研单位、企业科研骨干、农村带头人赴国内外农业农村绿色发展典型地区进行调研学习和考察交流，学习借鉴国内外先进适用绿色技术和运行模式，为天津市农业农村可持续发展注入新动能和发展活力。

专题研究五：

## 天津市城乡融合发展研究

# 一、研究意义

## （一）推进城乡融合发展是贯彻落实党中央决策部署的重要要求

实现城乡融合发展关乎乡村振兴和国家现代化的质量。为适应不同时期国内外环境的变化，我国适时对城乡关系进行阶段性调整，以推动社会经济健康发展。党的十六大提出了"统筹城乡经济社会发展"的宏伟战略；党的十七大提出了加速城乡融合的发展进程；十八大以来，着眼于新型城乡发展趋势，党中央对推动城乡融合发展进行了创新的探索和选择。《中共中央关于全面深化改革若干重大问题的决定》《国家新型城镇化规划（2014—2020年）》《关于深入推进新型城镇化建设的若干意见》始终贯穿着"以人为核心"的城镇化新理念。党的十九大提出了建立健全城乡融合发展体制机制和政策体系。2019年《中共中央国务院关于建立健全城乡融合发展体制机制和政策体系的意见》、2020年出台的《新型城镇化建设和城乡融合发展重点任务》更是进一步明确了城乡融合发展体制改革的框架和路线。可见，城乡融合发展是国家基于新时代背景下对城乡关系发展趋势做出的重要战略部署。

天津市作为我国四大直辖市之一，城乡融合发展明显具备大城市"市场优势""资源优势（产业、技术、人才、资金等）"和"大津郊"空间优势。城市化进程发展较快，在基础设施建设管理、公共服务健全完善、生态文明保护传承、要素市场建设等方面积极促进城乡要素平等交换、双向流动和公共资源合理配置，强化以工补农、以城带乡，构建了良好的城乡融合发展的总体布局。在决胜全面建设社会主义现代化国家的整个进程中，进一步加快推动天津市城乡融合发展不仅是落实城乡高质量融合发展的重要要求，也是持续提升城市品质和实施乡村建设行动的迫切需求，对于科学把握城乡关系、不断调整相关制度和政策加快推进全市现代化进程具有重大实意义。

## （二）推进城乡融合发展是加快天津市实现乡村振兴的关键举措

党的十九大报告首次提出实施乡村振兴战略，为我国乡村未来发展描绘了一张宏伟蓝图。习近平总书记强调，"要把乡村振兴战略这篇大文章做好，必须走城乡融合发展之路。"乡村振兴和城乡融合发展是互促互进的，乡村振兴需要城乡资源、要素的流动互通，城乡融合发展亦需要乡村振兴的支持。城乡融合发展是建设社会主义现代化国家的重要任务，乡村振兴离不开城乡融合发展，乡村振兴战略的实施要以构建城乡融合发展的体制机制为前提条件，城乡融合发展可以为乡村振兴创造战略发展条件、提供发展路径和发展动能；通过重塑城乡融合关系有利于拓展乡村发展空间，为乡村振兴提供新动能。

《天津市乡村振兴战略规划（2018—2022年）》实施以来，天津市以习近平新时代中国特色社会主义思想为指引，按照产业兴旺、生态宜居、乡风文明、治理有效、生活富裕的目标，全面实施乡村振兴战略，利用中央和市两级财政资金553.7亿元支持乡村振兴，加大对农业、水务、气象等领域投入力度，乡村振兴取得阶段性成效。建成高标准农田370万亩，粮食综合生产能力持续提升，蔬菜、肉类、禽蛋、牛奶等"菜篮子"产品自给率在大城市中保持较高水平，乡村面貌焕然一新，农村卫生厕所基本实现全覆盖，乡风文明新风尚取得显著成效。农民收入水平不断提高，2020年农村居民人均可支配收入达到25 691元，居全国前列，高质量完成脱贫攻坚任务。虽然上述举措有力地推动了天津市乡村振兴，但在社会主要矛盾已经发生深刻变化的背景下，乡村振兴面临着单纯依靠乡村无法解决的深层次障碍。城市布局规划制约了产业链、基础设施、公共服务等向乡村延伸释放，城乡不统一的建设用地市场加剧了土地不足的矛盾，而大量的住房和宅基地空置与此形成了鲜明的对比，户籍、土地等制度隐含利益分配的不平等使得优质人才、土地、资金、产业、信息等利好要素由农村向城市单向流动，阻碍了农业现代化和城镇化进程。进入全面推进乡村振兴的历史阶段，单纯只靠乡村实现乡村振兴走不通，必须以城带乡、走城乡融合发展之路。面对瓶颈制约和深层次矛盾，进一步推动城乡融合发展是提高农业农村农民发展能力、实现乡村振兴和推动全市高质量发展的关键举措。

## 二、城乡关系的演变

改革开放以来，天津市城乡融合发展大致经历了以下三个阶段。

### （一）城乡融合发展的探索阶段

改革开放至20世纪末，天津市城乡关系进入艰难调整的恢复性探索期。天津市背靠京津冀都市圈、面向港口，一直以发展工业企业为主，以乡镇企业发展为标志的农村工业化、以工补农，成为突破城乡二元结构的动力，使扭曲的城乡关系不断得到纠正。20世纪80年代，天津市开始实施"城乡融合发展"战略，在农村土地制度、经营体制、所有制结构、乡村治理结构等方面进行了系列改革，并取得了较大突破。1984年，天津市委、市政府提出了"统一思想、依托城市、城乡结合、相互协作、相得益彰、比翼齐飞"加强乡镇企业发展的方针。1988年，天津市委、市政府提出了"城乡结合，发展乡镇企业，整体推动，振兴天津经济"的方针。该时期，乡镇企业的发展使得天津市产业结构发生了明显变化，继而导致了就业结构的变化，郊区农村劳动力向第二、第三产业转移，推动了农村经济结构的大调整，城乡经济不断融合，城乡关系进一步密切。1994年和1995年，天津市对城乡融合发展的新路径进行了有益探索，市委、市政府在全市范围内分两批确定了基础条件较好的30个镇为市级农村城镇化试点小城镇，使得镇区面貌有了很大的改观，且集聚了一定规模的人流和物流。

总体上，这一时期天津市在推动城乡融合发展取得了很大的成就。农民权利和发展机会日益提升，工农产品市场化交换机制基本确立，农村剩余劳动力向城市转移的障碍被逐步打破。但是，粮食市场化改革依然没有完成，户籍制度改革相当缓慢，流动人口在城市面临诸多制度制约和歧视，土地和资本市场化进程更为滞后。

## （二）城乡融合发展的统筹阶段

2000年以来，中央着手对城乡关系做出重大调整，城乡关系改革的重点从打破经济二元体制逐渐扩大到社会领域，政府直接投入成为调整城乡关系的主要手段，政府主导构建城乡融合发展的进程自此驶入快车道。党的十六大报告明确将"统筹城乡经济社会发展"作为解决城乡二元结构问题的基本方针。党的十六届三中全会将"统筹城乡发展"列为五个统筹之首。党的十七大报告提出："统筹城乡发展、推进社会主义新农村建设，必须建立'以工促农、以城带乡'的长效机制，形成城乡融合的新格局"。

天津市推进城乡融合发展进入了真正具有实质意义的阶段。2003年以来天津市城镇化进程明显加快。《天津市城市总体规划（2005—2020）》指出，以实现城乡和区域的统筹发展为目标，根据天津市城镇人口和城镇发展的特征，在"一轴两带三区"空间布局结构的基础上，明确提出以中心城区和滨海新区核心区为主副中心，建立由主副中心、新城、中心镇和一般建制镇组成的四级城镇体系，逐步改变城乡二元的空间结构。2005年下半年探索出了一套加速城镇化进程的新路子，催生出了多个小城镇建设示范工程，天津市新华集团负责开发的华明家园作为国家级示范镇入选2010年上海世博会城市最佳实践区。2011年天津市先后批准了4批示范小城镇建设项目，有力地推动了城乡融合实质性进展。

总体看，这一时期统筹城乡融合发展的战略思想得到确立，天津市实现了对农村公共服务的转变，但城乡之间依然存在明显差距，如户籍制度、土地改革、财政金融等在服务标准、操作程序、资金筹集方式等方面均明显不同。

## （三）城乡融合发展的加速阶段

"十三五"时期，天津市城乡融合发展进程稳步推进并得到全面发展，在人口融合、经济融合、社会融合、文化融合、环境融合、布局融合等方面采取了系列有效措施。户籍制度方面，2017年在天津市范围内统一城乡户口登记制度，取消农业户口和非农业户口性质区分，打破了长期以来形成的城乡户籍二元结构；产业布局方面，通过三产融合发展试点工程，按照天津市区域发展的整体布局在涉农九区形成了各具特色的梯次结构；社会事业发展方面，积极推动基层村党组织能力全面提升，乡村基础设施得到明显改善，学前教育资源建设成果丰硕，建成覆盖城乡的基层医疗卫生服务网络；住房方面，积极推动外来人口较为集中的区域多渠道筹建宿舍型等公共租赁住房；环境治理方面，持续推进美丽村庄建设和农村人居环境整治工程，颁发了《天津市村容村貌提升规划设计导则》《天津市乡村振兴战略规划》和《天津市农村人居环境整治三年行动实施方案》等文件，创建了1 139个美丽村庄、150个农村人居环境整治示范村，农村生活垃圾无害化处理、农村生活污水处理设施、农村卫生厕所基本实现全覆盖，畜禽粪污综合利用率达到86.51%，乡村人居和生态环境显著改善，对深入推进城乡环保、产业融合发展有着极好的引导促进作用。

2014年京津冀协同发展战略使得天津市以城带乡的新型城乡空间格局进一步完善，小城镇发展迅猛，建成了28个示范小城镇，推出2批25个市级特色小城镇创建试点，探索形成了"四步走"的城镇化土地应用模式,有效促进了产城人融合。总体上,"十三五"期间全市城乡融合的品质和格局得到了进一步完善。

# 三、城乡融合发展中存在的问题

## (一)农民市民化缺乏主动性

截至2020年底,天津市城镇化率由1978年的49.5%提高到83.4%,仅次于上海的88.10%和北京的86.60%,全国排名第三。如此快速的城镇化对于已进入城镇化后期的大都市来说实属不易,但农民被动市民化的较多,且市民化以后的生产方式、生活方式与市民还有不少差距。北京、上海作为特大城市,由于各方面条件都比较好,对农民的吸引力很大,农民市民化的主动性较强,且市民化以后的生活质量也较高。相比而言,天津市农民市民化的主动性和自觉性不够高,对市民化的认识存在偏差和误区,农民市民化的意识不强,被动的、快速的市民化为城市财政带来巨大压力。例如,人口快速流入对城市公共服务配套形成压力,最为直观的表现是人口快速流入为学位带来巨大压力。仔细分析,不难发现外来人口已成为天津市城镇常住人口增量的主体,且是提升城镇化率的主要因素,而天津市农业户籍人口数量和农村常住人口数量则基本保持稳定,说明近年来天津市农村户籍人口转化为城镇户籍人口的数量有限。目前天津市尚有280万人居住在城镇但没有天津市城镇户籍,有将近1/3的本地农业户籍人口在城镇居住生活,部分农民由于老家宅基地、承包地等权益的潜在价值而很少愿意在城市落户。这些人口游离于城镇基本公共服务体系之外,处于"半市民化"状态,使得城镇内部出现新的二元矛盾。而部分农民转变为市民之后却没有享受到应有的权益,虽然户籍制度已经消除,但是户籍制度被附着诸多利益使得城乡居民在面对养老、就业、医疗、子女入学以及购房、购车等问题时依然难以避开户籍的划分,依然影响着城乡之间要素高效、顺畅、平衡地流动。人口进城以后如何维护好进城落户农民在农村的各项权益,以及进城落户农民在农村的土地承包经营权、宅基地使用权和集体经济收益权问题如何处置等需要认真研究,总之,当前来看,要推动城乡居民的深度高质量融合还有很多工作要做。

## (二)城乡产业融合动力不足

产业融合可以加快城乡之间资源和生产要素的流动,对城乡融合发展具有至关重要的意义。多年来,天津市在农业农村领域大力持续开展产业结构调整,在总量指标方面有所起色,但整体上乡村经济实现跨域式发展的难度仍然较大。多数农村地区产业基础薄弱,可利用的资源有限,乡村传统产业占比较大,缺乏主导产业,各产业之间融合度不高,产业类型雷同,竞争力不强。产业发展动力不足,新兴产业规模小,三次产业融合发展的程度较低,产业发展深度不足,产业融合程度不够。主要表现为:一是农产品加工转化率偏低,农产品产业链条不长,多是农业内部产业利益的关联和增值;二是合作方式单一,利益联结松散,带动能力不足,农民合作社参与融合能力差;三是产业融合层次较低,农业功能拓展融合型、科技渗透融合型的层次较浅。当前城乡产业融合发展平台明显缺乏,面临空间载体建设不足、农业产业链和价值链不高、农产品流通服务体系不健全等短板。总体而言,乡村产业起点低,乡村经济未得到充分发展,缺乏与城市产业实现"无缝对接"的实力。另外,乡村网络基础设施建设不足以支撑乡村数字经济发展,农村土地在城乡产业融合发展中的作用远远没有发挥,乡村第二、第三产业发展受制于国土空间规划约束的矛盾愈发凸显。助推城乡产业融合发展的重要助力如集体建设用地、农业设施用地等土地政策如何创新亟须探索。在种种不利因素的制约下,城乡产业融合发展存在较大难度。

### (三) 新城和中心镇载体功能不足

城乡功能和空间布局不够合理,整体统筹不足,部分新城和中心镇规模偏小,多中心、多层级、多节点的网络型城市群结构的重要战略空间尚未形成,缺乏辐射带动城乡融合发展的综合性节点。从各级城镇人口规模来看,11个卫星新城中达到20万人以上的中等城市规模的新城仅有两个,而京津新城仅有4.2万人。30个中心镇中人口规模在5万人以上的有11个,仅占全部中心镇的36.7%。人口规模较小的中心镇镇区不足3万人,尚难以发挥规模效应和在区域中的增长极功能,无法承载持续高速推动城乡融合快速发展的功能。此外,新城住房规划建设与轨道交通建设、就业岗位分布、公共设施配套联动发展方面不完善,产业、公共服务、交通、人居环境等方面吸引力不足。新城和中心镇在规划自主权、产业选择权、公共服务配置权和土地用途变更审批权等方面迫切需要赋权创新。

### (四) 乡村基础设施差距依然明显

与城市相比,乡村的基础设施建设维护能力和公共服务水平差距依然明显,不仅对城乡融合发展造成阻碍作用,也难以高效推进乡村振兴。当前,城乡在养老、医疗、社会保障、教育、文体、保障性住房等领域差距依然较大,其中教育、医疗、养老是主要短板,农民面临上学、看病、养老等各种现实问题。农村地区教育经费投入、师资力量、教学基础条件等缺口较大,农村地区幼托设施的覆盖率不足70%。农村的基本医疗卫生设施、医生从业水平、卫生技术人员数量还存在较大差距。许多农村地区文化设施面积狭小、缺少运动场地、设备陈旧老化,养老设施覆盖率仅为3.2%;健身场地覆盖率为65%。还有部分农村缺乏环境设施,生活垃圾、生活污水问题需要解决;部分农村地区的农田水利基础设施不能满足提高农业综合生产能力的需要。在基础设施规划建设和后续管护服务中存在着"痛点"和"堵点"。城乡信息基础设施方面存在较大差距。城乡物流信息网络不健全,城乡市场信息交流不积极,使得农村地区的农产品信息发布缺少合理的规划与整合,农产品信息传导不流畅。乡村公共数据资源管理体系较为缺乏,共享不足、管理不足,服务层次和能力较低,还不适应城乡融合下基本公共服务普惠共享的要求,尤其是在城乡数字化基础设施硬件建设和软件能力价值化能力培养方面差异显著。

### (五) 城乡资源要素流通仍存在壁垒

当前，城乡统一的用地市场尚未建立，城乡金融资源配置严重失衡，城乡居民就业、收入、居住等方面还存在差异。首先，土地在城乡融合发展中的潜力难以释放，天津市土地城镇化速度显著快于人口城镇化速度，这一方面造成了土地利用的低效率，同时也使得农民无法同等分享城镇化发展成果，加剧了城乡发展不平衡程度。调研显示，目前郊区集体建设用地存在分布不平衡、小而散、利用率不高等问题，而在传统农业区几乎没有可利用的集体建设用地。集体经营性建设用地迫切需要在入市的集体经营性建设用地用途、根据入市土地不同用途收取不同比例的调节金、明确集体经营性建设用地基准地价、统筹控制入市土地数量和节奏等方面进行系统性安排。宅基地还缺乏相关制度配套和保障，在目前的制度框架下，只能实现宅基地有限的"本地价值"，很难承载高端要素导入的功能。二是城乡金融市场发展差距较大。城乡金融机构分布失衡，城市多，农村少，特别是乡村金融体系薄弱，农村金融产品供给不足，尚未形成有力的社会资本引导能力。由于现行土地制度的缺陷，城市资本进入农村土地市场的机制也未建立起来，社会资本参与乡村开发建设的动力和意愿不强，缺乏市场自发的动力机制。受资本逐利属性影响，乡村资金要素本身呈净流出状态。三是城乡人才流动不顺畅。一方面农民进城的阻碍依然较大。农民进城后生活成本过高的局面没有根本扭转，加上农民没有稳定的收入以及难以解决住房问题，导致农民进城落户的积极性不高。另一方面，推动城乡人才流动的扶持政策不到位，农村社员资格无法对外开放，返乡人才难以真正扎根在农村发展。当前迫切需要探索相关改革授权，真正让返乡人群融入乡村，激活沉睡的资产，并转化为城乡融合发展的新动力。

## 四、国内外城乡融合发展的经验和启示

### （一）国外经验和做法

1. 欧洲经验

欧洲是最早进入工业化革命的地区。英国"圈地运动"积累了大量的资本之后，工业革命呼之欲出。之后，欧洲很多国家先后进行了工业革命，但不可避免出现了城市过度拥挤、环境污染严重、贫民窟随处可见等顽疾，特别是著名的"雾都"伦敦，镌刻着深深的城镇化留下的烙印。但是这些发达国家最终都克服了这些顽疾，成功实现了城乡融合发展。

（1）英国——制度建设与突出"人"的城镇化。英国城乡融合进程的显著特点是起步早、实施较为顺利。通过"圈地运动"，英国积累了大量的资本，为工业革命做了大量的准备，从而使英国成为世界上第一个进行工业革命的国家。英国城镇化进程开始于18世纪60年代，由于城市的迅速发展，特别是农村人口涌入伦敦等大城市，造成了严重的环境污染和人口贫困问题。例如，当时的伦敦由于污染严重，被称为"雾都"；

而由于人口大量涌入，伦敦出现多处贫民窟，抢劫、盗窃、凶杀等案件屡见不鲜。然而，经过二百多年的发展，英国已相对较好地解决了城镇化进程中出现的制度与人口等诸多问题。目前，英国出现了"郊区化"现象，即城市的中心正逐步地转移到了郊区，郊区作为连接城市和农村的纽带，促进了城市和乡村之间的协调发展。英国的农业较为发达，其城镇化的主要做法包括：一是工业革命的顺利完成为城乡融合顺利开展打下了良好基础；二是剩余劳动力向城市工业部门转移迅速推动了城乡融合发展；三是通过出台相关的政策加速城乡融合发展进程；四是重视以人为中心的发展理念。

(2) 法国——城市的扁平化与避免农村"空巢"。法国城乡融合发展起步相对较晚，这是因为小农经济作为法国主要的经济形式占据了数个世纪。直到19世纪末期，法国才真正迈入城乡融合发展的轨道当中。与英国一样，政府的制度和政策是其成功的重要因素之一，但法国也有其自身的独特发展路径，通过逐步废除小农经济、改进土地管理方式促进农场适度发展、注重城市的适度规模发展以及城郊均衡布局等，在一定程度上促进了法国城乡融合发展。

(3) 低地国家与德国——土地制度完善与城乡界限模糊。低地国家一般指荷兰、比利时和卢森堡3个国家，因这3个国家的海拔很低而得名；德国目前是欧洲经济的火车头，其35.7万平方千米的面积是中国的3.2%，但德国的GDP数年来一直位居全球第四。这几个国家国土接壤且均为西欧发达国家，他们的城乡融合发展经验对中国有着特殊的借鉴意义。他们的主要经验包括：一是土地市场成熟和农业发达是典型特征；二是城市与农村界限模糊，城乡之间没有清晰的界限；三是具有完善的土地制度；四是拥有发达的社会保障体系；五是空间布局和规划较为合理。另外，教育、社会福利体系同质地分布于这些国家的城市和农村，促进了资源的有效流动，这可以使城乡融合发展真正变为"人"的城乡融合。

2. 亚洲经验

亚洲某些发达国家历经了较长时间的城乡融合进程。日本和韩国是典型的亚洲发达国家，两个国家的显著特点是国土面积狭小，自然资源匮乏。此外，由于战争破坏等因素，两个国家都是在20世纪50、60年代经济开始迅速发展。经济的迅速发展和城镇化率的快速提高也带来了较多的问题，诸如贫富差距拉大、社会矛盾加剧等。然而，日本和韩国相对较好地克服了城乡融合发展进程中的问题。因此，同为亚洲国家，日本和韩国的城乡融合手段和经验值得借鉴。

(1) 日本——无歧视政策与资源无差别流动。日本目前是亚洲最为发达的国家。日本国土面积仅为37.8万平方千米，且自然资源匮乏。第二次世界大战之后，日本迅速从战争的阴影中崛起，快速进入了经济高速成长期，并一度成为世界第二大经济体和美国最大的债权国。随着日本经济的崛起，城市人口数量激增，城乡之间的矛盾也逐步显现。然而，通过日本政府的新农村建设及政策导向，1973年以后，日本农村居民人均收入一直高于城市职工人均收入。日本城镇化发展相对较晚，但城乡融合发展程度较高。主要做法体现在四个方面：一是通过政策补贴促进农业和农村发展；二是及时进行农村土地制度改革；三是出台政策从源头避免城乡差距拉大；四是消除限制公共资源在城乡之间自由流动的障碍因素。总体上，日本通过系列的改革，促进了城市周边地区的协调发展,逐步淡化了城市和乡村的概念,具有较高的城乡融合发展水平。

(2) 韩国——"新村运动"与全民动员。韩国自1948年成立后,为了快速发展经济,在1962—1971年实施了两个五年计划。然而,韩国是一个人均土地占有面积较少(耕地面积只占国土总面积的22%)、自然资源极度匮乏、劳动力相对丰富的国家。两个五年计划导致农业与工业发展的差距迅速拉开,带来了一些严重的问题,如城乡差距迅速扩大、农村人口向城市的无序流动及城市秩序混乱等。特别是韩国的农业部门在一定程度上出现萎缩,农村"空巢"现象较为明显。在这种情况下,韩国发动了新村运动,分为五个阶段进行:一是基础建设阶段(1970—1973年),这一阶段主要目标是对农民的基本需求加以满足,包括农民厨房、围墙、厕所等房屋改造,以及公路、公用洗衣场等基础设施的供给;二是扩散阶段(1974—1976年),这一阶段是新村运动向城镇扩散,最终以点带面,成为全国性的现代化建设运动,运动也从第一阶段的重视基础设施建设转向重视农民的居住环境和生活质量的提高上面来;三是提高阶段(1977—1980年),这一阶段的主要特点是城乡差距缩小,政府积极发展现代农业,并推动和发展乡村文化,政府在运动中的角色逐步从主导到引导农民自发参与;四是过渡阶段(1981—1988年),新村运动逐渐完成了由民间主导加政府支持到完全由民间主导的过渡;五是自我发展阶段(1988至今),新村运动的积极影响向周围的农村进一步扩散,农民"市民化"逐步加强。

经过长达数十年的新村运动,韩国摆脱了贫穷,成功跻身于发达国家的行列,农民收入有了质的飞越,特别是农民素质有了较大幅度的提升,从而促进了韩国城乡融合进程的加速。

## (二) 国内经验和做法

### 1. 上海市

上海市的城乡融合具有自己的特色。其大都市城郊融合模式并非城市郊区一样化,而是既要求同,强化一体化,也要存异,避免同等化。上海市在发展理念、城乡规划、资源配置和政府服务等方面强化融合;同时尊重在城乡之间的空间形态、功能定位和管理治理等方面的客观差别,以及不同地区发展阶段和生产力水平的差异,避免城乡一样化和均等化。基于上海市多年实践经验以及周边地区的成功经验,上海市城乡融合进程采取了全面推进郊区综合配套改革的做法,全面激活郊区内生活力,全面改善郊区发展环境,全面增强郊区经济实力,把城乡融合发展建立在强区强镇基础之上。为此,上海市加快区镇产业转型升级,建立城乡融合机制,全面推进农村产权制度改革,创新城乡要素市场化配置机制,建立均等化公共服务机制和高标准生态文明建设机制,明显增强了郊区发展的内生动力。

### 2. 成渝地区

成都市和重庆市这两个城市同处于四川盆地,均是现代化城市与落后的农村并存,是典型的大城市带大农村,城乡二元结构突出,城乡差距较大。2007年6月,重庆市和成都市同时被国家确定为统筹城乡综合配套改革实验区。从总体来看,成都市城乡融合发展的典型模式是"以城带乡"为主,重庆市是以"异地转移"为主。

(1) 成都市。成都市多年来的实践表明,"三农"问题的症结在于长期形成的城乡二元体制,突出表现在城乡居民身份的二元户籍制度,障碍在导致城乡公共资源配置严重不均衡的体制机制,根本在于不易理清的农民财产权利。统筹城乡改革的目的就是要破除体制机制障碍,建立城乡融合发展制度,努力实现公共资源在城乡均衡配置,赋予农民真正意义上的财产权利,实现包括劳动力资源在内的城乡各类生产要素自由流动,形成城乡经济社会融合发展格局。回顾成都市城乡融合历程,成都市是从以"三个集中"为主要内容的起步阶段,逐步走上了以"六个一体化"为核心内容的全面推进阶段,如今,又进入了以深入推进农村工作"四大基础工程"为核心的深化改革攻坚阶段,全力推进农村产权制度改革、村级公共服务和社会管理改革、构建新型村级治理机制、进行农村土地综合整治,全面改善了农业生产条件和农村生活环境,促进了农民生产生活方式的转变,推进了农村的市场化和民主化进程。

(2) 重庆市。自 2007 年被国家确定为统筹城乡综合配套改革试验区以来,城乡居民收入水平大幅度提高,城乡差距明显缩小。回顾重庆市城乡统筹发展的实践,其经验主要包括四大制度创新:一是建立新型的城乡开放模式;二是实施大蛋糕与大比例的总量与结构调整战略;三是建立四位一体的统筹制度框架;四是实施生态移民政策。通过这些制度创新,有力地破除了重庆市城乡二元结构,从根本上解决了城乡发展不平衡问题。

3. 苏州市

苏州市是我国的历史文化名城、重要的旅游城市和长三角的中心城市之一。2008年8月江苏省委省政府批准苏州市作为江苏省城乡发展一体化综合配套改革试点,率先进行实践探索。其主要做法和经验:一是推进"三个集中",促进城乡节约集约发展。在推进"三个集中"的过程中,实现"三个同步":工业企业向规划区集中与新型工业化同步推进,农业用地向规模经营集中与农业现代化同步进行,农民居住向新型社区集中与富民工程同步实施。二是提升集体经济,强村富民。通过大力实施农民收入倍增计划,促进新型集体经济业态、管理水平、富民水平四提升。三是发展绿色农业,建立现代农业发展方式。以"四个百万亩"工程(百万亩优质粮油工程、百万亩高效园艺工程、百万亩特种水产工程、百万亩生态林地工程)为抓手,用现代装备武装农业,努力实现现代农业发展。四是坚持环境优美,建设美丽村镇城乡新风貌。五是创新融资模式,提供资金保障。创新了"政府引导、社会资本参与"的融资模式,成立了专门支持城乡融合综合配套改革项目和三农项目的苏州市城乡融合基金,整体规模 25 亿元,利用该基金实现了多项创新与突破。

4. 浙江省

浙江省推进城乡融合发展起步较早,成效显著。党的十六大以来,浙江省从实际出发,大力实施统筹城乡发展的方略,围绕率先建成小康社会目标,先后就统筹城乡发展、促进城乡融合作出一系列部署。经过多年的着力推进,统筹城乡发展水平居于全国前列,初步形成了新型工业化、新型城市化、新农村建设和农业现代化互促互进,以城带乡、以工促农的城乡融合发展新格局。具体做法主要包括：一是着力推进"千万工程"，改变农村建设落后的状况；二是着力推进产业结构调整，积极发展高效生态农业；三是着力推进基本公共服务全覆盖，缩小公共服务差距；四是着力推进全面创新创业，缩小城乡收入差距；五是推进"山海"合作，加快欠发达地区致富。通过这些措施，使浙江省城乡融合发展水平一直保持全国前列，实现了全省区域协同发展。

### （三）国内外城乡融合发展对天津市的启示

1. 城乡融合发展需要具备坚实的产业和经济基础

马克思认为，城市与乡村的发展要经历三个辩证发展阶段：城乡依存—城乡分离和对立—城乡融合。在各个发展阶段，生产力的发展起着推动作用，只有生产力发展到一定阶段，拥有了一定的物质基础，才具备城乡融合建设的条件。城乡融合之所以在东部展开，并取得了很好的效果，就在于东部是我国经济最发达的地区，拥有城乡融合建设的物质基础，有着强大的地方财政实力作为保障。即便是西部的成功案例，也大都出现在成都市和重庆市这样的省会城市或直辖市。因此，在规划本地区的城乡融合建设方案时，必须首先考虑本地的经济实力和经济条件，不能简单模仿、盲目发展，而要在提高财政资源使用效率上下功夫，把资金和资源配置到最需要的地方。

2. 重视政府在推动城乡融合中的引导作用

各国经验表明，政府在推进城乡融合发展中起着不可忽视的重要作用，特别是韩国政府通过新村运动迅速改变了农村的落后面貌，有效推动了城乡融合。城乡融合的建设最主要的目的就是调节收入分配格局、调整城乡利益关系、改革城乡二元体制，而这些都需要政府发挥主观能动性。各地的实践也表明，城乡经济社会融合发展的初期，在市场机制不完善的时候，不能仅仅依靠民间力量，还必须依靠政府进行推进。在初步奠定了城乡融合发展基础和较好的市场经济环境的情况下，则要充分依靠市场机制发挥资源配置作用。因此，政府在不同阶段的职能定位显得尤为重要。具体来说，政府的作用体现在三个方面：一是统一规划，制定合理的发展战略；二是在资金投入方面，必须由政府来完成；三是要维护好市场秩序，正确引导，激发民间活力。天津市目前正处在大力推进城乡融合发展、全面建成高质量小康社会的决胜阶段，需要政府在总结以往经验教训的基础上，在充分发挥市场的决定性作用的同时，更好的发挥政府职能，认真贯彻落实统筹城乡发展战略、加大强农惠农富农力度，促进城乡融合发展新格局早日形成。

3. 发挥规划的先导作用是推进城乡融合发展的前提

推进城乡融合发展必须首先做到城乡统一规划，这样既可以避免重复建设，又可以保证工作井然有序，还可以明确阶段性的任务，保证推进融合工作逐渐取得成效。通过建立统一规划管理体制，打破诸多规划各自为战、相互分割的格局，特别是要统筹协调好产业规划、城镇规划、土地利用规划和环境保护规划之间的关系。省市一级政府应当作为统一规划的主体，打破以区县为主的规划格局，明确各个区域的功能定位，有效整合城乡资源，立足现有产业发展、基础设施、公共设施等城乡发展基础，把广大农村纳入城市规划范围，把城市的基础设施延伸到农村、社会服务配套到农村，严格按照客观规律办事，分类分步推进融合。

### 4. 农民的赋权增收是城乡融合发展的根本目的

我国推进城乡融合发展，贯彻的是以人为本的理念。在天津市经济社会发展面临新老矛盾突出、资源环境约束日益趋紧的背景下，加快推进城乡融合发展，一定要着力解决农村剩余劳动力的有效转移问题，要真正实现农民身份的转换，不仅仅是换户口本，更重要的是提高农民的文化教育程度，增强稳定、持续就业的能力，促进农民在城市生产、生活中获得平等就业机会和广阔的发展空间，进而实现从居住环境、工作方式、生活方式、社会保障等全方面地由"乡"到"城"的转变，让农民及其子女能住有所居、劳有所得、学有所教、病有所医，真正融入城市生产和生活中，平等的共享改革发展成果。习近平总书记指出，统筹城乡发展，根本的出发点和落脚点是让老百姓得实惠，使广大农民共享改革发展成果。因此，城乡融合发展应当以人为本，提高农民的收入水平和生活水平。为此，一是积极推进土地确权制度改革，积极保障农民自有物权，赋予农民三权三证（承包土地的使用权、宅基地的使用权、农民在宅基地上所盖的房屋的房产权，并给三权发证）；完善土地公开流转市场，通过促进土地承包经营权流转，实现农业的规模化经营；开展农民住房财产权抵押、担保、转让试点，为增加农民财产性收入开辟新的渠道。二是加快完善农村集体经济产权制度改革，赋予农民对集体资产股份的占有、收益和有偿退出及抵押、担保和继承权；大力发展农村合作组织、社区股份合作制，在社会服务、物业管理、为农服务、农业开发等特定领域，更多地分享城市化、工业化和现代化所带来的经济利益。总之，推进城乡融合需要通过推进工业反哺农业、城市反哺农村、政府回报农民，着力破除城乡二元结构、缩小城乡差距、提升公共服务均等化水平；需要充分尊重群众意愿，切实维护好群众合法权益，解决好拆迁安置、居住环境、就业服务、社会保障、大病医疗保险等农民群众最关心的现实问题，让广大农民共享改革发展成果。

### 5. 城乡融合发展的模式选择需要因地制宜

各地必须充分发挥其比较优势，选择适合自身发展的城乡融合模式。如上海市充分发挥其郊区经济较强的优势，走"城乡共同发展"的道路；苏南地区充分发挥其乡镇企业较发达的优势，走"乡镇企业带动发展"的道路。没有最好的模式，只有最适合的模式。因此，在城乡融合发展中，必须因地制宜、合理选择发展模式。一是不能简单模仿，而要通过充分授权促进体制机制创新，以经济总量、人口总量、地方财力等作为客观依据，进一步下放经济社会管理权限，特别是涉及城乡建设和管理方面的行政管理权限，完善财政管理体制，赋予其与事权相匹配的财力，增强其发展能力。二是要根据美丽乡村建设的区域属性，遵循城乡历史发展规律，以重点项目建设带动生态环境的治理和修复，重点项目包括村庄整治、河网整治、农田园林化、农业生态化等。三是根据各地生产力水平和基层民主氛围，积极发展村集体经济，加强基层，从而提高农村基层组织的凝聚力和向心力，增强农村政权基础和社会稳定。

### 6. 公共设施和资源无差异流动加快城乡融合发展

从欧洲和日韩等发达国家的实践可以看出，推进农村公共设施的建设与医疗、教育等资源的无差异流动,是实现城乡融合发展的重要途径。德国、日本等发达国家的农村基础配套设施比较完善,不但形成了很多以城市为主的大经济圈,而且也带动了周边郊区、农村的发展,融合程度逐渐提高,特别是发达的铁路和高速公路系统,能够在较短时间内连接城市与农村,并逐步使城市和乡村的概念弱化;此外,这些国家农村的医疗和教育资源的获得与城市也没有差异,这是保证农民能够坚持务农、留在农村的最主要手段。只有公共设施和资源做到真正的公平和无差异,城乡融合才会最终实现。在我国,长期的城乡二元体制导致优质的公共资源如教育资源、医疗资源等偏好流入城市,造成了历史欠账较多的现象。因此,对于天津市而言,政府需要进一步加强农村基础设施建设,加大对农村的教育和医疗投入,努力实现城乡稀缺公共资源的均等化。只有这样,才能补齐农村这块短板,才能早日实现城乡融合发展。

## 五、推进城乡融合发展的总体思路和重点任务

### (一) 总体思路

以习近平新时代中国特色社会主义思想为指导,全面贯彻党的十九大和十九届历次全会精神,按照天津市乡村振兴战略总体部署,立足新发展阶段、贯彻新发展理念、构建新发展格局,统筹发展和安全,统筹城乡融合发展与乡村振兴,聚焦产业一体、资源共享、空间重塑、要素整合等,加速城乡布局融合、产业融合、社会融合、环境融合、文化融合,促进城乡基础设施互联互通,为"十四五"农业农村现代化提供有力支撑。

### (二) 坚持原则

1. 遵循规律、把握方向

牢牢把握城乡融合发展正确方向,树立城乡一盘棋理念,要明确总体思路和顶层设计,以建立工农互促、城乡互补、全面融合、共同繁荣的新型工农城乡关系为方向指引,以促进城乡要素自由流动、平等交换和公共资源合理配置为重点,持续发力、久久为功。具体要结合天津市当前所处的特殊阶段,明确城乡融合发展与新型城镇化建设、乡村振兴三者相辅相成,最终的目标是城乡共融。

2. 整体谋划、重点突破

城乡融合涉及高度融合城乡经济建设、政治建设、文化建设、社会建设和生态文明建设等方方面面,要求全面地看待城乡问题。立足天津市社会经济发展的全局,强化统筹谋划和顶层设计,紧紧围绕乡村全面振兴和社会主义现代化国家这两个建设目标,不断强化统筹谋划和顶层设计,整合并高效利用城乡各自的资源,促使城市和乡村之间、地区和地区之间进行充分的交流与协作,增强融合发展的系统性、整体性、协同性。

3. 因地制宜、守住底线

充分考虑市区和涉农区城乡融合发展阶段和乡村差异性,在政策、模式设计过程

中,结合该地区发展的独特性和差异性,选择城乡融合发展模式,分类施策、梯次推进,试点先行、久久为功。此外,要守住土地所有制性质不改变,坚持农村土地归农民集体所有,健全农村土地管理制度,完善农村新增用地保障机制,统筹利用城乡存量建设用地,提高城乡建设用地利用水平。严守耕地红线,严守生态保护红线,严守农民利益不受损,高度重视和有效防范各类风险。在政策制定和发布前,要充分进行前期的政策评估和预期,对政策的适应性、可行性等要素进行风险评判。

### 4. 党的领导、全面发展

毫不动摇地坚持和加强党对城乡融合发展工作的领导,健全完善党的农村工作领导体制机制,提供坚强有力的政治保障。充分发挥各级党委决策参谋、统筹协调、政策指导、督导检查等职能,妥善解决跨部门事权划分不清晰或重复交叉问题,确保各地区各部门对城乡融合发展重视起来。增强系统观念,统筹好整体和局部、当前和长远、发展和安全、形态和功能、战略突破和整体推进的关系,坚持城乡融合与乡村振兴同步。

## (三) 重点任务

### 1. 推进城乡布局融合

对中心城区和城市组团镇进行规模扩张和功能提升。进一步优化城市空间布局,明确功能定位,加快构筑开放式、生态型、现代化的新格局,强化市区规划、建制镇、村等规划的衔接,努力实现区域规划融合。细化区域发展规划,进行空间重组,功能融合,完善规划体系,构建中心城区引领、区级带动、镇级发力的高质量规划框架。注重优化天津市域的城镇空间,完善城镇基础设施和公共服务功能、加快城镇产业转型升级、改善城镇发展环境,提高城镇综合承载能力。具体可提高特大镇的内生发展动力,推进基层治理体系和治理能力现代化,提高新型城镇化质量和水平。建成一批产业特色鲜明、生态环境宜居宜业宜游、布局合理的特色小镇,按照人口向城镇集聚,工业向园区集中的要求,科学处理生产、生活、生态、文化之间的关系,发挥城镇对周边辐射带动作用。

### 2. 推进城乡产业融合

促进城乡产业融合,关键是优化城乡产业布局。合理布局城乡产业,构建城乡融合的产业体系。一是根据天津市区域发展的整体布局和梯次结构,协调各区、各行业等发展层级的产业结构。进一步推进中心城区发展生活性服务业和科学研发、金融等高端生产性服务业集聚发展;进一步加快与制造业相配套的研发、租赁等生产性服务业发展,逐渐提高服务业比重,打破产业结构瓶颈,实现第二、第三产业结构调整;推动市区制造业和其他战略性新兴产业不断向涉农区转移,同时加快涉农区生活性服务业和交通仓储、房地产、批发零售等生产性服务业发展,形成良好的产业结构基础。二是协调作为城乡融合发展集中区的涉农九区的产业布局,按照各区的不同发展特征布局优势产业。环城四区努力推动原有制造业升级,大力提升高端制造业水平;远郊五区应进一步发挥农业区优势,布局休闲农业、文化旅游、健康养老、生态环保等特色产业。具体而言,东丽区应发挥紧邻滨海新区和中心城区的优势，努力发展与两个增长中心产业关联紧密的航空航天产业、IT服务业、文化创意产业等；西青区应持续发挥电子信息产业优势；津南区重点发展智慧产业、商务服务业等；北辰区重点发展生物医药、新能源新材料等优势产业；武清区重点发展新材料、电子商务和文化旅游产业；宝坻区重点发展电商物流、休闲旅游产业；宁河区重点发展汽车制造产业、食品加工产业、机械制造产业、高档包装纸等优势产业；静海区重点发展循环经济、健康产业、都市农业、文化旅游等；蓟州区努力发挥休闲旅游产业优势，逐渐打造生物医药、绿色食品加工等高端产业。

### 3. 推进城乡社会融合

推动城乡居民在生活方式和空间结构上形成融合格局。一是要加快城乡基础设施融合建设。加大对农村地区基础设施建设力度，引导社会资金进入农村基础设施建设领域，尤其是有利于农业发展的农田水利、交通运输仓储、电信等领域，这些基础设施的建设要以提高农业现代化水平和推动农业规模化、产业化生产经营为目标；加快城市基础设施向农村地区延伸，形成城乡融合的基础设施体系；加快小城镇基础设施建设，吸引城市资源向小城镇转移，同时吸引更多的农村居民向小城镇集聚。二是促进城乡公共服务均等化。一方面，要加大公共支出对农村教育、医疗等公共服务的投入力度，建立完善的农村教育和医疗网络，同时加大对农村地区公共服务人员的政策补贴力度，引导更加优质的教育和医疗资源向农村地区流动。另一方面，要改善城乡差别的社会保障制度。建立城乡医疗和养老保险对接机制，逐步消除城乡社会保障制度的区际差异；通过政府购买公共服务的方式，引入社会医疗、养老保险等，拓宽农民社会保障渠道。三是完善城乡再分配机制。在城乡关系处于从城乡对立向城乡融合发展的关键阶段，促进公共财政向农村地区倾斜能够有效地缩小城乡差距。四是加大对农业生产的财政支持力度，尤其注重农业科技研发。

### 4. 推进城乡环境融合

努力改善中心城区生态环境，同时发挥涉农区生态涵养区的环境功能，形成城乡共建共治共享的生态环境体系。首先，加快中心城区部分功能向郊区转移。遵循比较优势、错位发展、集聚发展的原则，将中心城区的部分非核心功能依次向周边地区转移，如教育、医疗、养老等功能向郊区转移，教育功能（主要是高等教育）向津南区的教育园区转移，医疗功能向西青区和北辰区转移，养老功能向宁河区、静海区转移。一方面能够有效缓解中心城区的发展压力，改善中心城区生态环境供给相对不足的局面；另一方面能够形成新的规模优势和区域发展特色，形成新的增长点，进一步推动关联产业和资源集聚，构建新的城乡融合载体。其次，建立城乡融合的环境保护、治理和建设机制。构建城乡融合的生态环境体系，加快城乡生态环境共建共治共享。城市中心城区进行人工替代环境工程的建设，如增加绿化面积、建设人工湖泊景观等，实现局部环境改善；加大城市和乡村的生态环境基础设施建设，如污水处理、垃圾处理等基础设施，对城市、城乡接合部和农村地区人为的环境问题进行治理，提高城乡环境质量；加大对远郊生态涵养区的环境保护力度，对已经开发的生态旅游资源加大维护投入，对尚未开发的原生态环境采取严格的禁止开发和保护措施；建立城乡统一的环境保护和治理机制。

推动形成节能环保的城乡消费观念、生活方式和普遍的环境保护意识；建立城乡融合的生态环境发展评价机制，对生态环境改善明显和恶化明显的区域实行严格的奖惩措施。

5. 推进城乡文化融合

进一步实现城乡精神层次的融合，消除城乡之间的文化隔阂，增进城乡间的文化认同。首先，消除导致城乡差异的制度因素，如城乡分割的户籍制度，这是导致城乡居民在心理上认同差异的根源。其次，通过普及中高等教育、职业教育，加强农村地区文化基础设施建设以提升乡村居民文化水平。再次，通过休闲农业、文化旅游等项目，吸引城市居民深入乡村，深入了解乡村文化，加深对农村文化的认同。最后，建立互助联动的城乡文化发展机制，在城乡之间形成行政区与行政区、社区与乡村、城市居民与农村居民之间的不同层次的文化互助机制，加强不同范围的城乡主体之间的文化交往。例如，非农区和涉农区之间联合举办文化展览、文化演出等活动，城市社区与农村开展定点文化帮扶活动，城市各层次人才以志愿者的形式深入农村开展文化扶贫活动等。

# 六、加快促进城乡融合的对策建议

## （一）完善体制机制

从破除影响城乡融合发展的体制机制和政策障碍入手，在有效衔接国家层面对城乡融合总体设计目标基础上，考虑天津市城乡融合发展的实际情况和现实矛盾，把各涉农区作为城乡融合发展的重要切入点，强化顶层设计，建立健全城乡融合体制机制和政策体系，加快打通城乡要素平等交换、双向流动的制度通道。

1. 规范引领

注重发挥制度和政策体系对城乡融合的引领和保障作用，建立综合性城乡融合发展的政策协调机构和统筹工作机制，为共同出台可予以执行的政策提供组织保障。具体以创新制度和政策体系为重点，在各级政府层面成立一个稳定的政策协调机构，以政府财政、税收、土地政策为杠杆，以国有企业、行政事业单位、社会公益组织为扶持力量，充分动员商业资本、金融部门、农村经济组织共同参与到城乡融合发展中来，形成共谋发展的合力，抓好城乡融合薄弱环节的落实实施。

2. 对城乡融合发展的路径进行顶层设计

以产业协调发展、基础设施建设维护、公共服务完善管理、生态文明保护传承、要素市场建设为重点，提出统筹推进人、地、钱要素自由流动，以及设施建设、产业布局、公共服务、体制改革和机制创新等方面的政策措施，构建新型城镇化与城乡融合发展的支撑体系。例如，对有利于城乡融合发展的项目予以财政补贴和税收优惠等，构建城乡融合发展的优质载体。同时，从组织协调、近期行动计划、监测督导等方面入手，提出保障规划实施的工作措施，确保规划各项任务落地。

### 3. 进一步完善城乡统筹规划制度

强化城乡布局总体设计，科学编制市和区国土空间规划、村庄规划，构建城乡融合发展空间格局。坚持以规划引领城乡要素融合，明确目标和布局。考虑并综合分析自然禀赋状况、经济发展水平、经济发展模式、农业生产模式等因素，确定城乡融合发展的目标。利用现代信息技术和地理信息系统，统筹城乡空间要素布局，科学分析预测天津市乡村振兴、城镇化、城乡融合的发展现状和未来趋势，合理确定城乡融合发展的近期、中期和远期目标。以人口、产业、资源等要素为核心，合理组织城镇功能、人口分布、产业布局、城镇化分区、城乡融合发展试验区等空间形态，识别重要的发展战略空间，编制科学的规划体系，构建城乡融合发展的总体布局。具体而言，一方面要最大限度发挥中心城区的辐射和带动作用，推动增长中心向涉农地区转移，拓展城乡融合空间；另一方面，改变农业发展模式和农村生活方式，加快实现农村城市化。

## （二）强化科技创新

以市场需求为导向，以要素集聚、技术渗透和科技创新为动力，将一二三产业融合与构建现代产业体系、生产体系、经营体系相结合，促进新产业新业态新模式发展。

### 1. 强化城乡产业关联为导向，对城市的产业进行细化分类引导

强化科技引领支撑，以市场调节为基础，深入调整和优化城乡三次产业结构及其内部结构，着力发展高端高质高效产业和产品，尤其要大力发展对城乡产业融合发展带动能力强的"龙头"产业。鼓励城市企业参与乡村生产经营，引进城市优质产业，与乡村产业深度融合，打造多元化产业，推动一流知名农产品品牌塑造，构建新的产业业态，打造特色产业园。让适合农业农村发展的产业进入农村，重点实现农业与工业、旅游业融合，大农业与大健康产业融合以及农业与品牌建设融合等。

### 2. 将数字技术作为三农新基建

大力发展城乡数字产业，深入打造"互联网+农业""智慧农业"等模式，推动农业产业升级。通过科学规划、政策支持、优化运行机制、科技集成创新等措施，促进人工智能、大数据、云计算、物联网等先进信息技术与现代城乡产业集成，培育促进城乡融合发展的新业态。重点打造科技引领城乡全产业链开发及一二三产业融合高质量发展的示范村（镇），以智能化、集约化、精细化等关键技术创新为核心，立足城乡区位及特色优势产业，打造城乡一二三产业融合发展、具有较强质量效益竞争力的引领示范村（镇）。

### 3. 农村、城镇与城乡过渡区域要逐渐形成完整的、相互配合的产业链

根据不同区域的产业功能定位，因地制宜地打造具有区域特色的生产空间；以合理区位、高效发展为原则，有序推进生产空间的转移，并与其他空间相互承接，按照价值链不同分工，逐渐培育新的生产基地，形成最佳的产业布局空间形态。如将乡镇作为特色产业聚集中心，将美丽乡村作为产业链、价值链起点，培育垂直行业冠军；积极借助电商直播带货等新业态，依托微信、支付宝等电子支付平台，加快发展快递物流行业，畅通城乡交流的通道，推动实现城乡生产与消费多层次精准对接。选择一批产业园区或

功能区，构建城乡产业互动、互融机制，建立"城市—区—村镇"的产业联动机制，率先打造城乡产业协同发展先行区；在先行区内重点优化提升特色小镇、特色小城镇、美丽乡村和各类农业园区，创建一批城乡融合发展典型项目，实现城乡生产要素的跨界流动和高效配置。

## （三）推进公共服务均等化

建立信息共享机制，统筹考虑城乡融合发展需求，逐步打通包括城乡在内的社区末端，织密数据网格，整合公共安全、应急管理、教育医疗等领域的信息系统和数据资源，通过搭建城乡信息共享服务平台，推进城乡基本公共服务普惠化。

从城乡融合的视角出发，构建一体化的城乡基础设施和公共服务网络体系，加快农田水利、电网供气、道路交通、网络通讯等基础设施的建设力度，注重提高城乡生产生活条件，进一步增强城乡环境的整体承载能力。

加强数字基础设施建设，统筹推进"数字乡村"与"新型智慧城市"建设，支持有条件的地区开展"城乡数字化融合"试点示范等。借鉴市场有效配置资源经验，调整以往失衡配置比例，按照公平高效原则建立新的公共资源配置体系和高效率配置标准，加大乡村地区公共资源投入力度，使地方政府拥有充裕公共资源发展乡村地区；全方位改善乡村地区医疗、教育、交通及基础设施，促使城乡公共资源配置达到相对均衡和公平状态，为城乡资源融合创造有利环境。

加强优势互补的教育交流合作。鼓励结对学校之间开展教育科研、课堂教学、教育评价等方面的合作与交流，共享两地义务教育优质资源，逐步实现义务教育优质发展。

推进城乡公共文化设施共享，加速公共文化资源向农村流动和倾斜，提供更多老百姓喜闻乐见的文化产品和服务，推动实现乡村生活方式的现代化。推动优质教育资源向农村有效供给，推动城乡就业服务一体化，为乡村发展提供完善的农村网络设施与信息服务，逐步缩小城乡融合发展的"数字鸿沟"。各级政府要夯实乡村配套生产生活设施建设的资金保障，探索财政助力城乡公共设施实现无差别、高质量发展的新模式，同时，注意强化基础设施绿色生态化的建设与管理，避免影响和破坏乡村生态环境，切实将生态文明建设落实到位。

## （四）推进关键要素高效配置

畅通人、地、钱关键要素双向合理流动和高效配置，以实施乡村振兴为抓手，消除各类歧视性、隐蔽性区域市场准入限制，打破地方保护和行业垄断，促进市场要素在城乡两地自由流动，重点要搞活人的要素，促进土地要素流动，激活金融要素，提升城乡融合发展品质。

建立健全城市人才入乡激励机制，鼓励城镇专业人才、退伍军人、企业家等高层次人才返乡就业创业，支持乡村发展。建立科技成果入乡转化机制，推动高等院校和科研院所设立技术转移机构，落实科研人员入乡兼职兼薪、离岗创业、技术入股政策，探索赋予科研人员科技成果所有权。探索公益性和经营性农技推广融合发展机制，允许农技人员在履行好岗位职责前提下通过提供增值服务合理取酬。建立进城落户农民依法自愿有偿转让退出农村权益制度。另外，维护进城落户农民在农村的"三权"，探索其流转承包地经营权、宅基地和农民房屋使用权、集体收益分配权，或向农村集体经济组织退出承包地农户承包权、宅基地资格权、集体资产股权的具体办法。

在入市的集体经营性建设用地用途、根据入市土地不同用途收取不同比例的调节金、明确集体经营性建设用地基准地价、统筹控制入市土地数量和节奏等方面进行系统性安排。制定集体经营性建设用地入市实施办法，探索建立不同用途类型土地增值收益分配机制和预留公共基础设施用地的比例。完善入市配套政策。允许国有土地与集体土地混合出让、产业用地与住宅用地混合出让、出让与流转混合入市。推进集体经营性建设用地使用权和地上建筑物所有权房地一体、分割转让。进一步健全市、区、镇、村四级农村产权流转管理服务平台，实现平台信息互联互通。可在严禁农村集体经营性建设用地使用权人擅自改变规划条件，禁止农用地以建设用地名义出让、租赁的前提下，围绕乡村振兴规划，发展旅游、商业、工业等，合理布局入市农村集体经营性建设用地的同时，探索位置偏远、闲置废弃、零星分布的存量农村集体经营性建设用地整治出的指标在市域范围内流转使用，为农民建房、乡村建设和产业发展等提供土地要素保障。

健全完善巩固脱贫攻坚成果和乡村振兴项目库，进一步强化财政涉农资金项目管理，创新金融产品，确保资金使用监管有效，充分发挥资金使用效益。按照"谁管项目、谁用资金、谁负主责"的原则，夯实行业主管部门及资金使用部门资金监管职责，对项目立项、招投标、实施、竣工结算、报账、审计全流程进行规范，项目实施完成后，及时组织开展绩效自评，加强绩效自评结果应用；强化公告公示，广泛接受监督。灵活运用再贷款、再贴现、涉农信贷导向效果评估等货币信贷政策工具，引导银行机构加大乡村振兴领域信贷投放；创新针对新型农业经营主体、小农户和返乡创业群体的专属金融产品和服务，合理增加与需求相匹配的中长期信贷供给，适度提高信用贷、首贷占比；开展农业保险产品创新，支持开展国家地理标志特色农产品目标价格保险试点，探索多品种政策性"保险+期货"业务试点；完善农村土地承包经营权抵押贷款制度，健全农村物权抵押融资基本政策体系，在深化农村宅基地制度改革试点地区探索农民住房财产权、宅基地使用权抵押贷款，研究集体资产股份抵押担保贷款办法。

## （五）强化保障措施配套支撑

一是加强党的领导。城乡融合发展是中国特色社会主义事业的重要组成部分，党既是乡村振兴的倡导者、决策者，也是城乡融合发展的部署者、推动者，各级党组织要从实际出发，把党中央的战略部署和政策创造性地转化为实际工作方案，并落实到具体工作中，系统全面推进城乡融合发展；对于重大问题要落实到各行为主体，落实问责。

二是强化部门联动。聚焦短板弱项，加强公共资源配置各部门间沟通联动，强化分工协作，整体配置工作，压紧压实责任，发挥正向激励作用；构建真评实督的机制，形成真抓实干、比学赶超氛围，实现优势互补，避免重复分配和分配不到位现象，最大限度提高公共资源配置效率，推动城乡资源均衡。

三是完善地方规划编制审批体系、规划实施监督体系、法律政策体系、技术标准体系。制定强有力的符合地方特点的规划保障体系，提高国土空间规划的质量，切实引导城乡融合。

四是要建立清晰明确的容错纠错机制。科学划定容错底线、制定免责清单，通过建立合理参与城乡融合发展的考核激励机制，激发干部干劲，鼓励基层勇于创新、敢于担当。

专题研究六:

# 天津市乡村治理现代化路径研究

# 一、乡村治理现代化研究背景、内涵与意义

## （一）乡村治理现代化研究背景

乡村治理是乡村振兴战略的重要内容和社会主义现代化建设的重要组成部分。自新中国成立以来，按照时间顺序和农村土地制度改革路线，我国乡村治理大致经历了四个发展阶段。

### 1. 第一阶段（1949—1978年）：乡镇自治

1949年中华人民共和国成立后，我国政治、经济和社会都发生了根本性变化。1949—1952年，中央政府先后出台了各级政府组织通则，为农村基层政权机构体系构建奠定了基础，基层党组织在乡镇和村级建立了党政组织体系，设立了村人民代表会议和村人民政府，形成了村级政权（陈锡文等，2009）。1954年，《宪法》规定了全国政权机构，中央人民政府内务部发布了《关于健全乡镇政权建设的指示》，明确了乡、行政村、自然村、村居民组的组织体系，并且乡镇级政权可以直接领导村以下工作（唐黎明，2019），完成将乡村社会纳入国家现代化建设体系中的目标。从1955年开始，我国扩大乡镇管辖范围，1958年7月1日我国成立第一个人民公社，1958年8月29日，中共中央政治局在北戴河会议上，作出关于在农村建立人民公社问题的决议，要求全国各地尽快地将小社并大社，转为人民公社，一乡建立一社，实行单一的公社所有制和政社合一。

这一阶段的特点是我国乡村治理是由乡镇主导农村基层建设，农村经济从自然经济下的小农经济转变为计划经济体制下的集体经济。人民公社制度是农村的基本组织和管理制度，也是乡村基本治理体制（项继权，2007）。这一时期，国家通过人民公社实现了对农村社会的重构，将农业生产纳入正常生产的轨道。然而，这种高度组织化的乡村治理方式使农民行动失去了自主权，农民没有生产的积极性，导致农业生产效率不高，农业经济发展平缓。

### 2. 第二阶段（1979—2004年）：乡政村治

1978年12月党的十一届三中全会以后，为了改变人民公社制度下存在的平均主义和社员缺少经营自主权的状况，农村普遍实行了家庭联产承包责任制。1983年10月，在总结各地试点经验基础上，中共中央、国务院联合发出《关于实行政社分开，建立乡政府的通知》，要求各地在1984年年底完成建立乡政府工作。至此，人民公社制度彻底取消。家庭承包责任制是中国土地制度的第三次重大变革（张红宇等，2002），打破了原有的集体所有制，实行统分结合的双层经营管理体制，既发挥了村集体的优越性，同时农民也获得了经营自主权，农民既能适应分散经营的小规模经营，也能适应相对集中的适度规模经营，提高了农民生产的积极性和劳动生产率，促进农村经济全面发展。1987年11月，全国人大常委会通过的《村民委员会组织法（试行）》明确规定："村民

委员会是村民自我管理、自我教育、自我服务的基层群众性自治组织。乡镇人民政府对村民委员会的工作给予指导、支持和帮助。"1998年通过的《村民委员会组织法》对此再次确认,进一步巩固了"乡政村治"的基层组织管理模式。

这一阶段的特点是乡村关系发生较大变化,乡镇与村庄转变为"指导关系",国家政权退出村级,村级不再是国家行政单位,村级组织实施村民自治,具有高度的自治性和民主性,乡村干部的核心任务是征收农业税和计划生育。在"乡政村治"赋予农民更大自由度的同时,也面临着很多问题,如村民自治落实困难,各种类型能人、社会资本和非法势力通过合法途径进入乡村治理组织内部,乡政与村治脱节,乡村干群矛盾突出等问题,阻碍了农村现代化发展进程。

### 3. 第三阶段（2005—2012年）：乡村共治

2005年10月,党的十六届五中全会提出,要按照"生产发展、生活宽裕、乡风文明、村容整洁、管理民主"的要求,全面启动社会主义新农村建设。2006年开始,国家取消了农业税,一方面减轻了农民负担,增加了农民收入；另一方面,推进了农村基层政府职能转换,使基层政府行政行为逐步得到规范,同时对农村法制建设起到了示范效应。2006年10月,党的十六届六中全会通过的《关于构建社会主义和谐社会若干重要问题的决定》首次提出了"农村社区建设",通过优化资源配置,形成了"多村一社区""一村多社区""一村一社区"等社区发展模式,目的在于推动城乡社会的融合发展。2007年10月,党的第十七次全国代表大会提出"建立以工促农、以城带乡长效机制,形成城乡经济社会发展一体化新格局",这加速推进了城乡统筹一体化发展,乡村治理形成"乡村共治"的局面。

这一阶段的特点是国家取消了农业税,进一步规范了基层组织行为,新农村建设成为乡村治理的主题。在乡村治理内容上,村干部由税收工作转向计划生育、村庄治安和落实各种惠农政策为主,乡村治理结构转变为以村党支部为核心、以县乡控制为框架的治理结构,乡镇与村庄关系得以改善,联系更加紧密,共同推进社会主义新农村建设。然而,这一阶段仍面临诸多问题,如"管理民主"流于形式、国家自上而下的资源输入与农民自下而上的需求脱节、村干部贪腐和干群冲突现象较严重等,这些问题需要在深化乡村治理过程中进一步完善。

### 4. 第四阶段（2013年至今）：乡村善治

2013年,为深入贯彻党的十八大提出的关于建设"美丽中国"精神,按照2013年中央一号文件关于美丽乡村建设的要求,农业部发布《关于开展"美丽乡村"创建活动的意见》,在社会主义新农村建设的基础上,打造一批新农村建设的升级版——美丽乡村,并于2014年发布全国美丽乡村地方标准《美丽乡村建设规范》,着重村庄基础设施的提升、环境的改善和农村文化的发展,从整体上提升了村庄建设和基层管理水平。2013年11月,党的十八届三中全会通过的《中共中央关于全面深化改革若干重大问题的决定》明确提出了推进和实现国家治理体系和治理能力现代化的战略目标。2017年10月,党的十九大报告提出了实施乡村振兴战略,要按照"产业兴旺、生态宜居、乡风文明、治理有效、生活富裕"总要求,建立健全城乡融合发展体制机制和政策体系,加快推进农业农村现代化。同时提出,要加强农村基层基础工作,健全自治、法治、德治相结合的乡村治理体系,这为乡村治理指明了方向和路径。2019年10月,党的十九届四中全会指出,坚持和完善中国特色社会主义制度、推进国家治理体系和治理能力现代化,是关系党和国家事业兴旺发达、国家长治久安、人民幸福安康的重大问题,进一步明确了乡村治理体系和治理能力现代化是国家治理体系和治理能力现代化的重要组成部分。2020年11月,中共中央、国务院发布《中共中央关于制定国民经济和社会发展第十四个五年规划和二〇三五年远景目标的建议》,再次强调健全党组织领导的自治、法治、德治相结合的城乡基层治理体系,明确了我国乡村治理体系和治理能力现代化至2035年的目标。

至此,我国"三治合一"的乡村治理体系框架初步建立,通过政府、社会、居民多方共建共治共享,乡村治理初步形成了"乡村善治"的格局,在乡村基层党组织领导下,充分发挥自治、法治、德治的联动作用,走乡村善治之路,实现治理有效的目标,以更好地推进农业农村健康发展。

## (二) 乡村治理现代化内涵与特征

### 1. 乡村

在《辞源》中,乡村被解释为主要从事农业、人口分布较城镇分散的地方。以美国学者R·D·罗德菲尔德为代表的部分外国学者指出:"乡村是人口稀少、比较隔绝、以农业生产为主要经济基础,人们生活基本相似,而与社会其他部分,特别是城市有所不同的地方。"

按照乡村是否具有行政的含义,可分为自然村和行政村。自然村是村落实体,行政村是行政实体。一个大自然村可设几个行政村,一个行政村也可以包含几个小自然村。乡村不仅是从事农业生产和农民聚居的地方,而且是一个经济生活的整体,不仅具有经济特征,还包括经济以外的政治、文教、风俗等所有活动,是具有一定自然、社会经济特征和职能的地区综合体。

### 2. 治理

在公共管理领域,治理的概念是20世纪90年代在全球范围逐步兴起的,而不同部门给出了不同的定义。

全球治理委员会的定义是,治理是个人和制度、公共和私营部门管理其共同事物的各种方法的总和。

世界银行的定义是,治理是在管理一国经济和社会资源中行使权利的方式。治理内容主要是构建政治管理系统和政府制定、执行政策及承担相应职能的能力。

联合国开发署的定义是,治理是行使经济、政治和行政的权威来管理一国所有层次上的事物。

总体上,治理是指政府的行为方式,是通过制度供给、政策激励和外部约束等途径调节政府行为的机制。通过政府行政治理,推进社会不断进步。

### 3. 乡村治理

我国学者对"乡村治理"给出了定义。石伟伟(2018)指出,乡村治理是指乡镇政府、权威机构、村民自治组织以及村民等主体通过形式多样的交流，对乡村经济、政治、文化相关的公共事务进行调节和控制，以达到推动乡村发展，实现乡村管理的有序、科学、和谐的目标。赵一夫等（2019）认为，乡村治理是公共权力对乡村社会进行组织、引导、规范和调控的过程。

综上，乡村治理，即"治理"在"乡村"的具体运用，是通过对村镇布局、生态环境、基础设施、公共服务等资源进行合理配置和生产，促进乡村经济、社会的发展以及环境状况的改善。我国乡村治理，基于不同的行政管理体制，在不同发展阶段具有不同的特征。其目标主要围绕广大农村居民的物质生活水平和精神文明水平，改变农村现状，不断加强基层治理，提升农村基层治理水平。

### 4. 乡村治理现代化

王怀强（2017）指出，乡村治理现代化就是"民主化、法治化、科学化、效能化、信息化"；贾康等（2020）认为，乡村治理现代化是工业化、城镇化、市场化、国际化和法治化、民主化的汇合。

乡村治理现代化是推动国家治理体系和治理能力现代化的重要组成部分，也是对农村各要素价值的优化。基于此，笔者认为：乡村治理现代化是通过构建自治、法治、德治"三治合一"的治理体系，以自治为核心、以法治为保障、以德治为基础，走乡村善治之路，实现农村基层组织管理能力的提升和管理现代化，最终实现乡村主体利益最大化。

### 5. 乡村治理现代化的特征

（1）以自治为核心，强化民主管理。村民是美丽乡村建设的主力军，是乡村治理的内动力，村民积极参与选举、决策、管理和监督是实现人民当家做主的主要渠道。通过民主决策、民主监督等程序，充分发挥村民自治的主动性和积极性，让村民直接参与到农村建设当中，体现主人翁地位的重要作用，是实现乡村治理的重要途径。

（2）以法治为保障，强化法治建设。党的十九大报告提出了依法治国，各项法律制度不断完善。为此，农村基层治理必须符合法治社会的要求，乡村治理机制的运行，要参照现行法律规定。随着乡村的进步，新事物、新问题也将不断纳入到法律框架中，村干部带头守法，并培育村民法律意识，促进村民形成知法守法用法意识，用法治手段参与乡村治理。

（3）以德治为基础，强化文化传承。党的十九大报告指出，要坚持依法治国与以德治国相结合，共同推进国家治理现代化。培育乡风文明，是实施乡村振兴战略的重要内容。通过德治乡村，增强文化公共设施供给，进一步挖掘乡村传统文化和优秀品格，发展农村文化产业，培育绿色生态文化，摒弃不良风气，改善乡村居民精神面貌，形成崇尚善良淳朴的民风，是乡村自治和发展得以顺利推进的重要基础。

（4）以统筹为根本，强化城乡一体。建设社会主义新农村，促进城乡统筹发展，是我国当前解决"三农"问题的重大战略决策，也是全面建设小康社会与构建和谐社会的重要任务。城乡统筹发展，在城乡规划建设、城乡产业发展、城乡管理制度和城乡收入分配等方面实现统筹，也是乡村治理现代化的根本体现，有利于缩短城乡差距，推进城乡一体化发展。

### (三) 推进乡村治理现代化的重要意义

**1. 推进乡村治理现代化是国家治理体系的重要组成部分**

在党的十八届三中全会的基础上，党的十九届四中全会形成了"国家治理体系和治理能力现代化"的核心理念。在国家治理体系中，乡村治理是最基本的治理单元。乡村治理的"基石"位置，决定了乡村治理对于整个国家治理的基础性作用。其中，村民自治在乡村治理体系中处于基础性地位，发挥着主体性、根本性作用。没有乡村治理的现代化，就不能实现国家治理体系和治理能力的现代化。

**2. 推进乡村治理现代化是乡村振兴战略实施的基础**

党的十九大报告提出实施乡村振兴战略，其中加强农村基层基础工作，健全自治、法治、德治相结合的乡村治理体系是实现乡村振兴战略的重要支撑。要围绕"治理有效"的要求和目标，全力推进乡村治理，实现"治理有效"，进而实现乡村振兴。2020年是全面建成小康社会目标实现之年，也是全面打赢脱贫攻坚战收官之年。这意味着乡村振兴战略即将加快实施，抓好乡村治理工作将为乡村振兴奠定坚实的基础。

**3. 推进乡村治理现代化是促进乡村由传统向现代转型的关键**

当前，我国农村传统治理模式仍未完全退出历史舞台。乡村治理现代化，是在承继传统治理模式的基础上，进一步推进乡村由传统治理向现代治理模式的转型升级。传统农民将向具有民主意识、法制意识和道德意识的农民转变，生产经营方式持续由传统粗放型加快向现代集约型转变，农民群众的利益诉求由相对单一加快向多样化转变。这种转化是当代中国社会治理进步的必然要求，乡村治理已成为乡村社会由传统管理向现代治理型社会转变的关键。

**4. 推进乡村治理现代化是促进农民工返乡就业创业的重要引擎**

随着工业化城镇化的推进，促使大量农村人口加快向城镇转移，农村的社会结构、人口结构及其规模都发生了重大变化，村庄空心化、农户空巢化、农民老龄化趋势加剧，导致农业科技不兴、传统文化传播断层、道德滑坡等现象，对乡村的社会秩序产生巨大冲击。加强和创新乡村治理，通过构建乡村治理体系，形成村民自治、法制农村、德治氛围浓厚的新气象，为农村产业发展搭建平台，同时也为农民工返乡就业创业创造良好的环境，成为吸引农民工返乡的重要力量。

## 二、国内外乡村治理现代化经验与启示

### (一) 国外乡村治理现代化经验

国外发达国家的乡村治理已经走过了漫长的过程，通过自上而下或自下而上的治理，衍生了不同特征的治理模式，实现了乡村的稳定发展。从乡村治理经验来看，其共

同点大多为平等对待城市和乡村，采用城乡一体的治理方式，保证乡村财力，促进乡村民主，实现城乡均衡。

### 1. 美国的法制乡村模式

美国乡村发展经历了漫长的演进历程，联邦政府根据不同时期乡村发展特点，不断调整乡村发展政策。20世纪30年代主要关注农场发展，农场支持和农产品支持政策是农业政策的重点。1936年《农村电气化法》实施后，开始关注乡村治理。随着城市化进程的推进，城乡结构失衡、农村人口向城市大量转移、农业经济停滞等问题凸显。1972年，出台《农村发展法》，成立国家乡村发展协调委员会，推进农村政策立法。1980年，出台《乡村发展政策法》，设立小社区乡村发展副部长，增加乡村发展的财政支持，建立起有效的政策管理体系。1994年，乡村发展由农村住房、公共事业和商业与合作发展服务局三个部门来建设，由此确立了乡村发展职能的管理体系和组织结构。2017年，成立乡村发展跨部门联合工作小组，负责乡村发展政策的监督和调整。至此，美国乡村治理政策体系趋于成熟，通过农业立法推进乡村治理水平不断提升。

### 2. 英国的生态可持续治理模式

英国的乡村治理可以追溯到15世纪末至16世纪初的圈地运动。圈地运动引发了英国土地所有权变革，对乡村发展产生了重要影响。18世纪至19世纪，英国是欧洲最先进的农业生产国。随着"重工轻农"政策的实施，英国农业开始衰退。为此，20世纪70年代前，英国一直注重农业法的修订和完善，通过农业补贴，促进农业自给自足和农民生活水平提高。随着国际粮价下跌和成本上升，英国财政缩减了农业补贴，这导致英国农场受到严重冲击，农业人口持续下降。由于英国人口不受流动限制，城市人口不断增加，出现了城市拥挤和城市蔓延现象。随着英国经济的恢复，人们更向往回归自然的农村美景，出现了"逆城市化"现象，城市居民开始入住农村，造成了乡村内部的冲突和矛盾，使乡村优美和宁静的环境遭到威胁。为此，1968年英国出台《农村法》，设立了乡村公园，直接由地方政府管理。为保证农业可持续发展，自2000年开始，英国实施了英格兰农村发展计划，对农业环境问题进行管理。2011年英国环境食品及农村事务部进行机构改革，设立了"农村政策办公室"，全面统筹涉农政策，维护农业、农村及农民利益，同时在建设公租房、发展基础设施、提供公共服务等方面有自主决策权，这赋予了农村更大的发展空间。这期间，许多官方和民间乡村机构纷纷引入"可持续性""后生产主义"和"乡村重建"等治理理念，旨在促进乡村的可持续发展。如今，英国绝大多数农村地区较为繁荣发达，从家庭平均收入来看，农村地区有55%的家庭平均收入高于全国平均水平。

### 3. 德国的内生性区域治理模式

德国的乡村治理起步于20世纪初，并经过了一个长期的实践过程。在此过程中，政府通过制度调整，采取城乡共建的方法，把城市和乡村看作一个整体，不断对农村进行规范和引导，推进农村繁荣发展。1936年，德国政府发布《帝国土地改革法》，开始对乡村的农地建设、生产用地以及荒地进行合理规划。1954年，在《土地整理法》中提出村庄更新概念，并将乡村建设和农村基础设施建设作为村庄更新的重要内容。此后，巴伐利亚等州陆续出台村庄更新计划。1976年，德国通过总结经验，将"村庄更新"写入修订的《土地整理法》中，以保持村庄特色，并对基础设施进一步完善。到20世纪90年代，村庄更新的内容不断被拓展，乡村文化价值、休闲价值和生态价值被提升到同经济价值同等地位，从此更加系统地将乡村地区与城市空间的发展结合起来，提出"内生性发展"的区域发展策略，并从区域发展的视角，对乡村地区的空间配置及服务方式进行有计划的变革，打造宜居、富有生产力和包容性的城市、乡镇和村庄系统，使村庄、乡镇和城市成为有机统一体，带动了农村发展。

4. 法国的权利下放与治理模式

法国是一个有着中央集权传统的国家，严重束缚了地方政府的积极性和主动性。为了改变这种状况，1982年，法国议会通过了《有关市镇、省和大区的权力和自由法案》（简称《权力下放法案》），在决策方面赋予地方政府更多的自主权。分权改革使地方官员的任命制逐渐被选举制取代。2003年，法国通过《关于共和国地方分权化组织法》的宪法修正案，确定法国为"地方分权"的国家。修改后的法国《宪法》第72条第2款规定："对在其层级能得以最好实施的全部权限，领土单位负责作出决定。"这一规定表明，能够在领土单位层面完成的事项，领土单位具有决定权。地方权力下放后，法国乡村在乡村顶层设计的框架下，通过发展一体化农业，由工商业资本家与农场主通过控股或缔结合同等形式，利用现代科学技术和现代企业方式，把农业与同农业相关的工业、商业、运输、信贷等部门结合起来，组成利益共同体（周建华等，2007）。同时，在领土整治方面，按照《乡村整治规划》以及《地区发展契约》等乡村整治规划，通过财政扶持、技术保障以及教育培训等综合的方式，实现农村社会资源的优化配置，以此加快乡村社会的现代化建设。目前，法国乡村已100%处于绿色开放空间之中，100%建设了集中供水和雨水排放系统，100%实行了生活垃圾集中收集和处理，100%设置了标准消防栓，100%完成了乡村道路硬化，100%实现了农业生产与农村生活分开，100%的乡村社区在土地使用规划的控制之下。

## （二）国内乡村治理现代化典型经验

党的十八届三中全会以来，我国加强了乡村治理工作。在加强基层党建、完善治理体系、创新治理方式、提升治理能力等方面积累了丰富经验。按照"三治合一"的治理模式，梳理中央农办、农业农村部首次发布的全国乡村治理典型案例，总结形成五类典型治理方式，为天津市乡村治理提供参考。

1. 以完善基层组织管理体系为内容的乡村治理

（1）基层组织延伸。福建省泉州市洛江区罗溪镇充分发挥村民小组的作用，采取党群圆桌会的方式，建立由党员、小组长、村民代表、各类人才组成的党群圆桌会，作为创新社会管理、加强基层政权建设、拓宽群众诉求渠道的有效载体，形成1个支部+1个党群圆桌会议事制度+社会力量的"1+1+S"同心圆模式，实现"自己的事情自己办，自己的权自己使，自己的利自己享"。2018年，同心圆模式已在全镇17个村推广。

(2) 基层组织重构。湖北省黄石大冶市于 2015 年在茗山乡华若村进行试点,推广"党建引领·活力村庄"改革。具体做法是:首先是搭架子。重组自治单元,以自然湾为基本单元,对村庄进行重组,形成新的自治单元;成立村庄理事会,搭建起以村党组织为领导核心、以村庄群众为自治主体的"村委会—村庄理事会—农户"的三级治理平台;调整村民小组,村民小组长原则上由村庄理事会长兼任。其次是选班子。包括规范组织设置、明确人员构成、明确推选方式,按照"一户一票"的方式,公开、民主海选村庄理事会成员。最后是立尺子。明确了村庄理事会重点服务内容。改革实施以来,市镇村三级表彰优秀村庄理事会 428 个、优秀村庄理事会成员 649 人。

2. 以"自治"为内容的乡村治理

自 2013 年 6 月开始,天津宝坻区周良庄村推进农村基层协商民主,建立村级民主协商议事会,创新多种制度促进基层协商民主发展,让群众更加广泛地直接参与村级事务决策、管理和监督,为此设立了"村级事务助理"岗位。村级事务助理每天带着工作簿到村民家里走访,记录村民反映的问题,并把问题带到 18 周岁以上村民都可以参加的民主协商议事会上进行协商解决,最后形成决策,体现了村民自治的本质。

3. 以"法制"为内容的乡村治理

广东省惠州市推行"一村一法律顾问"的方式,把法治服务送到田间地头,实现村庄法制化管理。2018 年底,惠州已组织引导 712 名法律顾问深入全市 1 279 个村(社区),为基层政府、村(居)委会和广大人民群众提供优质的公共法律服务,为惠州新农村建设提供有力的法治保障,推动了乡村治理体系建设。

4. 以"德治"为内容的乡村治理

河北省邯郸市肥乡区"红白喜事规范管理"案例为治理天价彩礼、人情比附、婚丧事大操大办等不良风气提供了治理经验。具体做法是:肥乡区成立了区、乡、村三级移风易俗工作领导小组,由三级书记任组长,层层签订责任状。同时,肥乡区 9.88 万户家庭签订承诺书 14.5 万份,实现了全覆盖。265 个行政村全部成立村民事务理事会,制定红白事操办标准,对红白事的席面规模、用车数量、办理天数等都作出了具体规定。肥乡区 5 个部门组成巡查组,开展常态巡查,对违反村规民约的村民进行全区曝光。目前,肥乡区红白事大操大办和天价彩礼现象得到遏制,村民红白事操办支出大幅下降,为周边地区树立了良好的德治乡村样板。

5. 以"三治"组合为内容的乡村治理

浙江省嘉兴桐乡市是我国最早践行"三治合一"的地区。2013 年以来,桐乡市先行先试,探索开展自治、法治、德治相结合的乡村治理实践,形成了"大事一起干、好坏大家判、事事有人管"的乡村治理新格局。首先要完善治理体系,构筑三大体系:一是完善领导体系,市镇层面,建立由党委政府主要领导任组长的"三治"建设领导小组,强化组织领导;村级层面,构建"网格+支部+党员先锋站"模式,做实做细"党建+治理"。二是完善制度体系,目前桐乡在"三治"领域已经累计出台 40 余个文件、制度、方案,确保了各项工作的常态化推进。三是完善评价体系,建立了善治村

(社区)评价指标体系,探索建立第三方评价机制,提升居民参与度。其次,坚持多元共治,推动治理主体从单一向多元转变,充分发挥政府、社会组织、公民在治理中的作用,夯实基层基础。最后,坚持协同发力,探索形成以"一约两会三团"为重点的三治融合创新载体,协同推动基层治理转型。

## (三) 乡村治理现代化经验对天津市的启示

### 1. 因村制宜建立符合乡村治理要求的制度框架体系

国内外乡村治理实践表明,不同地区的乡村制度框架体系不同。从计划经济到市场经济,天津市农村地区也经历了从传统农村到新农村建设的漫长历程。在这个过程中,基于不同村庄的不同区位和资源优势,乡村社会经济发展水平极为不同。城市近郊的乡村发展水平较高,远郊乡村受区位和资源制约,发展水平较低。同时,不同村庄的规模、历史积淀、人文素养均有不同,也导致村庄发展程度各异。按照党的十九大提出的"三治合一"的乡村治理体系,天津市乡村治理体系制度框架的建立,要根据不同村庄的发展特征,按照乡村治理体系要求,以区为统领、以镇为核心、以村为基本单元,因地制宜制定具有本地特征的制度框架,完善乡村治理体系,提升乡村治理水平。

### 2. 坚持生态可持续发展理念

发达国家的乡村治理均有一个共性,即把乡村的生态环境建设放在第一位,坚持生态可持续发展的理念规划建设村庄,并从统筹城乡的全域视角,对村庄环境进行治理,使村庄在功能和面貌上与城市基本无差别,成为宜居、宜游的生态村庄,以此提升居民的幸福感,保持村庄的鲜活和稳定。近年来,天津不断加大村庄环境治理力度,但在城乡统筹全域治理方面仍需借鉴发达国家治理经验,进一步加大治理力度,使农村成为一道美丽的风景。

### 3. 坚持城乡一体化的发展路径

从发达国家治理经验看,乡村治理要坚持城乡一体化的发展路径,从顶层设计开始,让公众充分参与,在产业发展、基础设施建设等方面,形成城乡布局合理的发展格局。例如,美国是世界上城市化水平最高的国家,非常重视乡村规划,在乡村治理中,尤其推崇通过小城镇建设实现农村发展。在制定乡村规划过程中,地方政府会和社会团体联合负责当地的乡村发展总体规划,动员村民参与到乡村建设中,推进城乡公共服务均等化,实现了城乡一体化。德国案例也表明,乡村治理是从城乡一体的发展视角推进乡村建设。天津市在乡村治理中,可以借鉴美国、德国等发达国家经验,从顶层设计入手,通盘考虑城乡一体化建设,有利于缩短城乡差距,提升村庄现代化建设水平。

### 4. 充分尊重农民的主体地位

乡村治理源于乡村结构的改变。国内外乡村治理经验表明,充分尊重农村居民的意愿,了解农村居民的需求是乡村治理成功的关键。随着社会的进步,当前的农民早已不再是过去靠务农为生的单一阶层,而是分化为农业劳动者、农民工、个体工商户、私营企业主、乡村企业管理者等不同群体。他们在乡村治理过程中，存在不同的诉求。为此，在乡村政治设计中，形成村民主动参与机制，并且要全面吸收本地村民的治理意见，让农民成为乡村治理的主角。这也是英国历史上乡村治理的成功之处，对当下天津市的乡村治理具有一定的借鉴意义。

5. 充分利用社会资本的力量

社会资本是乡村治理的内生动力。我国乡村治理的困境主要体现在乡村内生动力的缺乏，而这种内生动力的缺乏即源于乡村社会资本的缺乏。在美国的乡村治理中，随着财政赤字的不断扩大，美国政府有意识地引入社会资本，借助市场力量保障乡村治理能够获得足够的资金，并成为乡村的内生力量。天津市乡村治理，在财政资金不充足的条件下，借鉴美国经验，采取贷款贴息等措施吸引社会资本下乡，参与乡村治理，推动乡村治理现代化发展。

6. 充分发挥多元社会组织的作用

社会组织是公共关系的主体，农村发展离不开社会组织的共同参与。国外乡村治理更加注重农村公益组织的力量，如美国的社区会议、社区听证会和村民公决等公益组织是美国村民参与社区管理的常用方式。我国浙江桐乡在乡村治理中积极培育社会组织，全市登记、备案的社团、商会、协会等社会组织已达3 062个，另外，村里的百姓议事会和乡贤参事会、百事服务团、法律服务团、道德评判团等，这些社会组织为乡村治理提供了重要支撑。目前，天津市乃至全国的农村发展，社会组织参与乡村治理缺位较多，服务水平不高，制约了乡村发展。

# 三、天津市乡村治理现代化现状、问题与发展趋向

## （一）天津市乡村治理总体情况

截至2019年底，天津市10个涉农区有129个乡镇（其中3个乡）、3 556个村民委员会，乡村总人口约321.3万人，约占总人口的42%。

多年来，在市委、市政府的正确领导下，天津市扎实开展乡村治理工作，取得了显著成效。2005年以来，已建成文明生态村1 125个，村庄全部为清洁村庄，截至2020年底，已建成美丽村庄1 757个，接近全市村庄的一半。天津市宝坻区经多年实践形成的民主协商制，成为2019年全国首批乡村治理典型案例之一；2019年底，在农业农村部公布的全国1 000个乡村治理示范村名单中，天津市有10个村上榜，成为全国乡村治理的典型村。北辰区作为全国115个乡村治理体系试点单位之一，以"走好全域网格'五步诀'打造乡村治理新格局"的乡村治理模式，成为第二批全国乡村治理典型案例，对全市乡村治理起到较好的示范带动作用。

## （二）天津市乡村治理现代化现状分析

为进一步了解天津市乡村治理现状，通过设计问卷，采取随机调研的方式，围绕村

庄基层组织建设情况、村庄自治建设情况、村庄法制建设情况、村庄德治建设情况以及乡村治理现状满意度等内容进行了调研，回收有效问卷126份，覆盖了全市10个涉农区，总计涉及52个乡镇，占全市乡镇总数的40%。

1. 受访者基本情况

在126份问卷中，受访者男性占46%，女性占54%；年龄20岁以下的占7.14%，20~40岁的占35.71%，40~60岁的占52.38%，60岁以上的占4.76%。在职业、身份方面，农民占28.57%，学生占11.9%，村干部占3.97%，企业（合作社等）工作人员占14.29%，事业单位工作人员占26.98%，政府部门工作人员占2.38%，个体户、企业家、农场主占11.9%。在政治面貌方面，有34.13%的受访者为中共党员。在学历方面，小学文化占2.38%，初中文化占17.46%，高中（中专）文化占16.67%，大专文化占20.63%，本科以上文化占42.86%。

以上表明，本次调研群体中，男女比例适中，中年人居多，职业以农民居多，其次是事业单位工作人员，学历上本科以上居主体，政治面貌上有1/3的人为中共党员，表明本次被调研群体有较高的文化素养和政治素养，确保了本次调研问卷填报的科学性。

2. 村庄基层组织建设情况调查

（1）基层组织建设更加注重选优取强领导班子，村委会与乡镇政府及班子成员之间更加紧密合作。调研显示，加强所在村基层组织建设的当务之急，大部分人表示是选出一个好的党支部班子和村委会成员（占59.52%），56.35%的人表示是加强村委会干部队伍素质和能力建设，48.41%的人表示是推进政务公开和民主管理，34.13%的人表示是加强村庄文化建设，23.81%的人表示是推进村庄组织活动场所建设，另外还有6.35%的人表示将惠民政策切实落地是当务之急。

调研显示，大多数人认为乡镇政府与村庄的联系更加紧密了（占46.83%），除了有43.65%的人表示不清楚村两委班子成员之间的关系外，大部分人认为村两委之间的分工明确，团结合作，共同为农民谋福利（占35.71%）。以上表明，村委会与镇政府之间往来更加频繁，村两委班子成员之间能够团结协作，共同解决村庄问题，农村基层建设更趋于健康发展，见图6-1、图6-2、图6-3。

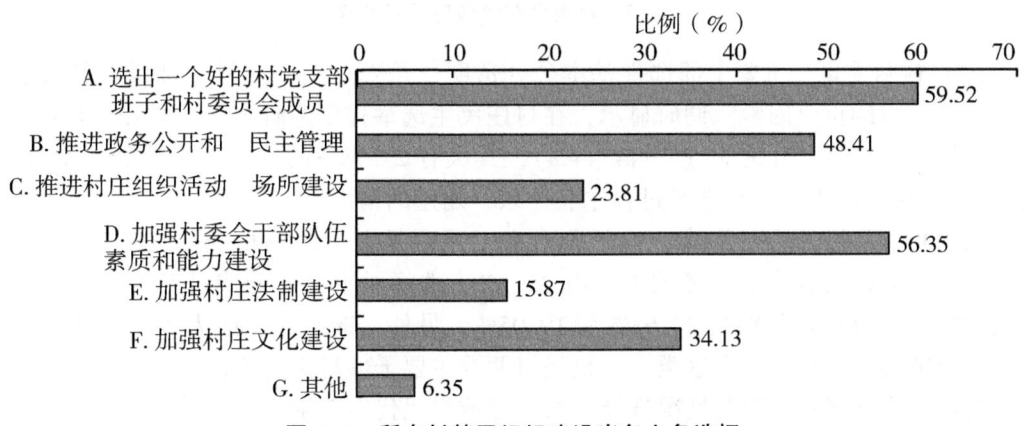

**图6-1 所在村基层组织建设当务之急选择**

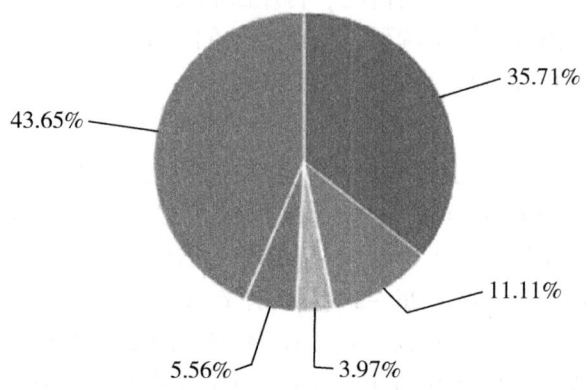

图 6-2 村两委成员之间关系选择

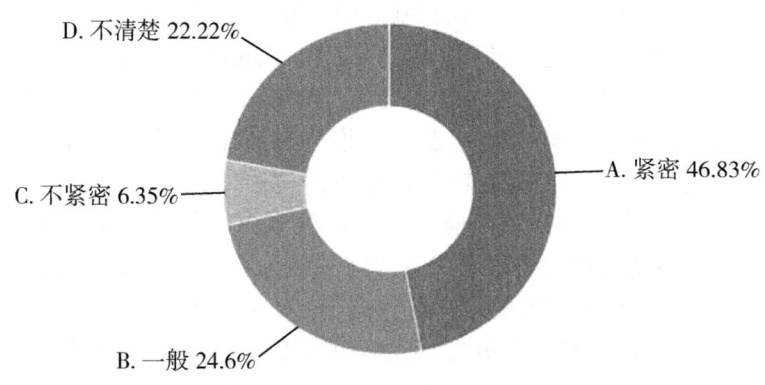

图 6-3 村委会与镇政府关系选择

（2）村两委班子主要干部选举基本公开透明，是否是上一届村干部或有钱人是决定是否被选举的重要因素。调研显示，在村庄民主选举程序调研中，大部分人表示选举完全按照程序，且公开透明（占 44.44%），其次有 27.78% 的人表示不清楚选举程序，另外有 26.97% 的人表示在选举过程中有拉票、贿选的情况。

决定村领导被选中的因素，大部分人表示是否是上一届的村干部（占 26.19%），其次是经常为村民办事、服务的人，占 25.4%，选择村里大家族成员及村里有威望的人的比例比较接近，分别是 20.63% 和 19.05%。另外，选择其他的人表示退伍兵、人缘好、有能力、前任亲戚等这类人，也是村两委主要干部身份的象征。

村庄民主选举程序执行情况选择、村领导或村民代表选举决定因素选择、村两委主要干部身份选择，见图 6-4、图 6-5、图 6-6。

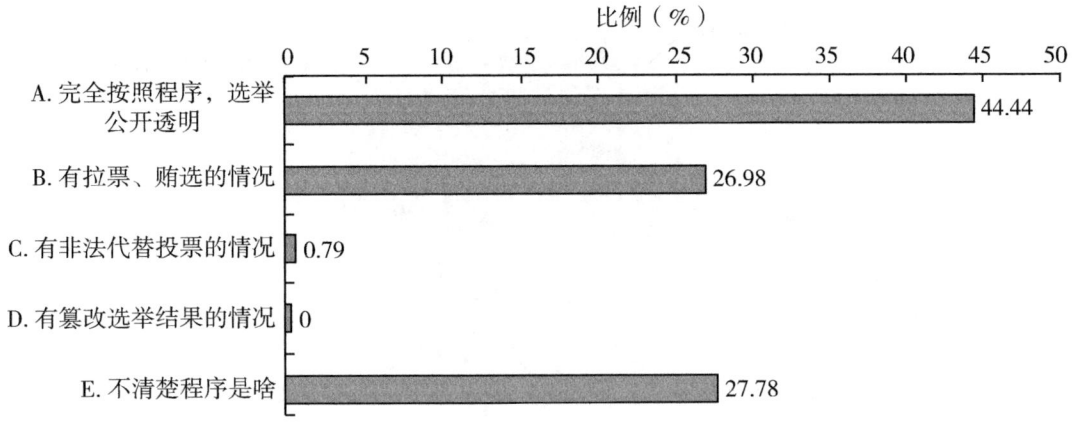

图 6-4　村庄民主选举程序执行情况选择

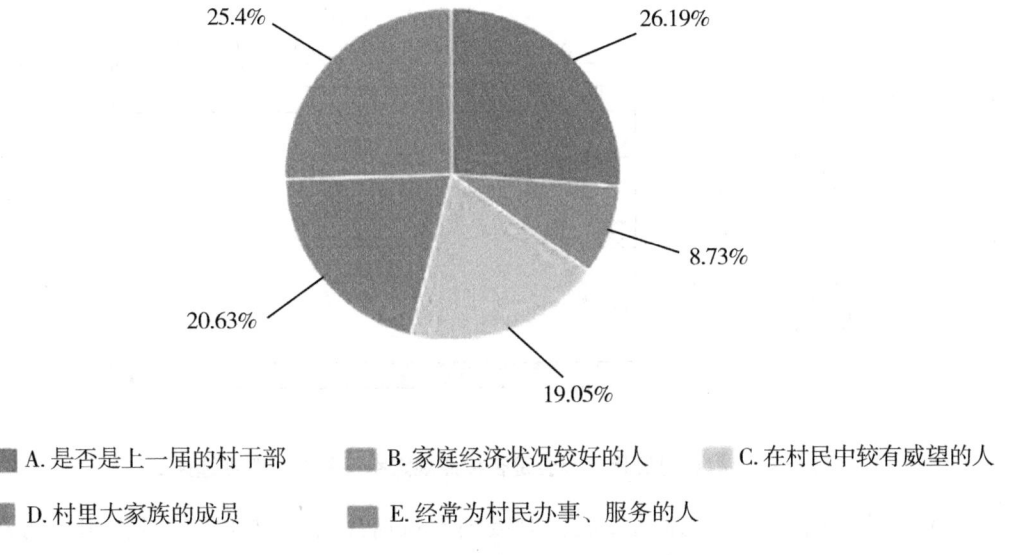

图 6-5　村领导或村民代表选举决定因素选择

**3. 村庄自治建设情况调查**

（1）村庄村民代表大会基本能正常履职，在村内起决策作用的主要是村书记。调查显示，在村庄村民代表大会是否按照规定举行并履职的调查中，除了43.65%的人表示不清楚外，大部分村民表示能按期按规定举行并履职（占42.86%），体现了村民代表大会在农村发展中的重要地位。另外，在村庄重大问题决策方面，除了42.06%的人不清楚由谁来决定的之外，大部分人表示由村书记决定，占总数的19.84%，其次是选择村两委共同决定的占19.05%。表明，村支书和村两委在村庄建设中起着重要作用。村庄村民代表大会是否按照规定举行并履行职责选择、村里重大问题决定选择，见图

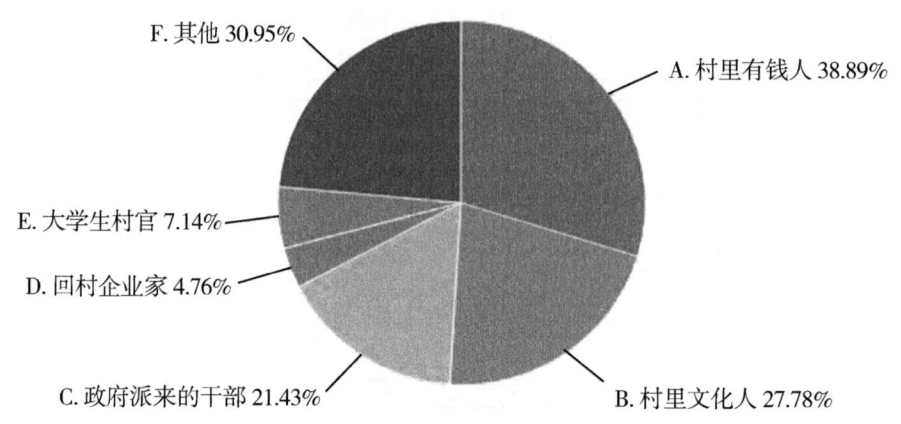

图 6-6 村两委主要干部身份选择

6-7、图 6-8。

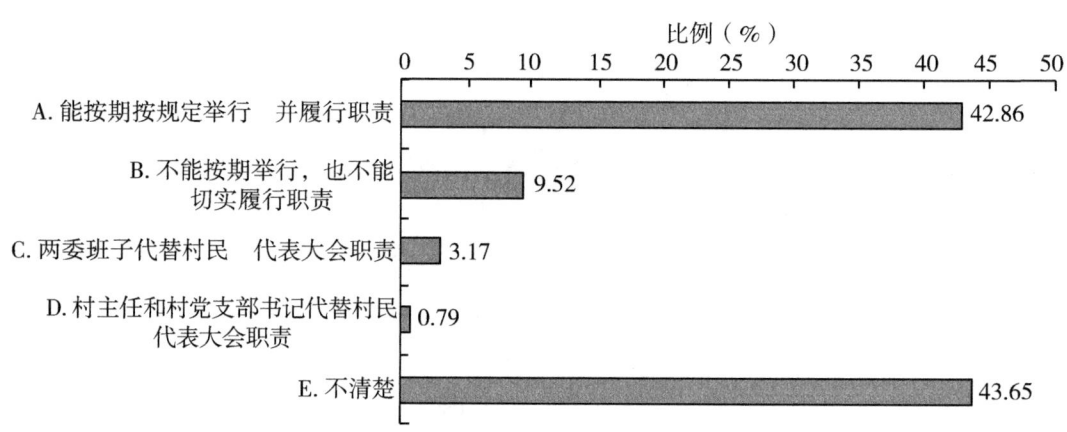

图 6-7 村庄村民代表大会是否按照规定举行并履行职责选择

（2）村庄经营组织开始蓬勃发展，对吸纳本村居民就业起到了促进作用。调查显示，33.33%的人表示村庄有企业、合作社等经营组织，占统计数的1/3。这些经营组织目前对本村的贡献，除了42.06%的人表示不清楚，大部分人表示主要是能吸纳本村农民就业（占26.19%），另外少部分人表示能对本村建设提供资金（占3.97%）、在村庄建设中起决策作用（占4.76%）。以上表明，村庄企业、合作社等经营组织在农村开始逐渐成长，对村庄治理起到了一定的支撑作用。村庄是否有企业、合作社等经营组织选择，经营组织对村庄的贡献选择，见图6-9、图6-10。

（3）村庄村务公开情况良好，公开方式大部分以村庄公务栏为主，公开的内容主要为政府下达的相关文件。调查显示，除了50%的人表示不清楚外，有41.27%的人表示村庄进行了村务公开。村务公开的方式，除了38.89%的人表示不清楚外，55.56%的人表示通过村庄公务栏公开，居主体。另外，19.05%的人表示定期召集村民代表进行

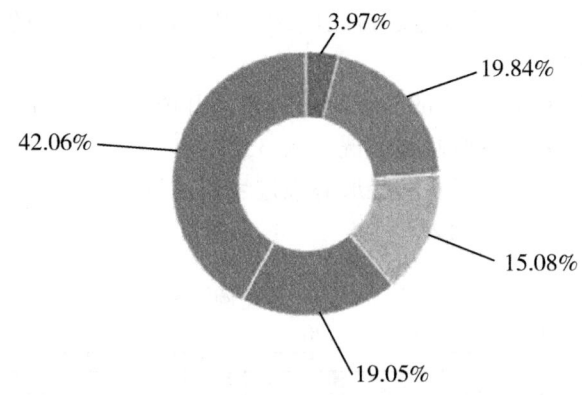

- A. 村主任决定
- B. 村书记决定
- C. 村民代表大会决定
- D. 村党支部和村委会共同决定
- E. 不清楚

图 6-8　村里重大问题决定选择

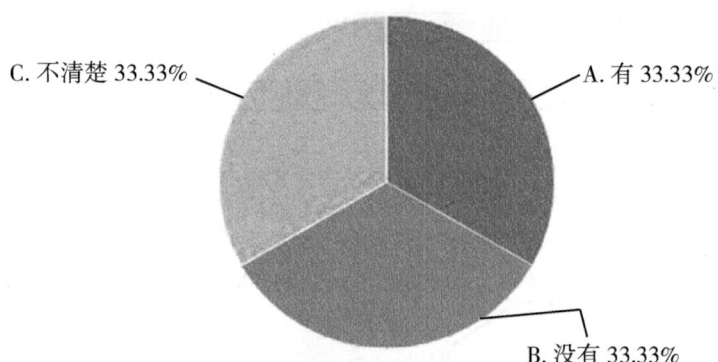

图 6-9　村庄是否有企业、合作社等经营组织选择

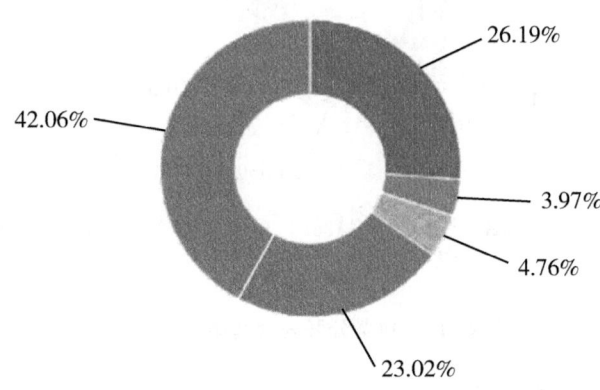

- A. 能吸纳本村农民就业
- B. 为村庄建设提供资金
- C. 对村庄治理有决策作用
- D. 对村庄无影响力
- E. 不清楚

图 6-10　经营组织对村庄的贡献选择

村务公开报告会，14.29%的人表示通过村庄网站公开，还有3.97%的人表示定期为每户村民家中发村务公开信。

村务公开的内容，除了46.03%的人表示不清楚公开内容，35.71%的人表示为政府下达的文件，居主体，其次是各种补贴情况，占33.33%。以上表明，大部分村委会能够及时落实国家政策文件，紧跟国家发展形势推进乡村建设。村务公开方式选择、村务公开内容选择，见图6-11、图6-12。

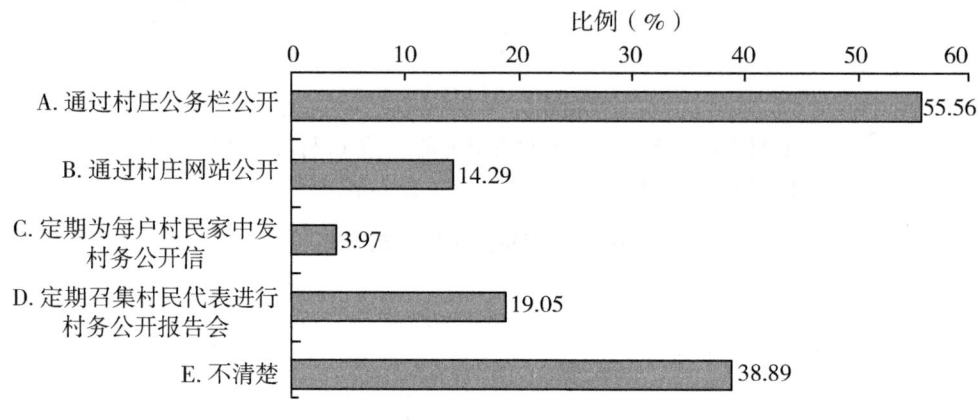

图6-11　村务公开方式选择

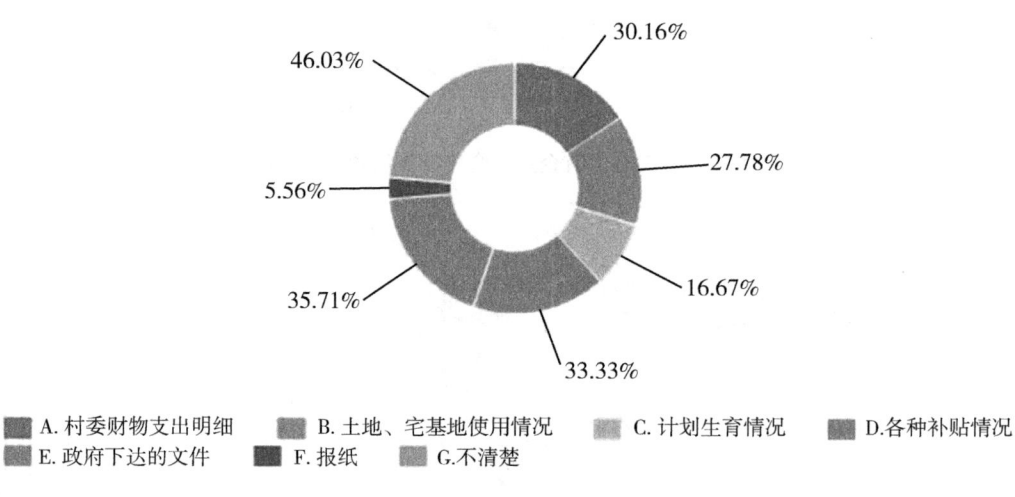

图6-12　村务公开内容选择

**4. 村庄法治建设情况调查**

（1）村庄法治宣传初见成效。在对农村法治建设了解程度的调查中显示，有16.67%的人表示对农村法治建设比较了解，有40.48%的人表示了解一点。表明天津市村民已开始重视农村法治制度，农村法治建设已取得初步成效。农村法治建设了解程度选择，见图6-13。

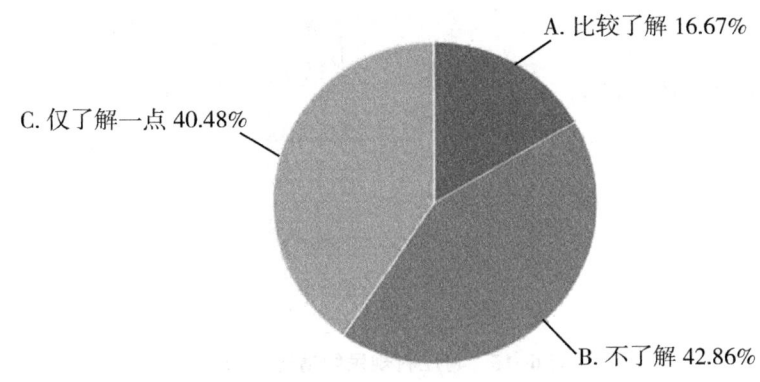

图 6-13 农村法治建设了解程度选择

（2）村庄治安情况良好，村规民约逐渐规范。对村庄治安的调查显示，63.49%的人表示村庄治安较好，基本无治安问题发生，33.33%的人表示偶有治安问题发生，仅有 3.17%的人表示村庄治安不好，经常发生打架斗殴等事件。在村规民约方面，除了 42.86%的人表示不清楚村庄是否有村规民约外，有 31.75%的人表示村庄有村规民约，25.4%的人表示没有。表明村规民约对村民行为形成了一定的约束，村庄治安情况良好，为法治乡村建设奠定了基础。村庄治安情况选择、村庄村规民约情况选择，见图6-14、图 6-15。

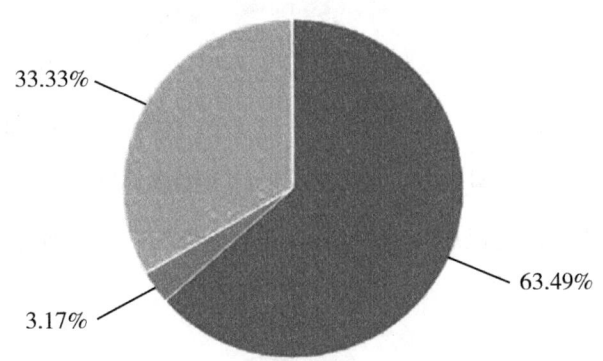

■ A.好，基本无治安问题发生　　■ B.不好，经常发生打架斗殴、偷盗事件发生　　■ C.一般，偶有治安问题发生

图 6-14 村庄治安情况选择

## 5. 村庄德治建设情况调查

（1）乡风文明建设初见成效。自开展乡风文明建设以来，文明乡风开始在农村落户扎根。调查显示，有 23.81%的人表示对乡风文明了解，有 43.65%的人表示知道一点，有 32.54%的人表示不了解。表明天津市乡风文明建设已深入农村，并逐渐普及，对村民行为产生了一定的影响。文明乡风建设了解程度选择，见图 6-16。

（2）村庄陈规陋习得到有效遏制。调查显示，除了 26.98%的人表示不清楚村庄婚丧嫁娶情况，有 36.51%的人表示村庄已经没有大操大办的现象。在天价彩礼方面，除了 46.03%的人表示不清楚，有 30.95%的人表示村庄不存在天价彩礼。表明村庄移风

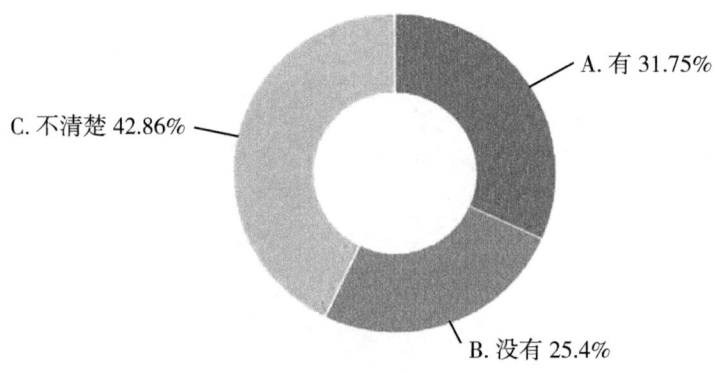

图 6-15　村庄村规民约情况选择

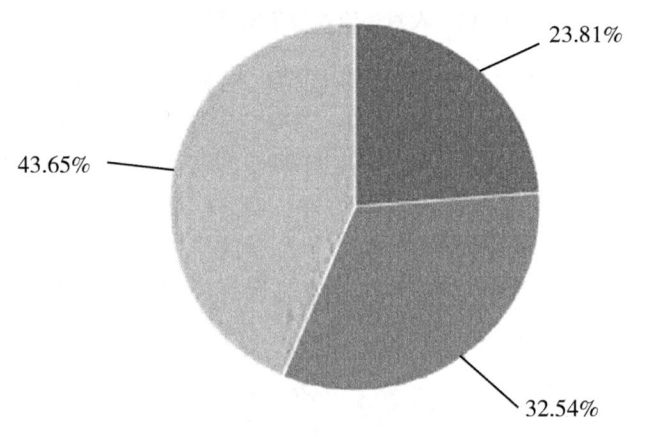

图 6-16　文明乡风建设了解程度选择

易俗工作取得明显效果,村民思想开始转变,村庄陈规陋习得到有效遏制,见图 6-17、图 6-18。

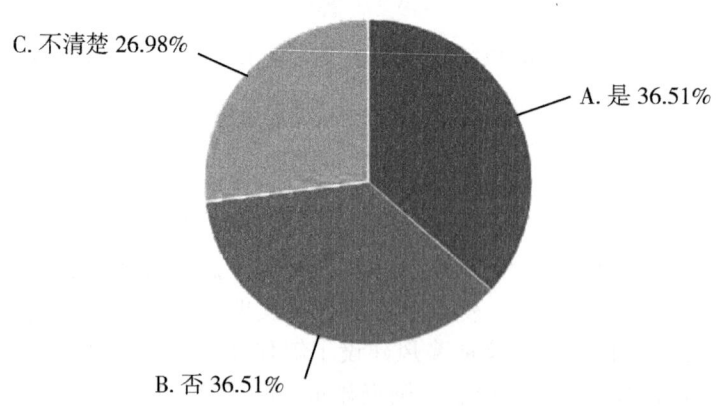

图 6-17　婚丧嫁娶情况选择

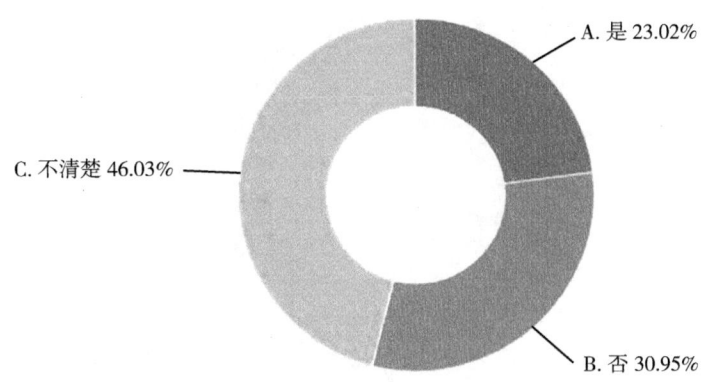

图 6-18 天价彩礼情况选择

（3）邻里、干群关系较融洽。调查显示，64.29%的人表示村庄邻里关系和睦，居主体，34.13%的人表示邻里关系一般，仅有 1.59%的人表示不和睦；在干群关系方面，除了 42.06%的人表示不清楚外，有 46.83%的人表示村干部与村民和睦相处，仅有 11.11%的人表示经常发生矛盾。表明目前大部分村庄邻里之间和睦相处，干群关系稳定，为乡村德治工作开展奠定了基础。邻里关系选择、干群关系选择，见图 6-19、图 6-20。

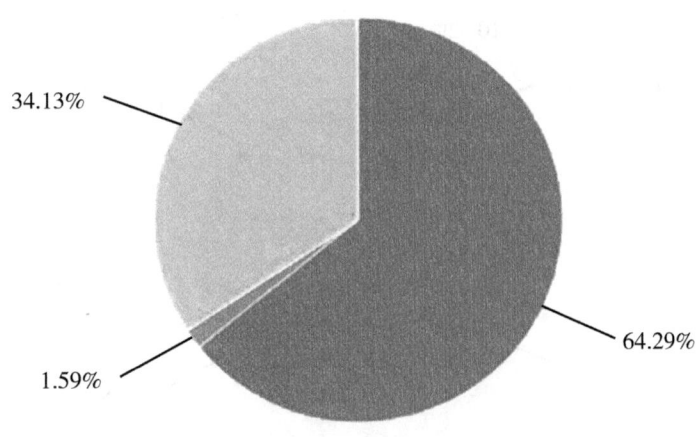

■ A.邻里关系和睦相处　　■ B.邻里关系不和睦，经常闹矛盾　　■ C.邻里关系一般

图 6-19 邻里关系选择

（4）村庄普遍具备娱乐设施，农民生活逐渐丰富多彩。调查表明，89.68%的人表示村庄建有文娱场所，其中 76.19%的人表示村内有体育健身广场，有 40.48%的人表示有村民文化中心，有 26.98%的人表示有农村书屋，3.97%的人表示有大舞台等其他文娱场所，仅有 10.32%的人表示没有文娱场所。在村庄文化活动调查中，除了 36.51%的人表示不清楚外，31.75%的人表示村庄每年都会举办唱戏、绘画、体育赛事

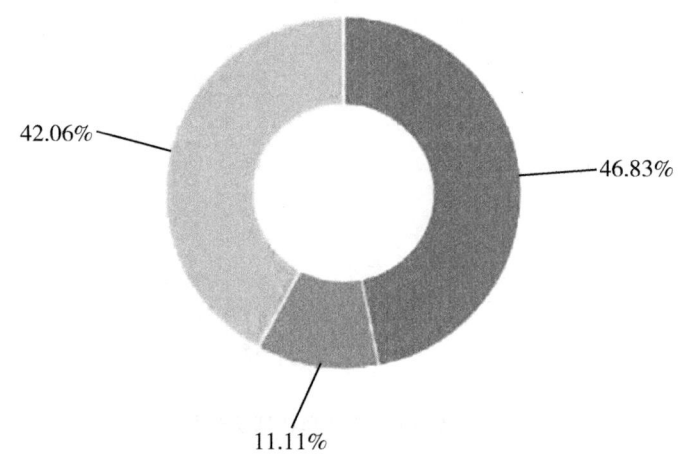

图 6-20　干群关系选择

等文化活动，有 31.75% 的人表示没有任何文化活动。表明当前天津市村民的业余生活逐渐丰富多彩，农民群众多方面、多层次的精神需求得到满足，见图 6-21、图 6-22。

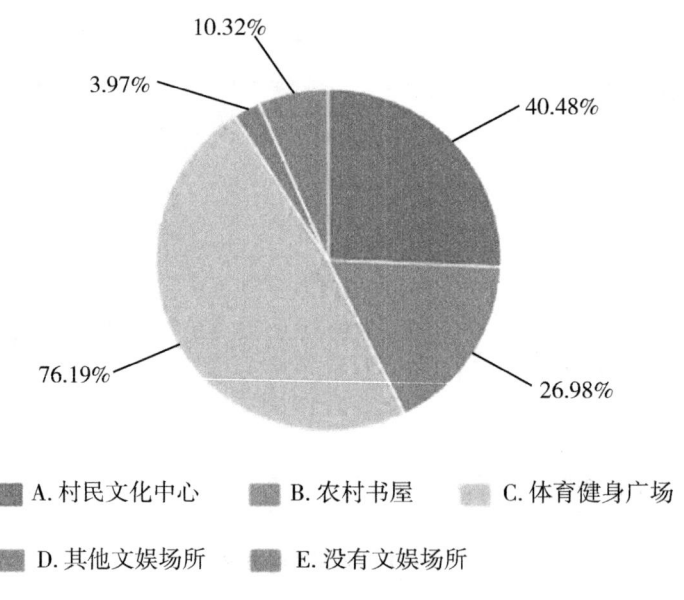

图 6-21　村庄文娱场所选择

### 6. 乡村治理现状满意度调查

在本次调查中，围绕美丽乡村建设情况、民主管理现状情况、村务公开情况、农村养老保险情况、公共基础设施建设情况、文化活动开展情况、新型合作医疗情况、村官

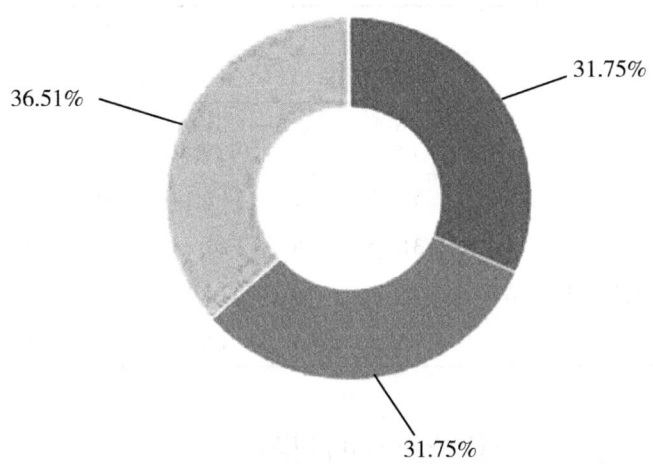

- A. 是，每年都会举办唱戏、绘画、体育赛事等文化活动
- B. 否，一年到头没有任何文化活动
- C. 不清楚

**图 6-22　村庄文化活动选择**

管理村庄情况、各项规章制度及村规民约情况、乡风文明建设情况等 10 项内容，按照满意、不满意、一般三个等级进行了满意度调查。调查显示，10 项指标中，满意度选择"满意"等级排在第一位的是新型合作医疗情况，排在最后的是村务公开情况；满意度选择"不满意"等级排在第一位的是民主管理现状情况和村官管理村庄情况，排在最后的是新型合作医疗情况（表6-1）。以上表明，新型合作医疗在农村得到普遍认可，满意度较高，而村务公开情况、民主管理和村官管理等情况满意度较底，未来需要进一步提升。

**表 6-1　乡村治理现状满意度调查表**

| 序号 | 项目 | 满意度 | | | | | |
|---|---|---|---|---|---|---|---|
| | | 满意 | | 不满意 | | 一般 | |
| | | 比例（%） | 排序 | 比例（%） | 排序 | 比例（%） | 排序 |
| 1 | 美丽乡村建设情况 | 34.92 | 3 | 19.84 | 3 | 45.24 | 9 |
| 2 | 民主管理现状情况 | 30.95 | 7 | 20.63 | 1 | 48.41 | 7 |
| 3 | 村务公开情况 | 26.98 | 10 | 19.84 | 3 | 53.17 | 2 |
| 4 | 农村养老保险情况 | 35.71 | 2 | 15.87 | 7 | 48.41 | 6 |
| 5 | 公共基础设施建设情况 | 30.95 | 7 | 19.05 | 6 | 50.00 | 5 |
| 6 | 文化活动开展情况 | 27.78 | 9 | 19.84 | 3 | 52.38 | 4 |

(续表)

| 序号 | 项目 | 满意度 | | | | | |
|---|---|---|---|---|---|---|---|
| | | 满意 | | 不满意 | | 一般 | |
| | | 比例（%） | 排序 | 比例（%） | 排序 | 比例（%） | 排序 |
| 7 | 新型合作医疗情况 | 51.59 | 1 | 7.14 | 10 | 41.27 | 10 |
| 8 | 村官管理村庄情况 | 31.75 | 6 | 20.63 | 1 | 47.62 | 8 |
| 9 | 各项规章制度及村规民约情况 | 32.54 | 5 | 10.32 | 9 | 57.14 | 1 |
| 10 | 乡风文明建设情况 | 34.13 | 4 | 12.7 | 8 | 53.17 | 2 |

## （三）天津市乡村治理现代化存在的问题

### 1. 乡村基层组织乏力，乡村治理缺乏顶层设计

一是村庄基层组织体系尚不完善。部分村庄因激励措施缺位和薪资较难保障，部分职位出现空缺，或有"职位有人，无人做事"的现象，基层组织涣散，在发挥基层组织职能方面作用力不强。同时，村庄公益组织作为村庄基层组织的重要补充，也是天津市农村基层组织需要完善的重要方面。

二是村庄基层组织能力薄弱。选好基层党组织带头人是乡村治理的重要一环，具有高素质的村两委班子团队是乡村治理的重要支撑。调研显示，在村干部选举中，26.98%的人表示有拉票贿选情况，且被选上的村干部大部分为上届领导、有钱人、大家族、上届村干部亲戚等，这些人员大部分为村里老人，思想陈旧，文化素质不高，对村庄发展无思路无计划，没有改革发展的魄力和能力，导致农村基层组织的凝聚力、战斗力不强。

三是乡村治理尚无顶层设计。目前天津市尚未出台乡村治理的顶层设计，乡村治理体系不健全，治理目标尚不明确，乡村治理政策的实施无法与当前治理需求及环境较好吻合，从而出现与社会发展进程及方向不协调等问题。

### 2. 村庄自治水平低，村民自治意识不强

一是村民代表大会履职不强。村民代表大会作为村民的代表，在乡村自治中发挥着重要作用。调查显示，村民代表大会在天津市农村建设中没有发挥应有的作用，还存在村民代表大会不能按期履职、村两委班子或村领导替代职责的现象，仅有15.08%的人表示村庄重大问题由村民代表大会决定。表明村庄建设不能充分发挥村民代表大会的作用，村民代表的意见得不到重视。

二是村民对村庄建设参与度不高。农民作为村庄建设的主体，在乡村治理中应充分发挥主体地位的作用。调查显示，超过半数的被调查人表示对村庄建设基本情况不清楚，调查样本71.43%的人表示从没给村干部提过意见，对村务公开关心程度不高，丧失了作为主人翁的权利和义务。

三是村庄经营组织对本村贡献不明显。经营组织作为社会资本参与村庄建设，是村

庄发展的重要原动力。调查表明,部分村庄仍没有企业、合作社等经济组织,村内有经营组织的企业目前大部分也仅对村庄就业提供了帮助,调查样本23%的人表示对村庄无影响力。表明企业或合作社对村庄的支撑能力较弱,其贡献尚不明显。

四是村务公开走形式,缺乏有效监督。调查表明,天津市大部分村庄目前能做到村务公开,但调查样本32.54%的人表示村务公开就是走形式,另外23.81%的人表示村务不完全公开。表明部分村庄的村务公开在一定程度上还存走形式、村务不公开等问题,导致村民不能及时了解村务情况,村务公开缺乏有效监督。

### 3. 村庄法治建设有待进一步加强

一是村民法治观念不强。村庄法治建设是乡村治理中普遍薄弱的一环,村内留守居民文化素质普遍不高,对法治观念淡薄。调查显示,调查样本42.86%的人表示不了解农村法治建设,40.48%的人表示仅了解一点,56.35%的人表示村民觉悟不高。表明村民对村庄法治建设关注不够,在生活中不善于运用法律知识,没有树立知法用法的观念。

二是村庄法治宣传不到位。天津市在新农村建设过程中,虽然开展了一些普法宣传活动,但宣传效果仍不是很明显。调查显示,调查样本56.35%的人表示农村法治宣传不到位,法治宣传不能深入农户,导致村民法治观念淡薄。另外在法治宣传过程中,村委执行力不够,对法治宣传没有做到贯彻落实,也是普法活动不能取得效果的重要原因。

三是村规民约尚不规范和健全。村规民约对村民的行为约束起着重要作用。调查显示,目前天津市仍有部分村庄没有村规民约,大部分村民对村规民约表示不清楚。在村规民约满意度调查中,调查样本57.14%的人表示对村规民约的满意度一般,10.32%的人表示不满意。表明天津市农村村规民约目前尚不规范和健全,为乡村治理带来障碍。

### 4. 村庄德治内容有待进一步挖掘和深化

一是对乡风文明建设重视不够。近年来,随着美丽乡村建设的不断推进,乡风文明建设工作也在逐步开展,农村生活开始丰富多彩,但仍有部分村庄对乡风文明工作重视不够。调查显示,调查样本32.54%的人表示不了解乡风文明建设,43.65%的人仅知道一点,在满意度调查中,超过一半的人表示乡风文明建设一般。表明部分村庄乡风文明建设工作尚未深入人心,农民精神风貌没有多大改变,文明乡风尚未树立起来。

二是村庄传统陋习依然存在。多年来,部分村庄婚丧嫁娶大操大办、天价彩礼等传统陋习依然存在,对农民生活产生了重要影响。调查显示,调查样本36.51%的人表示村庄仍存在婚丧嫁娶大操大办现象,23.02%的人表示村庄仍存在天价彩礼现象。表明部分村庄传统陋习仍影响着村庄精神文明建设,移风易俗工作有待进一步提升。

三是村庄文化生活依然单调。近年来,天津市部分村庄农民生活逐渐丰富,扭秧歌、唱戏等活动在某些村庄经常开展,但这些活动相对逐渐增加的需求显得较为单调,目前大部分村庄的娱乐场所主要是健身广场和村民文化中心,且占统计数

31.75%的人表示村庄一年到头没有任何文化活动，更加丰富多彩的村庄文化生活需要进一步探索。

### （四）天津市乡村治理现代化发展趋向

#### 1. 乡村治理体系三治融合化

按照"乡镇自治—乡政村治—乡村共治—乡村善治"的发展路线，未来乡村治理将向乡村善治的发展方向迈进。习近平总书记指出，治理有效要"注重发挥好德治的作用，推动礼仪之邦、优秀传统文化和法治社会建设相辅相成"。乡村治理体系由自治、法治、德治组成。其中，自治是愿景和目标，法治是保障和支撑，德治是基础和润滑剂，三者相辅相成，通过"三治融合"治理，走乡村善治之路，是未来乡村治理的发展方向。

#### 2. 乡村基层组织更加多元化

随着乡村治理的推进，乡村治理结构将发生很大变化。在村庄基层组织方面，以村基层党组织和村委会为基础，乡村公益组织将作为基层组织的重要补充，以充分体现乡村自治的活力。随着乡村产业振兴的不断推进，乡村企业、合作社、家庭农场等经营组织将在乡村得到普遍发展，作为乡村治理的原动力支撑乡村经济建设。随着村庄发展，各种问题将不断衍生，需要家政、法律等各类社会团体、协会等社会服务组织为村庄发展提供相关服务。为此，未来的乡村治理，将形成"公益组织+经营组织+服务组织"共同建设乡村的多元共治发展格局。

#### 3. 村庄更趋向城乡一体社区化

随着改革进一步深化，城乡二元结构将被解除，新的城乡体制机制将被建立。乡村治理将从城乡分治向城乡一体化共治迈进。国外乡村治理经验表明，打造城乡一体的乡村社区，是乡村治理成功的重要路径。未来以社区为乡村治理的载体，构建城乡一体的基层组织与管理体制，形成城乡一体的社区制，将是未来村庄发展的方向。

#### 4. 乡村治理体制更加行政化

习近平总书记指出"要充分发挥好乡村党组织的作用，把乡村党组织建设好，把领导班子建设强"。加强党的领导，建立健全党组织领导的自治、法治、德治"三治融合"的领导体制机制，是乡村治理体系的重要前提和保障。随着城乡一体化的推进，乡村治理将进一步强化农村基层党组织建设，选好配好党组织书记，建立一套以党组织领导的强有力的领导班子，乡村治理体制行政化的趋势将进一步加强。

## 四、天津市乡村治理现代化发展思路与重点任务

### （一）总体思路

深入贯彻落实党的十八届三中、四中、五中、六中、七中全会精神和党的十九大关

于乡村振兴战略实施总体部署、党的十九届四中全会关于推进国家治理体系和治理能力现代化的总目标、总要求，在天津市乡村振兴战略实施框架下，以治理有效为目标，以加强基层组织建设，乡村自治、法治、德治建设为抓手，建立健全党委领导、政府负责、社会协同、公众参与、法治保障、乡风文明、科技支撑的现代化乡村治理体制机制，构建形成党建引领、三治融合的乡村治理体系，实现乡村治理主体多元化、治理结构合理化、治理规则规范化，大力提升乡村治理能力，形成党建全面引领、群众全面参与、平台丰富完善、制度规范运行、三治协同发力的乡村善治格局，确保天津市乡村充满活力、和谐有序、可持续发展。

## （二）总体目标

到 2025 年，乡村治理制度框架体系建立完善，以党组织领导的乡村基层组织更加健全，乡村治理结构更加优化，农民主体地位得到有效提升，民主管理和村务公开更加透明，乡村自治能力不断提高，村庄更加和谐稳定，乡村法制更加健全，乡风文明建设更加深入，乡村治理体系健全完善，乡村治理效果显著，乡村治理能力现代化水平迈上新台阶。到 2035 年，乡村治理体系和治理能力基本实现现代化。

## （三）坚持原则

### 1. 坚持以党建为引领

坚持和完善党对基层的治理和领导，是中国特色社会主义制度在乡村的贯彻落实。在乡村治理中，应始终坚持党的领导，维护党在乡村治理中的核心地位，把握乡村治理方向。

### 2. 坚持以村民为中心

村民是乡村建设的主体，乡村治理中，应充分发挥村民的主人翁作用，注重村民的参与，广泛吸纳村民的意见和建议，让村民参与村务决策，保障村民的知情权、参与权、决策权和监督权，提升村庄自治水平。

### 3. 坚持因地制宜

处理好政府自上而下和乡村自下而上的关系，在乡村治理中，政策的制定和落实，要按照农村经济社会发展条件有序实施，不能采取"一刀切"的政策，对条件尚未成熟的村庄过度干预。

### 4. 坚持以德治为基础

德治是乡村治理的思想道德基础，通过道德理念规范和约束村民社会行为。在乡村治理中，需要创新道德文化资源，构建具有正确价值观的思想道德体系，发挥德治在乡村治理中的作用。

### 5. 坚持以法治为保障

随着社会的发展，仅依靠村规民约和道德规范将不能实现对社会的自我调节，需要构建乡村法治体系，依靠法治的力量对人的权利和义务进行界定，调整人与人、人与社会的利益关系。

## （四）重点任务

"十四五"期间，天津市乡村治理现代化建设重点围绕巩固基层党组织领导核心地位、优化乡村治理结构、加强自治能力建设、推动法治乡村建设、提升乡村德治水平等五个方面，着力推进天津市乡村治理体系和治理能力现代化。

1. 巩固基层党组织领导核心地位

（1）加强乡村基层党组织建设。一是加强农村党支部建设。整顿软弱涣散党支部，按照"五好党支部"建设要求，建立标准化考评体系，推进村党支部标准化、规范化建设。二是制定村党组书记培训计划。对村党支部书记进行常态化培训，提升村庄带头人理论素养、党建业务，拓展工作思路。全面实行村党组书记通过法定程序担任村民委员会主任和村集体经济组织、合作经济组织负责人，对村党组织书记全面实行区级备案管理。三是加强村庄党员队伍建设。制定村庄发展党员计划，每个行政村每两年至少发展1名党员，以发展年轻党员为主，提高新发展党员质量，作为村党组的后备力量。制定村庄党员管理制度，按照上级党委要求，认真落实主题党日、组织生活会等基本制度，加强村庄党员的日常管理和监督。四是发挥党员模范带头作用。组织开展党员服务农户、党员户挂牌、承诺践诺、设岗定则、志愿服务等活动，每位党员负责村庄几户农户，推动党员在乡村治理中的模范带头作用，全面带动农户参与，引导农民自己听党话、跟党走。五是建立党建联席会议制度。构建"区、镇、村"三级党建工作体系，建立任务清单和责任清单，推动突出问题解决和重点任务落实。

（2）加强乡村干部队伍建设。一是健全基层干部从严管理监督体系。按照《天津市村党组织和村民委员会干部管理办法（试行）》，进一步规范村级事务运行机制和程序，实现村级事务规范化运行。二是全面推行村两委星级管理。建立星级评定标准，按照评定等级制定村干部报酬标准，并按标准兑现工作报酬。三是加强乡村干部队伍考核。制定村庄干部考核办法，考核结果作为下一年度继任、提升和发放绩效工资的重要依据。四是培育乡村后备干部人才队伍。在乡村致富能手、外出务工返乡人员、本土大学毕业生、复员退伍军人等群体中培养后备村干部，满足乡村人才发展需求。五是建立乡村干部激励制度。建立村两委班子成员培训制度，每年对村"两委"成员进行全员轮训，确保每名村干部每年累计集中培训不少于7天。落实从优秀村党组织书记中考录公务员和招聘事业编制人员制度，提高乡村干部工作积极性。

（3）加强对基层党组织的监督和管理。一是规范村级组织工作事务。清理整顿村级承担的行政事务，按照责权利关系，建立责任清单，从源头上清理上级交给村庄的各项行政事务，减轻村级组织负担。二是加强党风廉政建设。深入开展"雁过拔毛"专项整治，推进反腐败工作在农村深入开展，严厉整治惠民补贴、集体资产管理、土地征收等领域侵害农民利益的不正之风和腐败问题。三是加强党内监督。推行党务公开制度，畅通普通党员参与党内事务、监督党组织和向上级提交意见的渠道。四是加强群众监督。运用"互联网+监督"平台，不断完善基层党组织作风评议、监督、举报等制度建设。

到2025年，天津市农村党支部全部为标准化党支部，村党支部后备力量充足，

"区、镇、村"三级党建工作体系健全完善，权利和义务清晰，管理顺畅；基层干部从严管理监督体系和乡村干部管理制度健全完善，乡村干部队伍素质较高，年度培训率达到100%；党务工作公开透明，建立健全党内党外监督机制，乡村腐败现象明显改善。

2. 优化乡村治理结构

（1）建立乡村公共服务体系。一是建立区镇村三级便民服务平台。创新乡村公共服务机制，构建区、乡镇、村（社区）三级便民服务平台，制定服务工作制度和流程，通过线上APP和线下双重通道，为村民提供便捷服务。二是支持公共服务部门参与乡村治理。加强妇联、团支部、残协等组织建设，建立帮扶机制，通过开展结对帮扶活动，支持社会公共服务机构参与乡村社区治理。三是支持社会组织参与乡村治理。发挥服务性、公益性、互助性社会组织作用，通过便民服务平台，为农村社区居民提供服务。四是加强农村社区服务人员队伍建设。设置公益岗位，招募农村社区服务人员，加强培训，为老年人、残疾人、青少年、特殊困难群体等重点对象提供服务。

（2）提升乡镇公共服务能力。一是建立镇域公共服务平台。建立镇域综合服务指挥系统，集镇域综合治理、市场监管、综合执法、公共服务于一体，整合工作职责，增强乡镇统筹协调能力，提升镇域服务农村社区的工作能力。二是建立乡镇干部包村服务机制。由一名乡镇干部承包一个村庄，并建立乡村治理难题及时反馈制度，乡镇干部及时发现村庄治理问题，及时向上级反馈，及时解决乡村治理难题。

（3）提升村庄社区服务能力。一是提升农村社区综合服务设施。以行政村为单元，统一按照"六室六站两栏两校一苑一家园"（"六室"：社区党组织办公室、居委会办公室、居民代表大会会议室、社区警务室、阅览室、多功能活动室；"六站"：党员服务站、社区工作站、综治信访站、计生服务站、劳动和社会保障服务站、慈善捐助站；"两栏"：宣传栏、公示栏；"两校"：社区党校、居民学校；"一苑"：室外活动场所；"一家园"：半边天家园）的标准建设农村社区综合服务中心，推进资源整合、要素集成、规范提升、制度机制建设，强化科技创新，构建农村社区建设管理新格局。二是支持村庄公益服务组织建设。支持农村社区建立红白理事会、关爱老弱病残互助会等公益服务组织，倡导互帮互助，作为村两委组织的补充，为村民提供服务。三是组建社区志愿者队伍。以为民服务为宗旨，招募村庄公益活动志愿者，并免费提供公益活动培训，提升志愿者公益服务水平。有条件的村庄，以设置村庄公益岗的方式，适当为志愿者提供补贴。

到2025年，乡村治理结构进一步优化，区镇村便民服务平台建立完善，镇村公共服务能力得到明显提升，行政村标准化农村社区综合服务设施覆盖率达到60%以上，初步形成多元共治的乡村治理格局。

3. 加强自治能力建设

（1）提升村民自治能力。一是建立村民自治组织。健全村民会议、村民代表会议、村民议事会、村务监督委员会等自治组织，完善村民自治组织制度，规范自治组织运行程序。二是建立村级议事协商制度。依托村民会议等村民自治组织，开展村民说事、民情恳谈、百姓议事、妇女议事等各类民事协商活动，创新村民诉求和参政议政通道，提高村民参与度，提升村民在乡村治理中的主体地位。

（2）实施村务阳光工程。一是完善"党务、村务、财务"三公开制度。梳理村级事务公开清单，利用村庄公告栏、村务通APP等途径，定时公开村庄党务、村务和财务情况，便于村民及时了解村庄情况。二是健全村务档案制度。对村庄组织建设、公共服务、脱贫攻坚、工程项目等各类村庄事务建档备案，保留工作痕迹，做到村务可追溯。

（3）完善村务监督制度。一是建立村级公共事务监管平台。采取村民微信群、村庄公众号等方式，推进村级事务及时公开，实现村庄公共事务通过网络与村民实时共享、实时监督。支持有条件的村庄开发智慧村庄平台，利用智慧村庄平台公开公告村庄各项事务信息。二是建立健全村庄监督管理制度。建立村庄监督委员会，以村民为主体，招募监管人员，并定期进行培训，提升村庄自我监管能力。

到2025年，村庄村民自治组织健全完善，村民议事通道畅通，所有村庄全部实现"党务、村务、财务"三公开，村务监督制度完善，村民自治能力得到普遍提升。

### 4. 推动法治乡村建设

（1）健全乡村法律制度。一是完善涉农领域法律制度体系。将政府涉农事项纳入法制化轨道，围绕乡村振兴战略实施过程中面临的新情况、新问题，健全完善涉农法律法规，重点就维护农民权益、规范市场运行、农业支持保护、农村生态环境治理、化解农村社会矛盾等方面加强制度建设。二是规范农村行政执法程序。加强乡镇执法人员业务培训，严格按照法定职责和程序执法。三是创建"民主法制示范村"。开展法律进村活动，实施"法律明白人"培养工程，培育一批以村干部、人民调解员、普通党员为重点的"法治带头人"，普及乡村法律知识。四是建立小微权利监督制度。规范小微权利运行，明确权利行使法律依据、运行范围、执行主体、程序和步骤，同时建立群众监督、村务监督委员会监督、上级部门监督、会计核算监督、审计监督的监督体系，监督侵害农民利益的腐败行为。

（2）建设平安乡村。一是建设农村社会治安防控体系。建立平安乡村管理制度，落实平安乡村建设领导责任制，对村庄安全问题实施网格化管理。二是加强农村安防设施建设。建立"一村一辅警"机制，建设农村警务室，对安全问题及时处理。有条件的村庄，建设公共安全视频监控系统，全方位监控农村各类安全问题。三是加强安防隐患监管。建立刑满释放人员等特殊人员档案，对刑满释放等特殊人员定期走访，强化特殊人员的服务和管理。建立拒毒防毒宣传机制，不定期开展拒毒防毒宣传活动，整治毒品违法犯罪活动。制定打击非法宗教活动、邪教活动方案，整治农村乱建宗教活动场所、烂塑宗教造像，防止非法人员用宗教、邪教干预农村事务。四是健全农村公共安全体系。建立农村公共安全队伍，强化公共安全培训，确定安全责任人，实现农村生产、防灾减灾救灾、食品、药品、交通、消防等安全管理。

（3）建设和谐乡村。一是健全乡村矛盾纠纷调处化解机制。建立调解、仲裁、行政裁决、行政复议、诉讼等有机衔接机制，鼓励公证、司法鉴定、仲裁等法律服务主动向农村延伸，做到"小事不出村，大事不出乡"。二是健全人民调解员队伍。加强对人民调解员的法律政策、专业知识和调解技能等方面的培训，充分发挥人民调解在化解基层矛盾纠纷中的主渠道作用。三是加强农村社会心理服务体系建设。健全完善村级心理咨询室，建立经常性社会心理咨询服务机制，为村民提供平安教育、心理健康、婚姻家庭等咨询服务。

（4）提升村庄法律供给能力。一是建设法治宣传场所。利用乡村已有的党员活动室、文化中心等场所，推进法治文化阵地建设，实现一村一法治文化阵地。二是建立乡村基本公共法律服务体系。建立法律专业人才库，整合法学专家、律师、政法干警及基层法律服务工作者等资源，为乡村法治建设提供服务。三是加强乡镇人民法庭建设。完善人民法庭巡回审理制度，推广车载法庭等巡回审判方式，最大限度减少村民诉讼艰辛。四是支持法律服务平台建设。推进公共法律服务实体、法律服务热线、法律服务网络平台建设，以镇为单元，根据需要设立法律顾问和公职律师，有条件的村庄在村民委员会设立公共法律服务工作室或采取与律师签约服务的方式，推行"一村一法律顾问"，为农村社区及时提供法律咨询服务。

到2025年，农村法律制度体系健全完善，"民主法治示范村"示范效果良好，村庄安全防控体系健全，村庄邻里、干邻关系和谐，80%以上的村庄实现"一村一法律顾问"，乡村法律供给能力明显增强。

### 5. 提升乡村德治水平

（1）培育社会主义核心价值观。一是建立弘扬社会主义核心价值观制度。将社会主义核心价值观引入乡村课堂、融入村规民约和家规家训，加强青少年思想道德建设，转变村民思想和价值观念。二是开展形式多样的宣传活动。通过农民学校、村民文化中心、法制宣传广场等渠道，组织村民学习习近平新时代中国特色社会主义思想，广泛开展形式多样的中国梦宣传教育，使村民形成新时代中国特色社会主义思想。三是完善乡村信用体系。建立乡村诚信制度，对违反诚信制度的村民提出警示，增强村民诚信意识。

（2）开展乡风文明培育行动。一是开展弘扬传统美德活动。挖掘乡村传统美德，采取"晒家训""评家风"等多种活动方式，教育村民以德治家、文明立家、平安保家、勤俭持家、和谐兴家，营造文明礼仪、孝老爱亲、崇德向善的浓厚氛围。二是加强移风易俗制度化建设。制定村庄移风易俗管理制度，规定红白喜事宴请标准、各类喜事随礼标准及彩礼标准。发挥红白理事会、红娘协会等组织作用，整治农村婚丧大操大办、高额彩礼、铺张浪费、厚葬薄养等不良习俗，倡导婚事新办、丧事简办、其他事项不办的农村文明新风尚。树立殡葬新风，推广与现代文明相协调的殡葬习俗。三是完善村规民约。因村制宜建立村规民约，将移风易俗纳入村规民约，条文内容合法合规，并向村民发放"村规民约明白纸"，让村规民约深入村民家庭。对村两委行使公权力的人员，建立婚丧事宜报备制度，加强纪律约束。四是建立村规民约监督机制。组建村民监督小队，对村庄婚丧嫁娶、人情往来、休闲娱乐等村规民约制度下的行为进行监督，对违反村规民约的行为进行教导。

（3）开展选树文明道德先进典型行动。一是选树文明村镇。制定文明村镇评价体系，在创建中贯彻乡风文明要求。制定文明村镇创建奖励措施，让文明村镇群众有荣誉、得实惠、受尊重。二是选树文明家庭。制定文明家庭评价体系，将好家风、传承传统美德、社会主义核心价值观、移风易俗、贯彻村规民约等作为主要评价内容。制定星级文明家庭奖励措施，提高星级文明家庭的示范效应。三是选树道德模范。广泛开展好媳妇、好儿女、好公婆、新乡贤、最美党员、最美乡村教师、最美医生等选树道德模范宣传活动，充分发挥榜样示范带动作用，用身边凡人善举感化人、教育人。

(4) 传承乡村传统文化。一是健全乡村文化服务体系。统筹城乡公共文化资源，加强设施布局、服务供给和队伍建设，推动文化资源重点向乡村倾斜。加强公共文化管理队伍及农村文艺骨干专题培训，培养带动一批基层文化志愿者、民间文化能手和群众文化爱好者，增强乡村文化自我发展能力。二是加强乡村文化产品供给。实施乡村传统工艺振兴计划，挖掘乡村文化，建立传统工艺振兴目录，将乡村文化产品化，培养文化传承人才，扶持一批农村非遗项目和传承人。依托乡村特色文化符号，因地制宜建设一批民俗生态博物馆、乡村博物馆、历史文化展室、民俗旅游特色村，传承保护乡村农耕文化。三是制定传统村落保护制度。加强历史文化名镇名村、传统村落保护利用，做好传统民居、历史建筑、革命文化纪念地、农业遗产、工业遗产保护工作，制定传统村落保护制度，依托历史名镇和特色名村，打造一批民间文化强镇强村。四是开展丰富多样的文化活动。结合传统节日、民间特色节庆、农民丰收节等，因地制宜开展群众喜闻乐见、具有浓郁地方特色的乡村文化体育活动，丰富农村文化生活。五是打造乡村数字文旅平台。开发"云游乡村"项目，通过开发小程序，打造一站式数字文旅平台，供游客游览前查询村庄百科、游玩攻略、路线规划、线上预订等，加快推进乡村文化资源数字化，打造一批高质量乡村旅游村庄，助推乡村旅游高质量发展。

到2025年，社会主义核心价值观深入民心，乡村移风易俗制度完善，建立村规民约的村庄达到100%。乡村文明道德风尚良好，选树一批典型文明村镇、文明家庭和道德模范。乡村文化服务体系初步建立，乡村文化产品供给多样，一批农村非遗项目得到传承，一批传统村落得到保护，村民文化生活更加丰富多彩。

# 五、推进天津市乡村治理现代化的措施建议

## (一) 加强组织管理，做好顶层设计

### 1. 加强组织领导

成立天津市乡村治理工作领导小组，由主管副市长担任组长，市农业农村委党委书记任副组长，办公室设在市农业农村委，作为牵头部门统筹其他相关部门形成合力，共同推进乡村治理工作，为乡村治理提供组织保障。

### 2. 进行顶层设计

编制《天津市乡村治理现代化总体规划》，出台《天津市乡村治理现代化三年行动计划方案》，按照《规划》和《方案》部署基层组织建设自治、法治和德治工作重点任务，按月明确重点任务清单，每项工作任务分别制定对应的工作方案，明确责任单位和责任人，规定具体要求和完成时限，按计划有序推进乡村治理工作。

### 3. 落实工作责任

建立乡村治理联席会议制度，根据基层反馈意见，定期召开专题会议研讨工作瓶颈

和重点工作推进方案。建立"区指导、镇主导、村主体"的三级工作责任落实机制，区级各部门负责协调指导乡村治理各项工作，各乡镇作为责任主体负责各项任务的推动和督导，各行政村作为实施主体，负责具体任务的落实。强化乡村治理工作的重要性，将乡村治理工作作为精神文明建设、法治建设及乡村综合治理工作的重要考核依据。

## (二) 加强城乡统筹，推进乡村善治

### 1. 加快推进城乡一体化

借鉴发达国家乡村治理经验，从乡村治理顶层设计入手，加强乡村治理的城乡一体化设计，在基础设施建设、文化资源引入、区镇村三级服务平台建设、文明村镇建设等方面，从城乡一体化的视角统筹考虑，形成城乡一体的设计方案，提升乡村治理的整体感。

### 2. 发挥乡镇责任主体作用

乡镇作为乡村治理的责任主体，在乡村治理过程中发挥着重要作用。在党组织建设方面，充分发挥乡镇党委龙头带动作用，推动农村基层党建高质量发展。在"三治合一"乡村治理体系建设方面，以乡镇为主体，统筹镇域村庄乡村治理体系建设，落实各项制度安排，形成"三治合一"村镇共建的乡村善治格局。

### 3. 推进乡村治理结构改革

乡村治理结构改革是乡村治理体系建设的重要一环，推进乡村治理由传统向现代结构转型，有利于乡村善治。乡村治理结构改革，除了村两委基层组织，还要发挥服务性、公益性、互助性组织，企业、合作社、家庭农场等经济组织，以及社会公共服务部门等的作用，共同参与乡村治理，构建形成以乡镇政府为主导、村两委为基础、其他组织为补充的多元共治格局，推进乡村善治之路。

## (三) 加大资金投入，促进服务供给

### 1. 加大市财政投入力度

天津市财政建立乡村治理专项基金，用于乡村治理基础设施和各类平台建设，对于文化村镇建设等重大项目投资，采取一事一议财政奖补的办法，提供资金保障。

### 2. 加大乡镇基本公共服务投入

强化乡镇政府在乡村治理中的公共服务职能，乡镇财政相应设立乡村治理专项资金，在镇域平台建设、基本公共服务组织建设等方面加大投入力度，使乡镇政府成为乡村治理服务的龙头。

### 3. 探索政府购买服务的路径

积极推进社会服务工作的开展，将农村民生和社会治理领域中属于政府职责范围且适合通过市场化方式提供的服务项目，纳入政府购买服务指导性目录，探索采取政府购买服务的方式，支持乡村治理工作的开展。

### 4. 采取"谁投资、谁获益"的办法

引入市场机制，对于旅游村、文化村镇、"云游乡村"项目等可经营、可盈利项目

开发，采取市场化办法，按照"谁投资、谁获益"的原则，采取PPP、BOT等方式通过政府采购招标，推进乡村治理工作顺利开展。

## （四）强化人才支撑，提升治理能力

### 1. 培育乡土人才

开展乡土人才培训，围绕村庄带头人、村干部队伍、农村社区服务人员、社区志愿者、乡镇执法人员、农村公共安全人员、人民调解员、农村文艺骨干等人才，通过区农广校、专业培训机构、高校短期培训班等方式开展专业培训，拓展相关专业知识，提升服务供给能力。

### 2. 引进高端人才

采取公招、招录选调生等方式，引进优秀高校毕业生到乡村任职，在户口、购房等方面给予优惠政策。鼓励在外创业的乡村能人回乡创业，作为乡村经济组织的重要补充，优化乡村治理结构。以各类组织为依托，招聘高素质专业技术人才，改善乡村就业人员素质结构，提升乡村就业人员整体水平。

### 3. 建立人才梯队

培育乡村后备人才力量，采取定向委培的办法，鼓励本地大学生毕业后回乡就业，成为村两委班子成员的重要补充。梳理乡村青年劳动力，按照个人专长和兴趣制定培育计划，定期开展相关专业培训，打造乡村人才梯队，为乡村人力资源提供重要支撑。

## （五）加强考核监管，重塑政治生态

### 1. 建立乡村治理考核评价体系

建立《天津市乡村治理现代化综合评价体系》，以及《基层党组织标准化考评体系》《乡村干部考评体系》《法治乡村建设评价体系》《平安乡村建设评价体系》《和谐乡村建设评价体系》《文明村镇建设评价体系》等一系列专项评价体系，制定评价办法和评价标准，科学评价乡村治理现代化成效。

### 2. 建立乡村治理监督检查机制

制定乡村治理督查检查制度，按照重点任务的执行情况，天津市乡村治理工作领导小组采取定期、不定期随机检查的方式，对乡村治理责任主体进行督查检查，发现问题及时纠正。建立由下到上的反馈机制，通过村民监督委员会等组织、包村干部的监督，发现问题及时向上级部门反馈，确保乡村治理政治生态。

### 3. 建立乡村治理激励与约束机制

制定乡村治理的激励与约束制度，制定奖励标准和惩罚措施，根据乡村治理一系列评价体系的评价结果，并结合从上到下和从下到上的监督检查结果，对乡村治理典范给予奖励，对督查结果存在严重问题的乡村给予相应处罚。

## （六）强化宣传引导，树立文明乡风

### 1. 依靠媒体强化宣传

通过天津卫视、各区卫视、新闻广播、报刊杂志、互联网、手机 APP 小程序等媒体，宣传习近平新时代中国特色社会主义思想和乡村自治、法治、德治典型，引领乡村精神文明建设提档升级。

### 2. 依靠典型强化宣传

选树法治乡村、平安乡村、和谐乡村、文明村镇、文明家庭以及道德模范等乡村治理典型，通过典型宣传乡村治理成功模式，用身边人、身边事引导、教导村民保持优良传统道德、优良家风和新时代文明风尚。

### 3. 依靠活动强化宣传

利用节假日、特定日期等举办各种乡村文化活动，在活动中贯彻传统美德、家训家风，通过活动对村民产生潜移默化的影响。同时，通过开展法治和德治宣传活动，进一步强化村民法治意识和道德观念，塑造农村文明新风，巩固和提升村民自治能力和意识，使法治、德治和自治形成良性循环，促进乡村善治。

专题研究七：

# 天津市农民收入影响因素与提升对策研究

# 一、天津市农民收入变动分析

在中央对乡村振兴的战略部署中,改善农民生活是其中重要内容之一,而改善农民生活的关键是提高农民的收入。抓好农民收入问题事关农村社会和谐稳定和国家长治久安的大局。纵观天津市近几年来农民收入状况,农民收入基数较高,一直稳居全国前列,但增速呈现明显下降趋势。面对复杂多变的外部环境,认清当前全市农民增收形势,进一步推进农民收入持续较快增长事关"三农"工作的大局。

## (一)改革开放以来天津市农民收入状况

### 1. 天津市农民收入增长分析

改革开放以来,天津市在经济发展和社会建设上均取得了巨大成就,农民收入水平发生了根本性变化,自1978年的153元增加到2020年的25 691元,增长168倍,年均增长13%。从40多年天津市农村居民收入增速发展变化的阶段状况来看,大致可以分为六个阶段:较快增长、快速下降、渐进回升、快速下降、稳定增长、缓慢下降(表7-1)。

表7-1 1978—2020年天津市农民收入增长情况

| 年份 | 人均可支配收入(元) | 增幅(%) | 年份 | 人均可支配收入(元) | 增幅(%) |
| --- | --- | --- | --- | --- | --- |
| 1978 | 153 |  | 1993 | 1 473 | 12.5 |
| 1979 | 178 | 16.6 | 1994 | 1 836 | 24.6 |
| 1980 | 278 | 55.8 | 1995 | 2 406 | 31.1 |
| 1981 | 298 | 7.1 | 1996 | 3 000 | 24.7 |
| 1982 | 326 | 9.5 | 1997 | 3 244 | 8.1 |
| 1983 | 412 | 26.4 | 1998 | 3 396 | 4.7 |
| 1984 | 505 | 22.5 | 1999 | 3 411 | 0.5 |
| 1985 | 565 | 11.9 | 2000 | 3 622 | 6.2 |
| 1986 | 635 | 12.5 | 2001 | 3 948 | 9.0 |
| 1987 | 749 | 18.0 | 2002 | 4 279 | 8.4 |
| 1988 | 891 | 18.9 | 2003 | 4 566 | 6.7 |
| 1989 | 1 020 | 14.5 | 2004 | 5 020 | 9.9 |
| 1990 | 1 069 | 4.8 | 2005 | 5 580 | 11.2 |
| 1991 | 1 169 | 9.4 | 2006 | 6 228 | 11.6 |
| 1992 | 1 309 | 12.0 | 2007 | 7 010 | 12.6 |

（续表）

| 年份 | 人均可支配收入（元） | 增幅（%） | 年份 | 人均可支配收入（元） | 增幅（%） |
| --- | --- | --- | --- | --- | --- |
| 2008 | 7 911 | 12.8 | 2015 | 18 482 | 8.6 |
| 2009 | 8 688 | 9.8 | 2016 | 20 076 | 8.6 |
| 2010 | 10 075 | 16.0 | 2017 | 21 754 | 8.4 |
| 2011 | 12 321 | 22.3 | 2018 | 23 065 | 6.0 |
| 2012 | 14 026 | 13.8 | 2019 | 24 804 | 7.5 |
| 2013 | 15 353 | 9.5 | 2020 | 25 691 | 3.6 |
| 2014 | 17 014 | 10.8 | | | |

数据来源：根据历年《中国统计年鉴》数据整理；2020年数据根据官方网站整理计算。

从收入增幅上分析，波谷后往往是增长较慢时期，波峰前往往是增长较快时期，天津市农民收入增速的波峰分别出现在1980年、1984年、1995年、2011年（农民增收较快），增速的波谷分别出现在1981年、1990年和1999年（农民增收缓慢）。

（1）1978—1984年的快速增长阶段。这一时期，以家庭联产承包责任制为中心的农村经济管理体制改革极大地激发了农民的生产热情，作为农民家庭副业的生产活动也转变为家庭经营生产，农民收入高速增长主要得益于集体化时期形成的物质基础、开放初期的生产关系变革、农产品调价。其间的农产品流通体制改革活跃了农村商品市场，1978—1984年我国农副产品收购价格总指数提高了53.6%。1980年天津市农民收入增速达到改革开放以来的最高值55.8%。1984年天津市农民收入比1978年提高了2倍，剔除物价等因素影响，实际年均增长19.86%。

（2）1985—1990年的增速快速下降阶段。这一时期初期，乡镇企业的飞速发展带动农民收入总体快速增长，农民收入水平不断提高。天津市农民收入保持较快增长，农民收入增速从1985年的11.9%增加到1988年的18.9%。后期，受国家宏观调控影响，天津市关停并转了一批能耗大、效益差、污染重的小企业，并且加强了对乡镇企业的税收、财务整顿，对农民收入造成了不利影响。1989年有300多万个乡镇企业被关停，2万多个乡镇企业在建项目被暂停，天津市农民收入增速从1989年的14.5%下降到1990年的4.8%。与此同时，随着国家改革的深入和潜力的释放，农业生产不稳定、农业基础设施落后、生产资料价格暴涨等问题逐渐凸显；农业的连续丰收造成农产品低水平上的卖难局面出现，国家税收和集体提留等农业负担较重；多种因素导致家庭经营经济效益下滑，在此宏观不利形势下，天津市农民增收速度也放缓。

（3）1991—1995年的增速渐进回升阶段。其间，邓小平发表南方谈话，党的十四大提出了建立社会主义市场经济体制，农产品价格全面放开。这一时期是我国国民经济发展最快的时期，全国出现了大办开发区、招商引资、兴办工业的浪潮，特别是外资大量涌入以及城市现代化发展创造大量的就业机会等，吸引大量农村劳动力转移就业，宏观经济的发展为天津市农村经济增长创造了宽松的发展环境，特别是为农村非农产业的成长和农村劳动力就业创造了机遇和条件,也为农产品的需求开辟了市场。加上天津市农业生产形势较好,国家进行农产品价格改革使农产品受益(1992年和1993年国家曾经大幅提升粮食的收购价格,1994年提高农副产品收购价格),天津市农民收入增速反弹回升,从1991年的9.4%增长到1992年12.0%,1993年增速为12.5%,1994年和1995年农民收入增速回升较快,分别为24.6%、31.1%。

(4) 1996—2000年的增速快速下降阶段。20世纪90年代后期,我国乡镇企业面临着"政企不分、经营方式落后、负债率高、技术老化"等问题,"村村点火、户户冒烟"的生存方式无法适应市场。1996年国家制定了《乡镇企业法》。天津市大部分乡镇企业与民营企业开始转制和调整重组,1996—1998年乡镇工业企业亏损逐年增大,加上农业的小生产和大市场的矛盾,给天津市农民收入的增长带来了比较大的影响。国家通过连续几年的加大宏观调控,农产品出现结构性过剩,市场价格持续回落;同时,伴随着当时的东南亚金融危机,出现了通货紧缩局面。在这一宏观背景下,天津市农民收入增速从1996年的24.7%下降到1999年的0.5%,一直到2000年,连续4年农民收入增速逐步下降。

(5) 2001—2011年的增速稳定增长阶段。进入21世纪以来,我国加快了对外开放步伐,尤其是党的十六大以来,中央高度关注"三农"问题,相继出台了一系列旨在解决"三农"突出问题的重要政策和措施,城市反哺农村,城乡统筹、新农村建设和城镇化快速推进。2004年中央以一号文件的形式发布了《中共中央 国务院关于促进农民增收增加收入若干政策的意见》,首次把农民增收从农业农村农民的头绪中梳理出来,2006年全面取消农业税,进一步放开农产品市场和价格等政策,良好的发展环境促进了农民收入稳定增长。天津市也相继出台了系列鼓励支持"三农"发展的政策文件,农口形成了一条比较清晰的工作思路,一个有效的政策指导体系,2002年明确提出了对天津市农业和农村经济进行新一轮结构调整,该时期郊区非农产业快速发展,城市化进程明显加快,城镇化快速推进,到2011年已经先后批准了四批示范小城镇建设项目。另外,设施农业4412工程建设、农民素质提高工程、促进低收入农户增收、扶持农村低收入群体增收"三个一"工程建设、实施农民收入倍增计划、制定农民增收政策措施等多项举措确保了这一时期农民收入的平稳增长。这一时期,天津市农民收入增幅在6.7%~22.3%;2003年增幅最低,为6.7%;2011年天津市农民收入增速最高达到22.3%。

(6) 2012—2020年的增速缓慢下降阶段。我国的经济发展速度从2012年逐步放缓,数字上看,GDP增长从原来的两位数下降到个位数,经济发展进入了新常态。新常态下,全球经济复苏缓慢、国内经济下行压力持续加大,我国农民收入增长缓慢,且增收难度加大。天津市也进入了以绿色发展理念引领农村环境整治、顺从资源环境约束实情进行产业结构调整、勇于"挤"水分凸显高质量发展等经济社会深度调整的阵痛期,其间全市农民收入增长也相对较为乏力,农民收入增速持续下滑,2012年、2013年、2014年农民收入增速分别下降至为13.8%、9.5%、10.8%,2015年天津市农民收入增幅经过连续多年的持续稳定增长,首次降至个位数8.6%。随后,农民收入增幅呈逐年下降态势。2016年收入增幅为8.6%,2017年为8.4%,2018年为6.0%,

2019年为7.5%,2020年为3.6%。

## 2. 天津市农民收入结构变动分析

1993年以前,我国农民收入主要为集体统一经营中得来的收入、从经济联合体得到的收入、家庭经营收入和非生产性收入。1993年以后,我国农民纯收入的来源明确划分为工资性收入、经营净收入、财产净收入、转移净收入四大块。因此,讨论从1993年开始。从收入结构上看,1993—2020年,天津市农民收入结构也发生了很大的变化,工资性收入、经营净收入、财产净收入、转移净收入四者之比由43.5∶53∶0.7∶2.8转为58.8∶23.1∶4∶14.1(表7-2)。从2002年天津市农民工资性收入占比48.2%,超过经营性收入占比46.7%起,工资性收入已经成为天津市农民收入的最主要的构成部分,其次是家庭经营性收入、财产性收入和转移性收入占比较小,尤其转移性收入远远达不到发达地区比如北京和上海的水平,比重不够合理,也就是说天津市农民收入主要以工资收入和家庭经营性收入为主。

表7-2 1993—2020年天津市农村农民收入结构　　　　(单位:%)

| 年份 | 天津市农村居民人均可支配收入构成 | | | |
|---|---|---|---|---|
| | 工资性收入 | 经营净收入 | 财产净收入 | 转移净收入 |
| 1993 | 43.5 | 53.0 | 0.7 | 2.8 |
| 1994 | 46.7 | 48.9 | 2.3 | 2.1 |
| 1995 | 42.1 | 53.9 | 2.3 | 1.7 |
| 1996 | 41.3 | 54.4 | 2.2 | 2.0 |
| 1997 | 47.4 | 48.0 | 1.8 | 2.7 |
| 1998 | 48.3 | 46.7 | 2.3 | 2.7 |
| 1999 | 42.4 | 53.6 | 1.5 | 2.6 |
| 2000 | 45.2 | 51.3 | 1.2 | 2.3 |
| 2001 | 45.5 | 50.0 | 1.6 | 2.9 |
| 2002 | 48.2 | 46.7 | 1.7 | 3.4 |
| 2003 | 47.1 | 47.4 | 3.1 | 2.4 |
| 2004 | 47.0 | 42.4 | 1.9 | 2.8 |
| 2005 | 48.8 | 47.1 | 2.7 | 1.4 |
| 2006 | 52.2 | 43.5 | 2.0 | 2.3 |
| 2007 | 51.1 | 42.2 | 2.3 | 4.4 |
| 2008 | 51.4 | 39.2 | 5.9 | 3.6 |
| 2009 | 50.7 | 40.9 | 3.1 | 5.3 |
| 2010 | 52.2 | 38.7 | 3.7 | 5.5 |

(续表)

| 年份 | 天津市农村居民人均可支配收入构成 | | | |
|---|---|---|---|---|
| | 工资性收入 | 经营净收入 | 财产净收入 | 转移净收入 |
| 2011 | 55.4 | 31.7 | 6.0 | 6.8 |
| 2012 | 56.5 | 29.4 | 6.6 | 7.5 |
| 2013 | 57.4 | 28.9 | 7.1 | 6.7 |
| 2014 | 58.4 | 28.2 | 4.7 | 8.7 |
| 2015 | 59.7 | 26.8 | 4.2 | 9.3 |
| 2016 | 60.0 | 26.4 | 4.5 | 9.1 |
| 2017 | 60.4 | 25.6 | 4.6 | 9.4 |
| 2018 | 58.8 | 23.1 | 4.0 | 14.1 |
| 2019 | 59.5 | 20.1 | 4.2 | 16.3 |
| 2020 | 56.0 | 21.7 | 5.6 | 16.7 |

数据来源：根据历年《中国统计年鉴》数据整理；2020年数据根据官方网站整理计算。

从工资性收入、经营净收入、财产净收入、转移净收入增幅上看，工资性收入和家庭经营性收入增速变化相对平缓，其中，大多数年份，工资性收入增幅高于同期的家庭经营性收入增幅；而财产性收入和转移性收入增速变化相对剧烈，部分年份财产性收入和转移性收入增幅出现负增长，带有很大的不确定性（图7-1、表7-3）。

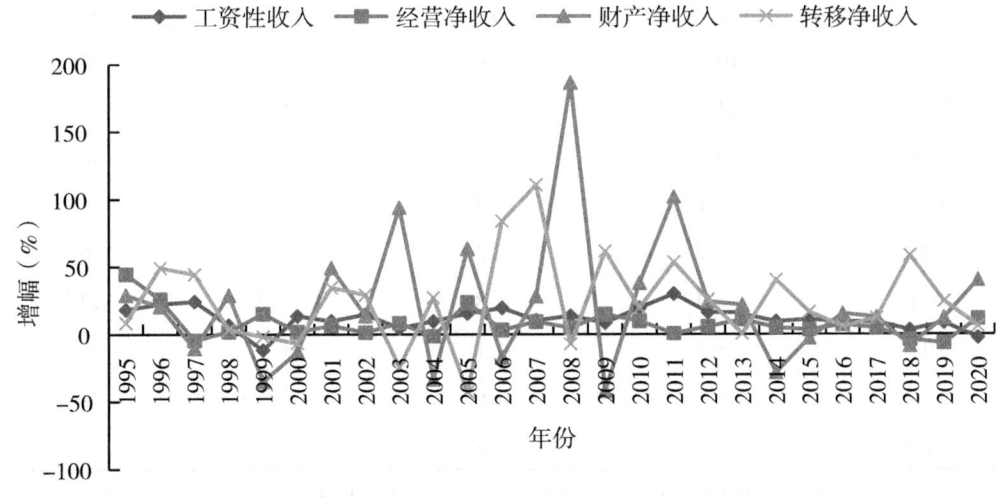

图 7-1 1995—2020 年天津市农民收入分项增幅

（数据来源：根据历年《中国统计年鉴》数据整理计算；2020年数据根据官方数据整理计算）

表 7-3　1995—2020 年天津市农民收入分项增幅　　　　　　　　（单位:%）

| 年份 | 天津市农村居民人均可支配收入增福 | | | |
|---|---|---|---|---|
| | 工资性收入 | 经营净收入 | 财产净收入 | 转移净收入 |
| 1995 | 18.1 | 44.5 | 29.0 | 8.4 |
| 1996 | 22.4 | 25.8 | 20.6 | 49.1 |
| 1997 | 24.2 | -4.6 | -10.9 | 44.2 |
| 1998 | 6.6 | 1.9 | 28.8 | 3.3 |
| 1999 | -11.9 | 15.1 | -35.3 | -1.8 |
| 2000 | 13.4 | 1.7 | -13.4 | -6.7 |
| 2001 | 9.7 | 6.2 | 49.1 | 34.5 |
| 2002 | 14.6 | 1.4 | 13.6 | 29.1 |
| 2003 | 4.5 | 8.1 | 93.7 | -24.6 |
| 2004 | 9.6 | 12.6 | -33.4 | 27.1 |
| 2005 | 15.4 | 8.2 | 63.2 | -42.9 |
| 2006 | 19.4 | 3.1 | -17.3 | 83.6 |
| 2007 | 10.3 | 9.2 | 28.2 | 110.6 |
| 2008 | 13.5 | 4.7 | 186.1 | -7.4 |
| 2009 | 8.4 | 14.7 | -42.3 | 61.3 |
| 2010 | 19.4 | 9.7 | 37.7 | 19.4 |
| 2011 | 29.8 | 0.3 | 101.5 | 53.2 |
| 2012 | 16.0 | 5.6 | 24.1 | 25.5 |
| 2013 | 14.8 | 10.8 | 21.6 | 0.2 |
| 2014 | 9.4 | 4.8 | -28.7 | 40.1 |
| 2015 | 11.0 | 3.3 | -3.0 | 16.4 |
| 2016 | 9.2 | 7.3 | 15.3 | 5.7 |
| 2017 | 9.1 | 4.8 | 12.7 | 12.1 |
| 2018 | 3.3 | -4.1 | -8.6 | 58.5 |
| 2019 | 8.7 | -6.6 | 12.3 | 24.5 |
| 2020 | -2.5 | 11.7 | 40.3 | 6.2 |

数据来源：根据历年《中国统计年鉴》数据整理；2020 年数据根据官方数据整理计算。

具体分析如下：

(1) 工资性收入增长较快，增速在小幅波动中逐渐上升，所占比重逐年增加，带动农民收入增长作用越来越明显。1993—2005 年，工资性收入占可支配收入比重均值在45%左右，其中，1995—1997年工资性收入增幅较高，在20%以上。2006年工资性收入占比达到52.2%，增幅达到19.4%；2010年所占比重均值在51%左右。2011—2015年，工资性收入所占比重在58%左右，增幅均在两位数。2016年和2017年，工资性收入所占比重达到60%以上。受2017年宏观经济不景气的滞后影响以及经济转型升级、环境治理等影响，农民工资性收入增幅逐步放缓，所占比重略有下降。2018年工资性收入所占比重略有下降至58.8%，增幅也降至3.3%。2020年工资性收入所占比重下降至56%，增幅也降至-2.5%。调研发现，农民工资性收入影响因素主要取决于农民自身技能和从事的行业类别：高技能的农民能够更好地适应市场经济和社会发展并获取更多的经济回报，而低技能农民的行业和职业选择受限，就业稳定性较差。天津市农民从事的行业主要集中在农林牧渔、批发零售、交通运输等传统劳动密集型行业，其工资水平及工资增速均低于全市平均值，这是导致其工资性收入增速缓慢的重要原因。

（2）家庭经营净收入所占比重不断下降，增速在小幅波动中逐渐下降，但仍是农民收入的重要来源。1993年天津市农民家庭经营性收入780.7元，占比53%，这是经营性收入在近20多年来最高的占比。1993—2001年，天津市农民经营性收入均保持在2 000元以内，经营净收入所占比重均值在51%左右；2002—2011年，天津市农民经营性收入均保持在4 000元以内，经营净收入所占比重均值在43%左右；2013—2020年，天津市农民经营性收入均保持在5 500元以内，经营净收入所占比重均值在27%左右；经营净收入占可支配收入的比重下降幅度明显，增幅也较低，大部分年份均保持在个位数增速且低于10%，2020年经营净收入所占比重21.7%，增幅为11.7%。

农民家庭经营性收入主要包括第一、第二、第三产业经营净收入，其中，第一产业经营净收入占经营净收入的比重在不断下降。从近几年数据看，从2013年的47%下降至2018年的34%，而第三产业经营净收入所占比重不断提升，从35%提高至47%，第二产业经营净收入所占比重相对较为稳定，保持在18%左右（图7-2）。主要原因是人们对旅游休闲有更多需求，津郊农民自己经营的农业观光园发展较快，同时随着农业产业链的拉长，农村运输、物流业等发展也较快，从而第三产业所占比重相对较大。疫情期间人员流动受限，这对第二、第三产业的经营活动影响很大，对从事旅游经济的经营活动冲击更为突出。2020年1季度天津市农民经营性收入下降5.3%，其中二产下降29.8%，三产下降31.8%。上半年经营性收入同比下降10.8%，三季度天津市农民经营净收入好于预期，但也下降了3.6%。2020年第一产业经营净收入占经营净收入的比重升至44.8%，第二产业经营净收入占经营净收入的比重降至15%，第三产业经营净收入占经营净收入的比重降至40.4%。随着新冠肺炎疫情防控局势稳定，经营困难逐步得以纾解。居民外出休闲、购物等意愿增强，尤其是周边游取代了以往的长途游、出国游，同时，秋粮丰收、粮食价格略有上涨、生猪等养殖产品价格高位运行等为远郊相关经营户收益的增加创造了良好条件，经营性收入在逐步恢复。

随着城镇化的加快，在生态环境建设、产业结构调整的带动下，天津市农业进入战略型结构调整期，传统农业加快退出，如环境保护要求限制了农民家禽家畜饲养，大面积的粮食生产功能区效益不高、渔业养殖面临还湿困境等，以第一产业为主的生产经营活动日渐收缩，从事农业的就业人口占比不断下降，农村居民从第一产业获得的收入占比也不断减少（图7-2），家庭经营收入萎缩现象比较明显。同时也说明，天津市农业在20多年的发展中，家庭经营净收入结构日益优化（林业面积的增加、畜牧业的下降），功能越来越多元化，业态也逐渐丰富，为天津市其他产业发展创造了良好的外部环境和政策机遇。

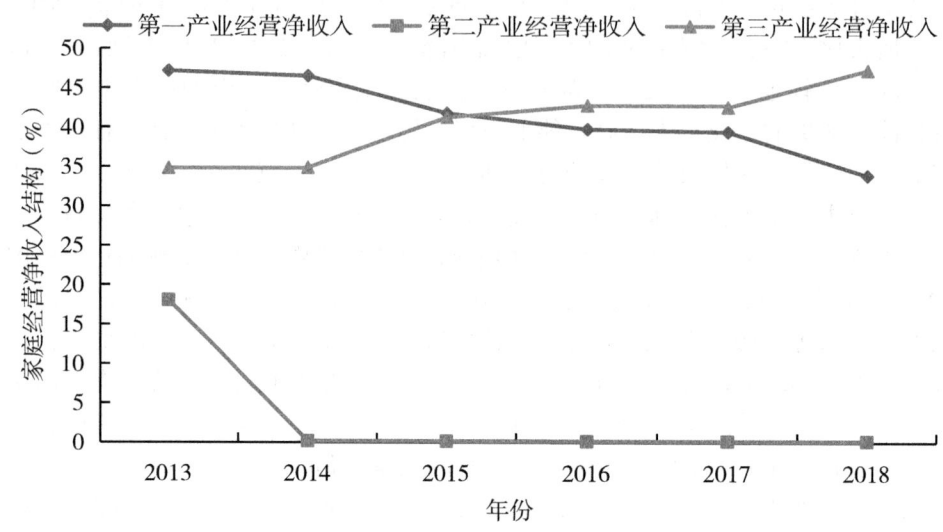

图7-2 2013—2018年天津市农民家庭经营性收入构成
（数据来源：国家统计局天津调查总队）

(3) 财产净收入呈现波动增长趋势，但增加的比重很有限，未能明显拉动总收入增长。1993年天津市农民财产净收入只有10.5元，占农民人均可支配收入的0.7%。1993—2002年，财产净收入所占比重的均值为1.8%。2003年财产净收入突破100元，所占比重为3.1%。2004—2007年，财产净收入所占比重又降至3%以下。2008年示范小城镇建设促进了农民财产净收入的增长，当年财产净收入所占比重达到5.9%，增幅也达到最高值186.1%。2009年和2010年所占比重有所下降。随着农村产权制度改革的逐步深入，土地确权、新型经营主体蓬勃发展，2011年、2012年和2013年农民财产净收入增加较快，财产净收入所占比重也达到了高峰，分别为6.0%、6.6%和7.1%，增幅相对也较高，分别为101.5%、24.1%和21.6%；其中，2013年财产净收入达到最高值1 120元，所占比重也达到最高值7.1%。2014年进入新常态以来，财产净收入比重又有所下降，增幅也下降。2014—2020年，财产净收入比重均值为4.5%。

天津市农民财产性收入一方面得益于津郊有利的地理位置和大城市密集人口的刚性住房需求，靠出租房屋获得的房屋租金占据了天津市农民财产性收入的很大一部分。另一方面，耕地资源的规范流转和有效经营让集体经济再放异彩，既促进了乡镇经济发展，又增加了农民的付息红利和各种补贴。

(4) 转移净收入呈现波动增长趋势，但所占比重不断提高，日益成为农民收入的有力补充。1993年，天津市农民转移净收入为41.2元，占可支配收入的比重为2.8%。2000年以来，中央对"三农"问题重视程度不断加深，取消农业税、发放粮食直补、推行农村养老保险和新农合制度等政策措施给农民带来了明显实惠。2006年转移净收入突破 100 元,之后转移净收入在波动中逐年增加,2019 年增加到 4 035元,2020 年新冠肺炎疫情期间增加了转移支付力度,达到 4 287元;其间,所占比重在波动中逐年上升。现阶段的惠农政策对农民转移性增收的带动作用明显。2010 年所占比重上升至 5.5%,2015 年上升至 9.3%,2018 年上升至 14.1%,2019 年和 2020 年分别为 16.3%、16.7%。

调研中了解到,养老金或离退休金是天津市农民转移净收入的主要组成部分,随着社会保障水平不断提高,农民获得的转移性收入将不断增长,且会成为调节农民收入的有力手段。尽管新冠肺炎疫情前期天津市农民收入出现徘徊甚至下降,但在高标准落实清洁取暖补贴、户厕改造、自来水改造等惠民政策下,转移性收入成为调节农民收入的有力手段,对农民增收的拉动作用明显增强。

## (二) 天津市城乡居民收入差距现状

天津市农村和城镇居民收入都在不断增长,增长趋势总体保持一致,但从绝对数额差异来看,各年间收入金额之差呈逐年扩大的趋势(表 7-4)。1993 年时,两者之间差额为 1 296.1 元,随后逐年增大,至 2020 年两者差额达到 21 968 元。从相对差异分析,1994 年以后,天津市城乡居民收入之比呈现了扩大趋势。2002—2009 年,随着城镇化速度加快,天津市城乡居民收入之比逐步扩大,由 2002 年的 2.18∶1 平稳升至 2009 年的 2.46∶1,之后城乡居民收入差距逐年减小。2010 年、2011 年分别为 2.41∶1、2.18∶1,2012 年我国经济发展进入新常态以来,城乡居民收入相对差距逐步缩小至 2.11∶1。2013 年由于城镇居民收入不增反降,城乡居民收入比仅为 1.89∶1,2014—2018 年该指标稳定在 1.85∶1,2019 年指标数据上升至 1.91∶1,随后 2020 年又降至 1.86∶1。

表 7-4 1994—2020 年天津市城乡居民收入水平

| 年份 | 天津市居民收入 | | 城乡收入差距 | |
| --- | --- | --- | --- | --- |
| | 农村居民人均可支配收入(元) | 城镇居民人均可支配收入(元) | 绝对差距(元) | 相对差距 |
| 1993 | 1 473 | 2 769 | 1 296 | 1.88 |
| 1994 | 1 836 | 3 982 | 2 146 | 2.17 |
| 1995 | 2 406 | 4 930 | 2 523 | 2.05 |
| 1996 | 3 000 | 5 968 | 2 968 | 1.99 |
| 1997 | 3 244 | 6 608 | 3 365 | 2.04 |
| 1998 | 3 396 | 7 111 | 3 715 | 2.09 |
| 1999 | 3 411 | 7 650 | 4 239 | 2.24 |
| 2000 | 3 622 | 8 140 | 4 518 | 2.25 |
| 2001 | 3 948 | 8 959 | 5 011 | 2.27 |

(续表)

| 年份 | 天津市居民收入 | | 城乡收入差距 | |
|---|---|---|---|---|
| | 农村居民人均可支配收入（元） | 城镇居民人均可支配收入（元） | 绝对差距（元） | 相对差距 |
| 2002 | 4 279 | 9 338 | 5 059 | 2.18 |
| 2003 | 4 566 | 10 313 | 5 747 | 2.26 |
| 2004 | 5 020 | 11 467 | 6 448 | 2.28 |
| 2005 | 5 580 | 12 639 | 7 059 | 2.27 |
| 2006 | 6 228 | 14 283 | 8 055 | 2.29 |
| 2007 | 7 010 | 16 357 | 9 347 | 2.33 |
| 2008 | 7 911 | 19 423 | 11 512 | 2.46 |
| 2009 | 8 688 | 21 402 | 12 715 | 2.46 |
| 2010 | 10 075 | 24 293 | 14 218 | 2.41 |
| 2011 | 12 321 | 26 921 | 14 600 | 2.18 |
| 2012 | 14 026 | 29 626 | 15 601 | 2.11 |
| 2013 | 15 353 | 28 980 | 13 627 | 1.89 |
| 2014 | 17 014 | 31 506 | 14 492 | 1.85 |
| 2015 | 18 482 | 34 101 | 15 620 | 1.85 |
| 2016 | 20 076 | 37 110 | 17 034 | 1.85 |
| 2017 | 21 754 | 40 278 | 18 524 | 1.85 |
| 2018 | 23 065 | 42 976 | 19 911 | 1.86 |
| 2019 | 24 804 | 46 119 | 22 035 | 1.91 |
| 2020 | 25 691 | 47 659 | 21 968 | 1.86 |

数据来源：根据历年《中国统计年鉴》数据计算；2020年数据根据官方数据整理计算。

## 二、天津市与国内发达省市的农民收入比较

### （一）天津市农民收入在全国变动情况

**1. 20世纪80、90年代变动情况**

从全国的排名来看，20世纪80、90年代，天津市农民收入在全国排名变动情况较大。1978年天津市农民收入在全国排名第六。1980年在全国排名第三，天津市农民收入277.92元，仅次于上海市的397.35元和北京市的290.46元。1981年在全国排名第

五,天津市农民收入被广东、辽宁超越。1982 年在全国排名第六,被吉林超越。1983 年在全国排名第五,天津市农民收入位于上海、北京、吉林、辽宁之后。1984—1987 年,在全国排名第三,天津市农民收入稳居在上海和北京之后。1988 年在全国排名第四,被浙江超越。1995—2000 年,天津市农民收入在全国排名保持第五或第六位,位居上海、北京、浙江、广东之后,不时与江苏交换第五、第六位置(表 7-5)。

2. 2001 年以来排名情况

2001 年以来,天津市农民收入在全国排名较为稳定,排在上海、北京、浙江之后,稳居第四。

表 7-5　1978—2018 年天津市农民收入与国内发达省市农民人均收入排名

| 年份 | 国内发达省市排序 | | | | | 天津市排名 |
|---|---|---|---|---|---|---|
| 1978 | 上海 | 北京 | 新疆 | 广东 | 吉林 | **天津** | 6 |
| 1980 | 上海 | 北京 | **天津** | 广东 | 辽宁 | 吉林 | 3 |
| 1981 | 上海 | 北京 | 广东 | 辽宁 | **天津** | 吉林 | 5 |
| 1982 | 上海 | 北京 | 广东 | 辽宁 | 吉林 | **天津** | 6 |
| 1983 | 上海 | 北京 | 吉林 | 辽宁 | **天津** | 广东 | 5 |
| 1984 | 上海 | 北京 | **天津** | 吉林 | 辽宁 | 江苏 | 3 |
| 1985—1987 | 上海 | 北京 | **天津** | 浙江 | 广东 | 江苏 | 3 |
| 1988 | 上海 | 北京 | 浙江 | **天津** | 广东 | 江苏 | 4 |
| 1989 | 上海 | 北京 | **天津** | 浙江 | 广东 | 江苏 | 3 |
| 1990—1992 | 上海 | 北京 | 浙江 | **天津** | 广东 | 江苏 | 4 |
| 1993—1994 | 上海 | 北京 | 浙江 | 广东 | **天津** | 江苏 | 5 |
| 1995—1997 | 上海 | 北京 | 浙江 | 广东 | 江苏 | **天津** | 6 |
| 1998 | 上海 | 北京 | 浙江 | 广东 | **天津** | 江苏 | 5 |
| 1999 | 上海 | 北京 | 浙江 | 广东 | 江苏 | **天津** | 6 |
| 2000 | 上海 | 北京 | 浙江 | 广东 | **天津** | 江苏 | 5 |
| 2001—2012 | 上海 | 北京 | 浙江 | **天津** | 江苏 | 广东 | 4 |
| 2013—2018 | 上海 | 浙江 | 北京 | **天津** | 江苏 | 福建 | 4 |
| 2019—2020 | 上海 | 浙江 | 北京 | **天津** | 江苏 | 广东 | 4 |

注:根据历年《中国统计年鉴》整理分析;2020 年数据根据官方网站整理分析。

## (二) 与国内发达省市农民收入水平比较

### 1. 农民收入水平比较

1978—2018 年,六省市中,上海、北京、浙江三省市农民收入水平较高(表 7-6),天津、江苏、广东农民收入水平相对较低。其中,天津市农民收入水平明显介于前三者和后二者之间，但在 1995—1999 年期间，天津市农民收入水平较低，被广东和江苏超越，位居末位。可以看出，上海市农民收入水平始终领先于其他五省市，北京市农民收入水平仅次于上海市，但 2013 年至 2020 年被浙江赶超。

表 7-6　1980—2020 年天津市与国内发达省市农民收入水平比较　　（单位：元）

| 年份 | 农村居民人均可支配收入 | | | | | |
|---|---|---|---|---|---|---|
|  | 上海 | 北京 | 浙江 | 天津 | 广东 | 江苏 |
| 1980 | 397 | 291 | 219 | 278 | 274 | 218 |
| 1981 | 444 | 351 | 280 | 298 | 325 | 258 |
| 1982 | 530 | 433 | 316 | 326 | 382 | 309 |
| 1983 | 563 | 520 | 359 | 412 | 396 | 358 |
| 1984 | 785 | 664 | 446 | 505 | 425 | 448 |
| 1985 | 806 | 775 | 549 | 565 | 495 | 493 |
| 1986 | 937 | 823 | 609 | 635 | 546 | 561 |
| 1987 | 1 059 | 916 | 725 | 749 | 645 | 627 |
| 1988 | 1 301 | 1 063 | 902 | 891 | 809 | 797 |
| 1989 | 1 380 | 1 231 | 1 011 | 1 020 | 955 | 876 |
| 1990 | 1 907 | 1 297 | 1 099 | 1 069 | 1 043 | 959 |
| 1991 | 2 003 | 1 422 | 1 211 | 1 169 | 1 143 | 921 |
| 1992 | 2 226 | 1 572 | 1 359 | 1 309 | 1 308 | 1 061 |
| 1993 | 2 727 | 1 883 | 1 746 | 1 473 | 1 675 | 1 267 |
| 1994 | 3 437 | 2 401 | 2 225 | 1 836 | 2 182 | 1 832 |
| 1995 | 4 246 | 3 224 | 2 966 | 2 406 | 2 699 | 2 457 |
| 1996 | 4 846 | 3 562 | 3 463 | 3 000 | 3 184 | 3 029 |
| 1997 | 5 277 | 3 684 | 3 684 | 3 244 | 3 468 | 3 270 |
| 1998 | 5 407 | 3 952 | 3 815 | 3 396 | 3 527 | 3 377 |
| 1999 | 5 409 | 4 227 | 3 948 | 3 411 | 3 629 | 3 495 |
| 2000 | 5 596 | 4 605 | 4 254 | 3 622 | 3 655 | 3 595 |
| 2001 | 5 871 | 5 026 | 4 582 | 3 948 | 3 770 | 3 785 |
| 2002 | 6 224 | 5 399 | 4 940 | 4 279 | 3 912 | 3 980 |
| 2003 | 6 654 | 5 602 | 5 389 | 4 566 | 4 055 | 4 239 |
| 2004 | 7 066 | 6 170 | 5 944 | 5 020 | 4 366 | 4 754 |
| 2005 | 8 248 | 7 346 | 6 660 | 5 580 | 4 691 | 5 276 |

(续表)

| 年份 | 农村居民人均可支配收入 | | | | | |
|---|---|---|---|---|---|---|
| | 上海 | 北京 | 浙江 | 天津 | 广东 | 江苏 |
| 2006 | 9 139 | 8 276 | 7 335 | 6 228 | 5 080 | 5 813 |
| 2007 | 10 145 | 9 440 | 8 265 | 7 010 | 5 624 | 6 561 |
| 2008 | 11 440 | 10 662 | 9 258 | 7 911 | 6 400 | 7 357 |
| 2009 | 12 483 | 11 669 | 10 007 | 8 688 | 6 907 | 8 004 |
| 2010 | 13 978 | 13 262 | 11 303 | 10 075 | 7 890 | 9 118 |
| 2011 | 16 054 | 14 736 | 13 071 | 12 321 | 9 372 | 10 805 |
| 2012 | 17 804 | 16 476 | 14 552 | 14 026 | 10 543 | 12 202 |
| 2013 | 19 208 | 17 101 | 17 494 | 15 353 | 11 068 | 13 521 |
| 2014 | 21 192 | 18 867 | 19 373 | 17 014 | 12 246 | 14 958 |
| 2015 | 23 205 | 20 569 | 21 125 | 18 482 | 13 360 | 16 257 |
| 2016 | 25 520 | 22 310 | 22 866 | 20 076 | 14 512 | 17 606 |
| 2017 | 27 825 | 24 241 | 24 956 | 21 754 | 15 780 | 19 158 |
| 2018 | 30 375 | 26 490 | 27 302 | 23 065 | 17 168 | 20 845 |
| 2019 | 33 195 | 28 928 | 29 876 | 24 804 | 18 818 | 22 675 |
| 2020 | 34 911 | 30 126 | 31 930 | 25 691 | 20 143 | 24 198 |

数据来源：根据历年《中国统计年鉴》数据整理；2020年数据来自各地官方网站。

### 2. 农民收入增幅比较

农民收入具有脆弱性和不稳定性，农民增收与多种因素有关，其本质上的影响因素比较复杂，涉及国民经济发展形势、财政收入状况、改革创新、生态环保要求、经济政策调整、就业形式、惠农政策、气象条件、农产品价格等。首先，从统计数据分析，1981—2020年，上海、北京、浙江、天津、江苏、广东六省市的农民收入增幅都曾出现过较低值（图7-3）。北京农民收入增幅较低值出现在1997年的3.4%、2003年的3.8%、2013年的3.8%和2020年的4.1%。上海农民收入增幅较低值出现在1998年的2.5%、1999年的0.04%、2001年的4.9%。浙江农民收入增幅较低值出现在1998年的3.5%、1999年的3.5%。天津市农民收入增幅较低值出现在1990年的0.5%和2020的3.6%。江苏农民收入增幅较低值出现在1998年的3.3%、1999年的3.5%、2000年的2.9%。广东农民收入增幅较低值出现在1998年的1.7%、1999年的2.9%、2000年0.7%、2001年的3.2%、2002年的3.8%、2003年的3.6%（表7-7）。

相比而言，20多年来，天津市农民收入增幅发展趋势较好，只是2017年至2020年增幅明显低于五省市。增幅较低值仅出现在1990年的4.8%、1999年0.5%和2020年的3.6%，1999年的最低值主要是由于工资性收入增幅（-11.9%）和财产净收入

(-35.3%)同时大幅下降造成。2020年的最低值是由于工资性收入（-2.5%）和转移净收入（6.2%）同时下降导致。

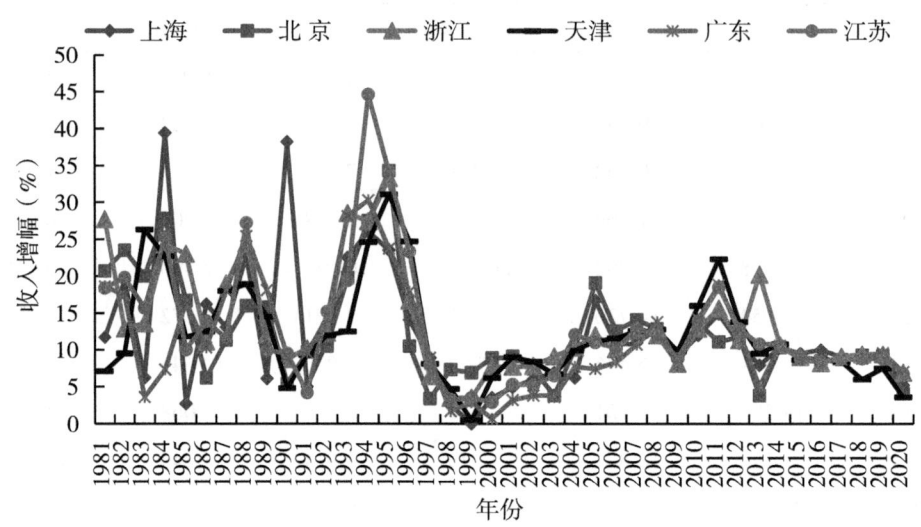

图7-3 1981—2020年天津市农民收入增幅与国内发达省市农民收入增幅比较
（数据来源：根据历年《中国统计年鉴》数据整理计算；2020年数据来自各地官方网站）

上述省市农民收入增幅较低，从数据表面看，究其原因，主要是四大项收入增幅中，其中两项增幅过低，尤其是占比较高的增幅与往年差别太大，在其他项中又没有保持较高未能削减其带来的负效应。如北京2003年农民收入增幅3.8%，主要是由于当年工资性收入增幅1.5%，经营净收入增幅5.8%，财产净收入增幅10.4%，虽然转移净收入增幅高达42.2%，但也抵不过其他三项带来的负效应。2013年农民收入增幅3.8%，是由于当年经营净收入增幅为-36.8%，虽然其他三项收入增幅较高，但由于经营净收入下降幅度过多，致使当年农民收入增幅过低。农民收入增幅出现较低值与一定的时代背景下经济发展与定位、面临的新矛盾、突发事件影响和政策调整有着很大的关系。如2003年广东农民收入较低与当时的"非典"有着一定的关系，2020年的新冠肺炎疫情对各地农民增收都造成了不同程度的不利影响。新冠肺炎疫情发生以来天津市实施了较为严格的防疫政策，在做好防控工作的前提下，全力支持和组织推动复工复产，民生性的复工复产速度跟全国不相上下，但一些涉及农民返岗的复工复产还需要进一步提高。

表7-7 1981—2020年天津市农民收入增幅与国内发达省市农民收入增幅比较 （单位:%）

| 年份 | 农村居民人均可支配收入增幅 | | | | | |
| --- | --- | --- | --- | --- | --- | --- |
| | 上海 | 北京 | 浙江 | 天津 | 广东 | 江苏 |
| 1981 | 11.7 | 20.7 | 27.7 | 7.1 | 18.6 | 18.4 |
| 1982 | 19.4 | 23.5 | 12.9 | 9.5 | 17.4 | 19.8 |
| 1983 | 6.2 | 20.0 | 13.6 | 26.3 | 3.6 | 15.7 |

(续表)

| 年份 | 农村居民人均可支配收入增幅 | | | | | |
| --- | --- | --- | --- | --- | --- | --- |
| | 上海 | 北京 | 浙江 | 天津 | 广东 | 江苏 |
| 1984 | 39.4 | 27.8 | 24.3 | 22.7 | 7.3 | 25.3 |
| 1985 | 2.7 | 16.7 | 23.0 | 11.8 | 16.5 | 10.0 |
| 1986 | 16.2 | 6.2 | 11.1 | 12.5 | 10.3 | 13.9 |
| 1987 | 13.1 | 11.3 | 19.0 | 18.0 | 18.0 | 11.6 |
| 1988 | 22.8 | 16.0 | 24.4 | 18.9 | 25.4 | 27.2 |
| 1989 | 6.1 | 15.8 | 12.0 | 14.5 | 18.1 | 9.9 |
| 1990 | 38.2 | 5.4 | 8.7 | 4.8 | 9.2 | 9.5 |
| 1991 | 5.0 | 9.7 | 10.2 | 9.3 | 9.6 | 4.2 |
| 1992 | 11.1 | 10.5 | 12.3 | 12.0 | 14.4 | 15.2 |
| 1993 | 22.5 | 19.8 | 28.5 | 12.5 | 28.1 | 19.4 |
| 1994 | 26.0 | 27.5 | 27.4 | 24.6 | 30.3 | 44.6 |
| 1995 | 23.5 | 34.3 | 33.3 | 31.1 | 23.7 | 34.1 |
| 1996 | 14.1 | 10.5 | 16.7 | 24.7 | 17.9 | 23.3 |
| 1997 | 8.9 | 3.4 | 6.4 | 8.1 | 8.9 | 7.9 |
| 1998 | 2.5 | 7.3 | 3.5 | 4.7 | 1.7 | 3.3 |
| 1999 | 0.0 | 6.9 | 3.5 | 0.5 | 2.9 | 3.5 |
| 2000 | 3.5 | 8.9 | 7.7 | 6.2 | 0.7 | 2.9 |
| 2001 | 4.9 | 9.1 | 7.7 | 9.0 | 3.2 | 5.3 |
| 2002 | 6.0 | 7.4 | 7.8 | 8.4 | 3.8 | 5.2 |
| 2003 | 6.9 | 3.8 | 9.1 | 6.7 | 3.6 | 6.5 |
| 2004 | 6.2 | 10.2 | 10.3 | 9.9 | 7.7 | 12.1 |
| 2005 | 16.7 | 19.1 | 12.0 | 11.2 | 7.4 | 11.0 |
| 2006 | 10.8 | 12.6 | 10.1 | 11.6 | 8.3 | 10.2 |
| 2007 | 11.0 | 14.1 | 12.7 | 12.6 | 10.7 | 12.9 |
| 2008 | 12.8 | 12.9 | 12.0 | 12.8 | 13.8 | 12.1 |
| 2009 | 9.1 | 9.4 | 8.1 | 9.8 | 7.9 | 8.8 |
| 2010 | 12.0 | 13.7 | 12.9 | 16.0 | 14.2 | 13.9 |
| 2011 | 14.9 | 11.1 | 15.6 | 22.3 | 18.8 | 18.5 |
| 2012 | 10.9 | 11.8 | 11.3 | 13.8 | 12.5 | 12.9 |

(续表)

| 年份 | 农村居民人均可支配收入增幅 | | | | | |
|---|---|---|---|---|---|---|
| | 上海 | 北京 | 浙江 | 天津 | 广东 | 江苏 |
| 2013 | 7.9 | 3.8 | 20.2 | 9.5 | 5.0 | 10.8 |
| 2014 | 10.3 | 10.3 | 10.7 | 10.8 | 10.6 | 10.6 |
| 2015 | 9.5 | 9.0 | 9.0 | 8.6 | 9.1 | 8.7 |
| 2016 | 10.0 | 8.5 | 8.2 | 8.6 | 8.6 | 8.3 |
| 2017 | 9.0 | 8.7 | 9.1 | 8.4 | 8.7 | 8.8 |
| 2018 | 9.2 | 9.3 | 9.4 | 6.0 | 8.8 | 8.8 |
| 2019 | 9.3 | 9.2 | 9.4 | 7.5 | 9.6 | 8.8 |
| 2020 | 5.2 | 4.1 | 6.9 | 3.6 | 7.0 | 6.7 |

数据来源：根据历年《中国统计年鉴》数据计算；2020年数据根据各地官方网站整理计算。

### 3. 农民收入结构比较

（1）天津市农民工资性收入所占比重相对较低。与上海、北京、浙江、广东、江苏等省市农民收入结构相比，1993—2018年，天津市农民工资性收入所占比重一直低于北京、上海。最近几年，天津市农民工资性收入所占比重被浙江超越，但仍高于江苏和广东（图7-4、表7-8）。

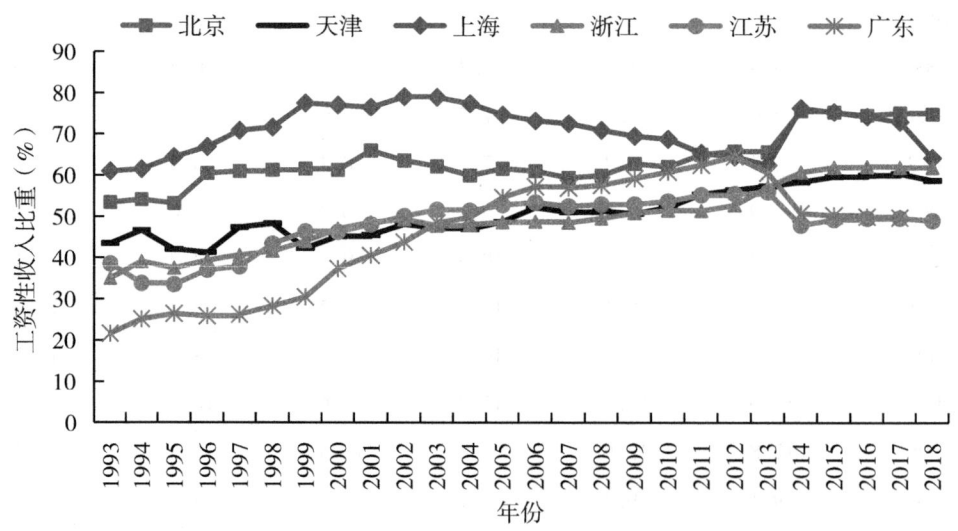

**图7-4 1993—2018年六省市农民工资性收入占总收入比重**

（数据来源：根据历年《中国统计年鉴》数据整理计算；2020年数据根据各地官方网站整理计算）

表 7-8　1993—2018 年六省市农民工资性收入占总收入比重　（单位：%）

| 年份 | 工资性收入比重 | | | | | |
|---|---|---|---|---|---|---|
| | 北京 | 天津 | 上海 | 浙江 | 江苏 | 广东 |
| 1993 | 53.4 | 43.5 | 60.9 | 35.0 | 38.5 | 21.6 |
| 1994 | 54.1 | 46.7 | 61.5 | 39.0 | 33.7 | 25.1 |
| 1995 | 53.2 | 42.1 | 64.4 | 37.4 | 33.5 | 26.4 |
| 1996 | 60.4 | 41.3 | 66.9 | 39.3 | 37.0 | 25.8 |
| 1997 | 61.0 | 47.4 | 70.8 | 40.6 | 37.8 | 26.2 |
| 1998 | 61.2 | 48.3 | 71.6 | 41.6 | 43.4 | 28.2 |
| 1999 | 61.5 | 42.4 | 77.5 | 44.0 | 46.4 | 30.4 |
| 2000 | 61.2 | 45.2 | 77.0 | 47.0 | 46.3 | 37.3 |
| 2001 | 65.9 | 45.5 | 76.5 | 48.6 | 48.1 | 40.5 |
| 2002 | 63.5 | 48.2 | 79.1 | 49.3 | 50.1 | 43.8 |
| 2003 | 62.1 | 47.1 | 78.9 | 47.8 | 51.6 | 48.5 |
| 2004 | 59.9 | 47.0 | 77.4 | 48.0 | 51.4 | 49.8 |
| 2005 | 61.6 | 48.8 | 74.7 | 48.6 | 52.1 | 54.6 |
| 2006 | 61.0 | 52.2 | 73.2 | 48.7 | 53.4 | 57.2 |
| 2007 | 59.4 | 51.1 | 72.5 | 48.5 | 52.5 | 56.9 |
| 2008 | 59.9 | 51.4 | 70.9 | 49.6 | 53.0 | 57.6 |
| 2009 | 62.8 | 50.7 | 69.5 | 50.9 | 53.0 | 59.2 |
| 2010 | 62.0 | 52.2 | 68.7 | 51.5 | 53.7 | 60.8 |
| 2011 | 65.0 | 55.4 | 65.4 | 51.4 | 55.2 | 62.5 |
| 2012 | 65.8 | 56.5 | 64.2 | 52.8 | 55.5 | 64.5 |
| 2013 | 65.6 | 57.4 | 62.5 | 57.1 | 56.0 | 60.6 |
| 2014 | 75.6 | 58.7 | 76.3 | 60.1 | 47.9 | 50.4 |
| 2015 | 75.3 | 59.7 | 75.3 | 61.9 | 49.3 | 50.3 |
| 2016 | 74.6 | 60.0 | 74.2 | 62.1 | 49.9 | 50.0 |
| 2017 | 75.2 | 60.4 | 72.9 | 61.9 | 49.7 | 49.8 |
| 2018 | 74.8 | 58.8 | 64.2 | 61.9 | 49.0 | — |

数据来源：根据 1993—2018 年《中国统计年鉴》数据整理计算。

（2）天津市农民经营净收入所占比重较高。20 多年来，北京、上海经营净收入下降较为显著。天津市农民经营净收入所占比重却一直高于同期北京、上海农民经营净收入所占比重，与浙江省农民经营净收入所占比重并驾齐驱，低于同期的江苏、广东农民经营净收入所占比重。2002 年之前，天津市农民收入主要以家庭经营性收入为主，大量劳动力被束缚于土地之上。当时政府提出了粮田生产责任制、农产品流通体制改革、粮食生产、"菜篮子"生产等发展政策，天津市以蔬菜、粮食和畜牧业等农业项目为发展重点，创造了极高的经营收入占比（图7-5、表7-9）。

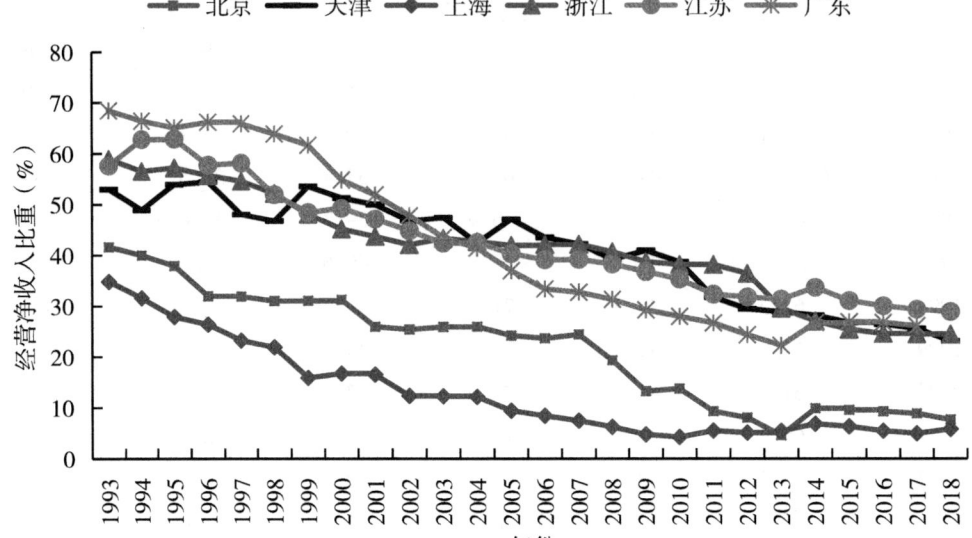

**图7-5　1993—2018年六省市农民经营性收入占总收入比重**
（数据来源：根据1993—2018年《中国统计年鉴》数据整理计算）

表7-9　1993—2018年六省市农民经营性收入占总收入比重　　　（单位：%）

| 年份 | 经营净收入比重 | | | | | |
|---|---|---|---|---|---|---|
| | 北京 | 天津 | 上海 | 浙江 | 江苏 | 广东 |
| 1993 | 41.6 | 53.0 | 34.8 | 58.9 | 57.6 | 68.4 |
| 1994 | 39.9 | 48.9 | 31.6 | 56.5 | 62.8 | 66.4 |
| 1995 | 37.9 | 53.9 | 27.9 | 57.2 | 62.9 | 65.1 |
| 1996 | 31.9 | 54.4 | 26.4 | 55.7 | 57.7 | 66.2 |
| 1997 | 31.9 | 48.0 | 23.2 | 54.6 | 58.1 | 65.8 |
| 1998 | 31.0 | 46.7 | 21.9 | 52.2 | 51.9 | 63.8 |
| 1999 | 31.0 | 53.6 | 15.9 | 48.0 | 48.4 | 61.6 |
| 2000 | 31.2 | 51.3 | 16.7 | 45.1 | 49.3 | 54.8 |
| 2001 | 25.9 | 50.0 | 16.5 | 43.6 | 47.1 | 51.9 |
| 2002 | 25.4 | 46.7 | 12.3 | 42.0 | 44.8 | 47.8 |
| 2003 | 25.9 | 47.4 | 12.2 | 43.3 | 42.3 | 43.4 |
| 2004 | 25.9 | 42.4 | 12.1 | 42.6 | 42.5 | 41.4 |
| 2005 | 24.2 | 47.1 | 9.4 | 41.9 | 40.3 | 36.9 |
| 2006 | 23.6 | 43.5 | 8.4 | 42.0 | 39.1 | 33.3 |
| 2007 | 24.4 | 42.2 | 7.4 | 42.1 | 39.1 | 32.7 |
| 2008 | 19.3 | 39.2 | 6.2 | 40.6 | 38.2 | 31.3 |
| 2009 | 13.2 | 40.9 | 4.7 | 38.7 | 36.7 | 29.2 |

(续表)

| 年份 | 经营净收入比重 | | | | | |
|---|---|---|---|---|---|---|
| | 北京 | 天津 | 上海 | 浙江 | 江苏 | 广东 |
| 2010 | 13.7 | 38.7 | 4.2 | 38.1 | 35.3 | 27.9 |
| 2011 | 9.3 | 31.7 | 5.5 | 38.1 | 32.3 | 26.7 |
| 2012 | 8.0 | 29.4 | 5.1 | 36.4 | 31.7 | 24.3 |
| 2013 | 4.5 | 28.9 | 5.4 | 29.5 | 31.3 | 22.2 |
| 2014 | 9.8 | 28.2 | 6.8 | 27.0 | 33.6 | 26.7 |
| 2015 | 9.5 | 26.8 | 6.3 | 25.4 | 31.0 | 26.9 |
| 2016 | 9.2 | 26.4 | 5.4 | 24.6 | 30.0 | 26.8 |
| 2017 | 8.8 | 25.6 | 4.9 | 24.5 | 29.3 | 26.1 |
| 2018 | 7.6 | 23.1 | 5.8 | 24.5 | 28.9 | — |

数据来源：根据历年《中国统计年鉴》数据整理计算。

（3）天津市农民财产性收入所占比重波动较大。1993—1998年，天津市农民财产净收入所占比重低于北京、上海农民财产净收入所占比重，高于浙江、江苏、广东农民财产净收入比重。1999—2010年，天津市农民财产净收入所占比重相对于其他五省市农民财产净收入所占比重而言，相对较低。随后，农民财产净收入比重上升，2013年比重上升至最高值7.1%，2014年以来，天津市财产净收入比重又持续下降，从4.7%下降至2018年的4%，但期间的比重值仅低于北京，高于其他四省市（图7-6、表7-10）。

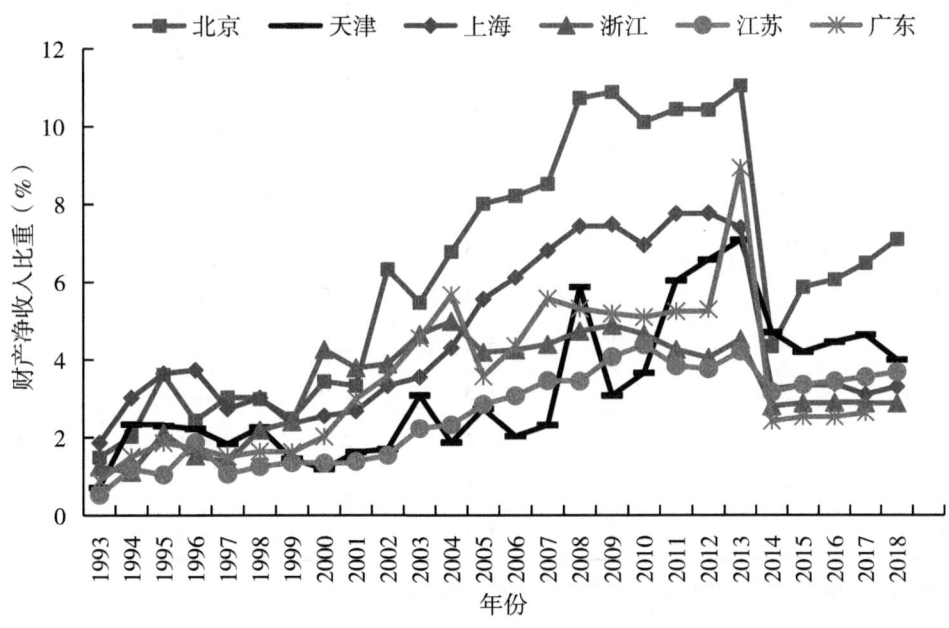

图7-6　1993—2018年六省市农民财产性收入占总收入比重

（数据来源：根据历年《中国统计年鉴》数据整理计算）

表 7-10　1993—2018 年六省市农民财产性收入占总收入比重　　　（单位:%）

| 年份 | 财产净收入比重 | | | | | |
| --- | --- | --- | --- | --- | --- | --- |
| | 北京 | 天津 | 上海 | 浙江 | 江苏 | 广东 |
| 1993 | 1.5 | 0.7 | 1.9 | 1.2 | 0.5 | 0.9 |
| 1994 | 2.0 | 2.3 | 3.0 | 1.1 | 1.2 | 1.5 |
| 1995 | 3.6 | 2.3 | 3.6 | 2.1 | 1.0 | 1.9 |
| 1996 | 2.4 | 2.2 | 3.7 | 1.5 | 1.9 | 1.7 |
| 1997 | 3.0 | 1.8 | 2.7 | 1.4 | 1.1 | 1.5 |
| 1998 | 3.0 | 2.3 | 3.0 | 2.2 | 1.3 | 1.6 |
| 1999 | 2.5 | 1.5 | 2.4 | 2.4 | 1.4 | 1.6 |
| 2000 | 3.4 | 1.2 | 2.6 | 4.3 | 1.3 | 2.0 |
| 2001 | 3.3 | 1.6 | 2.7 | 3.8 | 1.4 | 3.0 |
| 2002 | 6.3 | 1.7 | 3.3 | 3.9 | 1.5 | 3.6 |
| 2003 | 5.5 | 3.1 | 3.5 | 4.6 | 2.2 | 4.5 |
| 2004 | 6.8 | 1.9 | 4.3 | 5.0 | 2.3 | 5.7 |
| 2005 | 8.0 | 2.7 | 5.5 | 4.2 | 2.9 | 3.6 |
| 2006 | 8.2 | 2.0 | 6.1 | 4.2 | 3.1 | 4.3 |
| 2007 | 8.5 | 2.3 | 6.8 | 4.4 | 3.5 | 5.6 |
| 2008 | 10.7 | 5.9 | 7.4 | 4.7 | 3.4 | 5.3 |
| 2009 | 10.9 | 3.1 | 7.5 | 4.9 | 4.1 | 5.2 |
| 2010 | 10.1 | 3.7 | 6.9 | 4.6 | 4.4 | 5.1 |
| 2011 | 10.4 | 6.0 | 7.7 | 4.3 | 3.8 | 5.2 |
| 2012 | 10.4 | 6.6 | 7.8 | 4.0 | 3.8 | 5.3 |
| 2013 | 11.0 | 7.1 | 7.4 | 4.5 | 4.2 | 8.9 |
| 2014 | 4.3 | 4.7 | 3.2 | 2.8 | 3.2 | 2.4 |
| 2015 | 5.9 | 4.2 | 3.3 | 2.9 | 3.4 | 2.5 |
| 2016 | 6.1 | 4.5 | 3.4 | 2.9 | 3.4 | 2.5 |
| 2017 | 6.5 | 4.6 | 3.1 | 2.9 | 3.6 | 2.6 |
| 2018 | 7.1 | 4.0 | 3.3 | 2.9 | 3.7 | — |

数据来源：根据历年《中国统计年鉴》数据整理计算。

（4）天津市农民转移净收入所占比重一直处于较低水平徘徊。从整体趋势图上看，天津市农民转移净收入所占比重一直在较低水平徘徊。1993—2002 年，天津市农民转移净收入所占比重低于其他五省市，尤其远远低于上海、北京的农民转移净收入所占比重。2008—2013年,与上海、北京的差距有拉大趋势,2014年以后,北京、上海的农民转移净收入比重大幅下降,天津与二者的差距有所缩小,但天津市农民转移净收入所占比重仍然低于其他五省市。2018年天津市农民转移净收入所占比重增加至较高值14.1%,但即便如此也是仅高于北京、浙江农民转移净收入所占比重,仍低于江苏、上海和广东(图7-7、表7-11)。

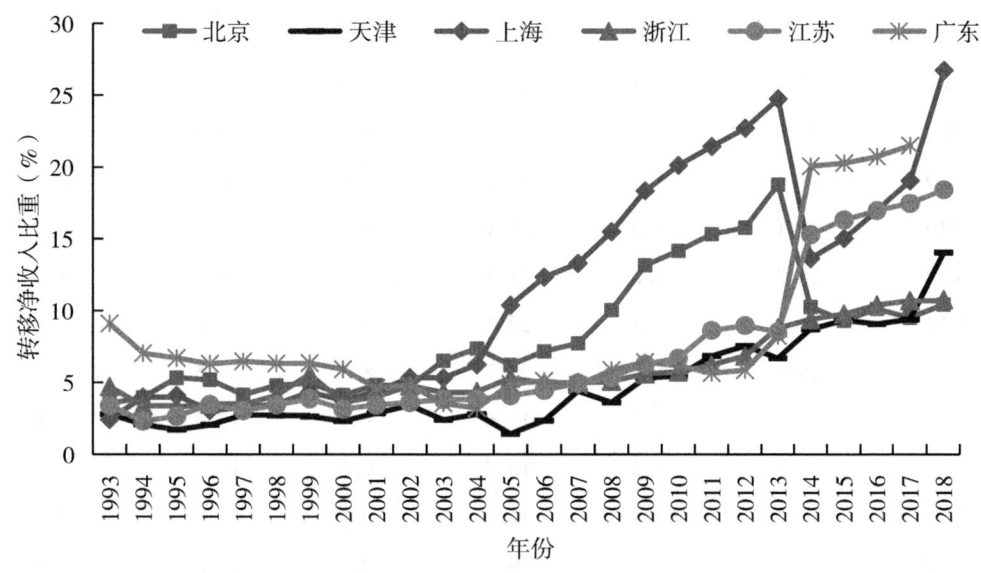

图7-7 1993—2018年六省市农民转移性收入占总收入比重
(数据来源:根据历年《中国统计年鉴》数据整理计算)

表7-11 1993—2018年六省市农民转移性收入占总收入比重 (单位:%)

| 年份 | 转移净收入比重 | | | | | |
|---|---|---|---|---|---|---|
| | 北京 | 天津 | 上海 | 浙江 | 江苏 | 广东 |
| 1993 | 3.5 | 2.8 | 2.4 | 4.7 | 3.4 | 9.1 |
| 1994 | 3.9 | 2.1 | 4.0 | 3.4 | 2.3 | 7.0 |
| 1995 | 5.3 | 1.7 | 4.1 | 3.3 | 2.6 | 6.7 |
| 1996 | 5.2 | 2.0 | 3.0 | 3.5 | 3.5 | 6.3 |
| 1997 | 4.1 | 2.7 | 3.2 | 3.4 | 3.0 | 6.5 |
| 1998 | 4.8 | 2.7 | 3.5 | 4.1 | 3.4 | 6.3 |
| 1999 | 5.0 | 2.6 | 4.3 | 5.6 | 3.9 | 6.3 |
| 2000 | 4.1 | 2.3 | 3.8 | 3.6 | 3.1 | 5.9 |
| 2001 | 4.8 | 2.9 | 4.4 | 4.0 | 3.4 | 4.6 |
| 2002 | 4.7 | 3.4 | 5.3 | 4.8 | 3.6 | 4.8 |
| 2003 | 6.5 | 2.4 | 5.3 | 4.3 | 3.8 | 3.5 |

（续表）

| 年份 | 转移净收入比重 | | | | | |
|---|---|---|---|---|---|---|
| | 北京 | 天津 | 上海 | 浙江 | 江苏 | 广东 |
| 2004 | 7.3 | 2.8 | 6.2 | 4.4 | 3.8 | 3.2 |
| 2005 | 6.2 | 1.4 | 10.4 | 5.3 | 4.1 | 4.9 |
| 2006 | 7.2 | 2.3 | 12.3 | 5.0 | 4.4 | 5.1 |
| 2007 | 7.7 | 4.4 | 13.3 | 5.0 | 5.0 | 4.8 |
| 2008 | 10.0 | 3.6 | 15.5 | 5.1 | 5.4 | 5.8 |
| 2009 | 13.1 | 5.3 | 18.3 | 5.6 | 6.3 | 6.4 |
| 2010 | 14.1 | 5.5 | 20.1 | 5.7 | 6.7 | 6.2 |
| 2011 | 15.3 | 6.8 | 21.4 | 6.2 | 8.6 | 5.6 |
| 2012 | 15.8 | 7.5 | 22.7 | 6.8 | 9.0 | 5.8 |
| 2013 | 18.8 | 6.7 | 24.7 | 8.8 | 8.5 | 8.2 |
| 2014 | 10.3 | 8.7 | 13.6 | 9.4 | 15.3 | 20.1 |
| 2015 | 9.3 | 9.3 | 15.0 | 9.8 | 16.3 | 20.3 |
| 2016 | 10.1 | 9.1 | 16.9 | 10.4 | 17.0 | 20.7 |
| 2017 | 9.5 | 9.4 | 19.1 | 10.7 | 17.5 | 21.5 |
| 2018 | 10.4 | 14.1 | 26.7 | 10.8 | 18.4 | — |

数据来源：根据历年《中国统计年鉴》数据整理计算。

通过以上比较看出，提高天津市农民收入的主要突破点在于增加农民的工资性收入所占比重，在对农民可支配收入的贡献上，工资性收入比家庭经营净收入明显的更具有竞争力。另外，转移净收入也是提高农民可支配收入的有力补充，但转移净收入比重的提高是以雄厚的经济实力为前提。

4. 农民收入分项增速比较

（1）从增幅上分析，工资性收入增幅在一定程度上决定着农民人均可支配收入的大体走向。1993—2018年，北京和浙江工资性收入增速均呈现正向增长趋势，而天津、上海、江苏、广东工资性收入均出现过负增长的年份。天津1999年工资性收入比上年同期下降11.9%，上海2018年工资性收入比上年同期下降3.9%，江苏2014年工资性收入比上年同期下降5.8%，广东2014年工资性收入比上年同期下降12.0%。

不难看出，经济发展进入新常态以来，五省市工资性收入增幅均回落明显。2016年五省市工资性收入增幅均回落至个位数，2017年北京工资性收入增幅最高，天津市工资性收入增幅位居第二。2018年，浙江工资性收入增幅较高为9.3%，其次为北京工资性收入增幅8.8%，江苏工资性收入增幅7.5%，天津市工资性收入增幅大幅下滑至3.3%，上海工资性收入出现负增长3.9%，广东缺数据（图7-8、表7-12）。

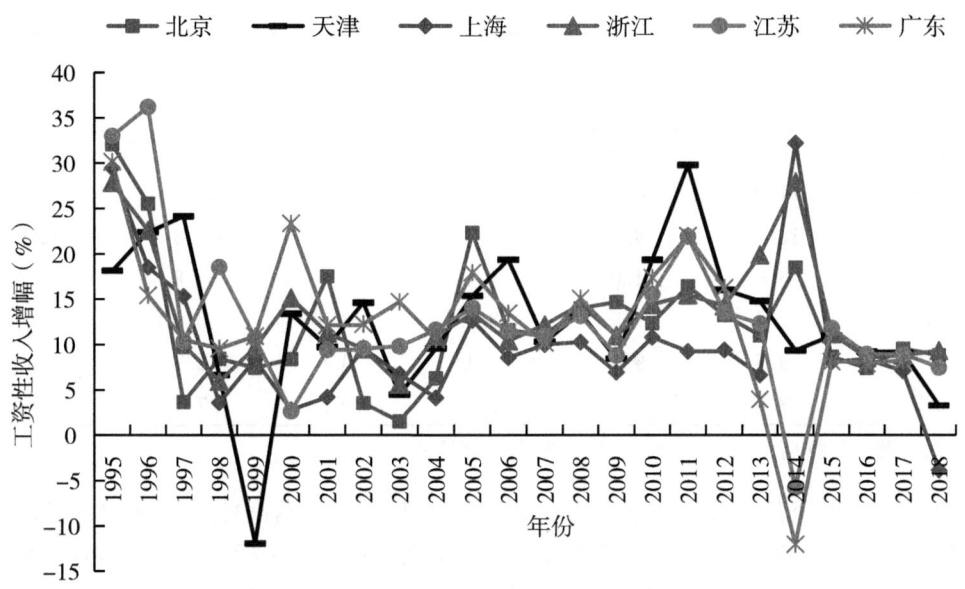

**图 7-8　1995—2018 年六省市农民工资性收入增幅**

（数据来源：根据历年《中国统计年鉴》数据整理计算）

表 7-12　1995—2018 年六省市农民工资性收入增幅　　　　　　　　　　（单位：%）

| 年份 | 工资性收入增幅 | | | | | |
| --- | --- | --- | --- | --- | --- | --- |
| | 北京 | 天津 | 上海 | 浙江 | 江苏 | 广东 |
| 1995 | 32.1 | 18.1 | 29.5 | 27.8 | 33.0 | 30.1 |
| 1996 | 25.5 | 22.4 | 18.5 | 22.6 | 36.2 | 15.4 |
| 1997 | 3.7 | 24.2 | 15.3 | 10.0 | 10.3 | 10.5 |
| 1998 | 8.4 | 6.6 | 3.6 | 5.9 | 18.5 | 9.6 |
| 1999 | 7.4 | -11.9 | 8.3 | 9.6 | 10.7 | 10.9 |
| 2000 | 8.4 | 13.4 | 2.8 | 15.1 | 2.6 | 23.4 |
| 2001 | 17.5 | 9.7 | 4.2 | 11.3 | 9.4 | 12.1 |
| 2002 | 3.5 | 14.6 | 9.6 | 9.5 | 9.6 | 12.2 |
| 2003 | 1.5 | 4.5 | 6.7 | 5.6 | 9.8 | 14.7 |
| 2004 | 6.3 | 9.6 | 4.1 | 10.9 | 11.6 | 10.6 |
| 2005 | 22.3 | 15.4 | 12.6 | 13.4 | 14.0 | 17.9 |
| 2006 | 11.6 | 19.4 | 8.5 | 10.4 | 11.4 | 13.4 |
| 2007 | 11.1 | 10.3 | 10.0 | 12.2 | 10.9 | 10.2 |
| 2008 | 14.0 | 13.5 | 10.3 | 14.4 | 13.1 | 15.1 |
| 2009 | 14.7 | 8.4 | 6.9 | 11.0 | 8.8 | 11.0 |
| 2010 | 12.3 | 19.4 | 10.8 | 14.4 | 15.5 | 17.4 |
| 2011 | 16.4 | 29.8 | 9.2 | 15.4 | 21.9 | 22.0 |

(续表)

| 年份 | 工资性收入增幅 | | | | | |
|---|---|---|---|---|---|---|
| | 北京 | 天津 | 上海 | 浙江 | 江苏 | 广东 |
| 2012 | 13.2 | 16.0 | 9.4 | 14.2 | 13.5 | 16.2 |
| 2013 | 11.0 | 14.8 | 6.6 | 19.9 | 12.3 | 3.9 |
| 2014 | 18.5 | 9.3 | 32.2 | 27.9 | -5.8 | -12.0 |
| 2015 | 8.6 | 11.0 | 8.1 | 11.2 | 11.8 | 8.1 |
| 2016 | 7.4 | 9.2 | 8.4 | 8.5 | 8.9 | 7.9 |
| 2017 | 9.5 | 9.1 | 7.1 | 8.8 | 8.9 | 8.3 |
| 2018 | 8.8 | 3.3 | -3.9 | 9.3 | 7.5 | — |

数据来源：根据历年《中国统计年鉴》数据整理计算。

（2）从农民经营净收入增速上看，北京、上海农民经营净收入增速出现负增长的年份较多，天津、浙江、江苏农民经营净收入变化相对较为平稳，天津市农民经营净收入增速出现负增长的年份最少。北京在1996年（-6.8%）、2001年（-9.3%）、2008年（-10.6%）、2009年（-25.2%）、2011年（-25%）、2012年（-3.3%）、2013年（-36.8%）、2018年（-5.6%）出现负增长。上海在1997年（-4.1%）、1998年（-3.4%）、1999年（-27.7%）、2002年（-20.9%）、2005年（-9.3%）、2006年（-0.9%）、2007年（-1.8%）、2008年（-5.6%）、2009年（-17.0%）、2010年（-0.1%）、2016年（-5.1%）、2017年（-1.1%）出现负增长。天津市出现负增长的年份为1997年（-4.6%）、2004年（-1.6%）、2018年（-4.1%）。浙江和江苏农民经营净收入在1999年和2000年均表现为负增长。广东农民经营净收入在1998—2006年间，一直为负增长（图7-9、表7-13）。

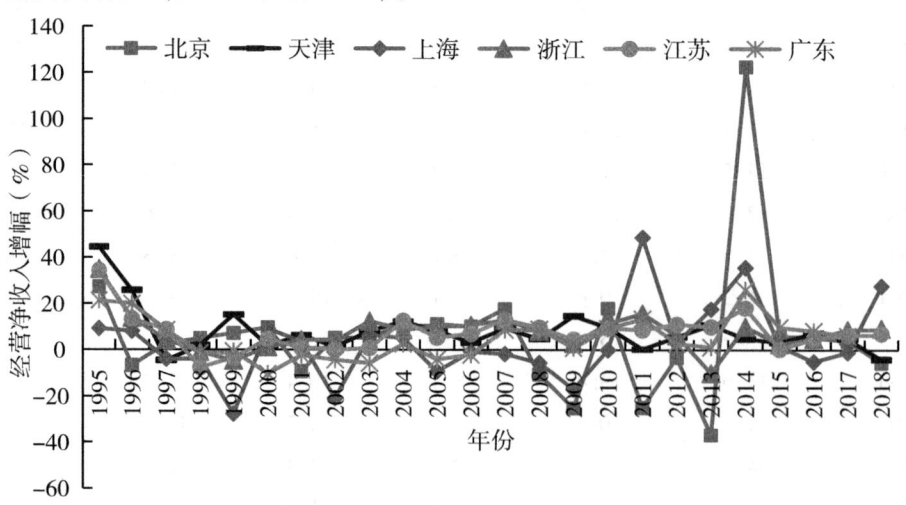

图7-9 1995—2018年六省市农民经营净收入增幅
（数据来源：根据历年《中国统计年鉴》数据整理计算）

表 7-13  1995—2018 年六省市农民经营净收入增幅　　　　　　　　（单位:%）

| 年份 | 经营净收入增幅 | | | | | |
|---|---|---|---|---|---|---|
| | 北京 | 天津 | 上海 | 浙江 | 江苏 | 广东 |
| 1995 | 27.3 | 44.5 | 9.1 | 34.9 | 34.3 | 21.3 |
| 1996 | -6.8 | 25.8 | 8.0 | 13.7 | 13.2 | 19.9 |
| 1997 | 2.6 | -4.6 | -4.1 | 4.2 | 8.7 | 8.4 |
| 1998 | 4.9 | 1.9 | -3.4 | -1.0 | -7.7 | -1.4 |
| 1999 | 7.1 | 15.1 | -27.7 | -4.7 | -3.5 | -0.7 |
| 2000 | 9.6 | 1.7 | 9.0 | 1.1 | 4.6 | -10.4 |
| 2001 | -9.3 | 6.2 | 3.5 | 4.3 | 0.7 | -2.3 |
| 2002 | 5.2 | 1.4 | -20.9 | 3.8 | -0.1 | -4.4 |
| 2003 | 5.8 | 8.1 | 6.4 | 12.4 | 0.7 | -5.8 |
| 2004 | 10.3 | 12.2 | 5.0 | 8.6 | 12.5 | 2.5 |
| 2005 | 11.1 | 8.2 | -9.3 | 10.1 | 5.3 | -4.1 |
| 2006 | 10.1 | 3.1 | -0.9 | 10.6 | 6.9 | -2.2 |
| 2007 | 17.7 | 9.2 | -1.8 | 12.8 | 13.0 | 8.6 |
| 2008 | -10.6 | 4.7 | -5.6 | 8.2 | 9.6 | 8.9 |
| 2009 | -25.2 | 14.7 | -17.0 | 2.8 | 4.5 | 0.8 |
| 2010 | 18.0 | 9.7 | -0.1 | 11.3 | 9.4 | 9.2 |
| 2011 | -25.0 | 0.3 | 48.7 | 15.7 | 8.6 | 13.4 |
| 2012 | -3.3 | 5.6 | 2.9 | 6.2 | 11.0 | 2.7 |
| 2013 | -36.8 | 10.8 | 17.7 | -10.1 | 9.9 | 1.2 |
| 2014 | 122.5 | 4.8 | 35.6 | 10.0 | 18.1 | 26.0 |
| 2015 | 5.6 | 3.3 | 1.5 | 2.4 | 0.3 | 9.7 |
| 2016 | 5.3 | 7.3 | -5.1 | 4.8 | 4.7 | 8.2 |
| 2017 | 3.8 | 4.8 | -1.1 | 8.7 | 6.4 | 6.1 |
| 2018 | -5.6 | -4.1 | 27.7 | 9.2 | 7.1 | — |

数据来源:根据历年《中国统计年鉴》数据整理计算。

(3) 从财产净收入增速看,天津农民财产净收入增幅波动较大,变化较为不稳定。北京、上海、浙江、天津农民财产净收入出现负增长的年份较多。其中,天津市 2008 年财产净收入增幅出现最大值 186.1%,2001 年也比较高为 101.5%;分别在 1997 年、1999 年、2000 年、2004 年、2006 年、2009 年、2014 年、2015 年和 2018 年出现负增长。

北京、浙江财产净收入增幅最大值均出现在 1995 年的 140.3%、154.2%，北京在 1996 年、1999 年、2003 年、2014 年出现负增长；浙江在 1996 年、1997 年、2001 年、2005 年、2014 年出现负增长。上海在 1997 年、1999 年、2014 年出现负增长，江苏在 1997 年和 2014 年出现负增长，广东在 1997 年、2005 年、2014 年出现负增长。这也反映出财产净收入与政策的连续性有着一定的关系（图 7-10、表 7-14）。

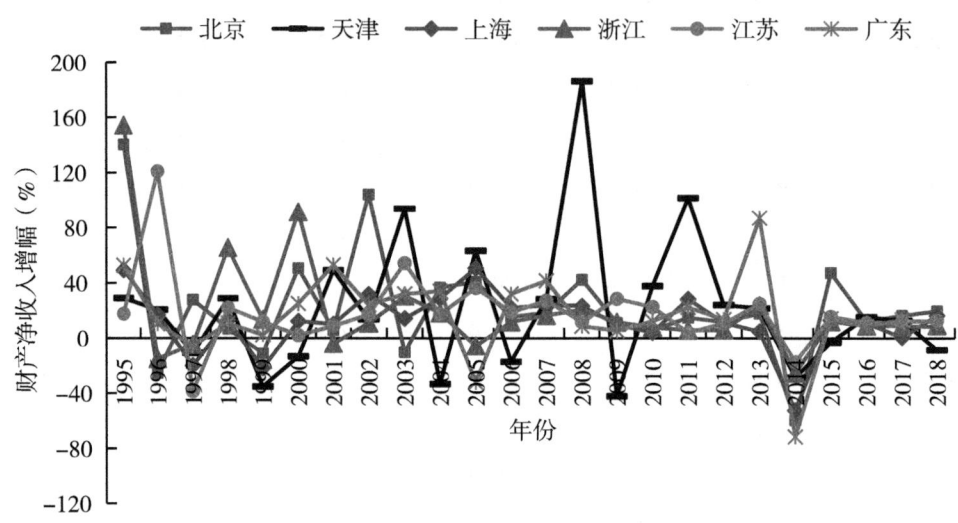

图 7-10　1995—2018 年六省市农民财产净收入增幅

（数据来源：根据历年《中国统计年鉴》数据整理计算）

表 7-14　1995—2018 年六省市农民财产净收入增幅　　　　　　　　　　（单位：%）

| 年份 | 财产净收入增幅 | | | | | |
| --- | --- | --- | --- | --- | --- | --- |
| | 北京 | 天津 | 上海 | 浙江 | 江苏 | 广东 |
| 1995 | 140.3 | 29.0 | 49.2 | 154.2 | 17.6 | 52.6 |
| 1996 | -25.5 | 20.6 | 16.9 | -15.3 | 120.8 | 10.3 |
| 1997 | 27.7 | -10.9 | -20.2 | -4.7 | -38.7 | -5.7 |
| 1998 | 6.7 | 28.8 | 13.0 | 65.4 | 22.0 | 10.6 |
| 1999 | -11.1 | -35.3 | -21.9 | 13.4 | 11.7 | 2.3 |
| 2000 | 50.6 | -13.4 | 12.1 | 91.3 | 1.9 | 24.9 |
| 2001 | 5.7 | 49.1 | 10.1 | -4.1 | 8.7 | 52.9 |
| 2002 | 104.0 | 13.6 | 31.6 | 10.7 | 17.0 | 24.1 |
| 2003 | -10.4 | 93.7 | 14.1 | 30.4 | 54.1 | 32.0 |
| 2004 | 36.6 | -33.4 | 28.6 | 18.2 | 17.0 | 33.9 |
| 2005 | 40.8 | 63.2 | 50.6 | -5.8 | 36.3 | -32.3 |
| 2006 | 15.4 | -17.3 | 22.0 | 11.7 | 18.7 | 32.1 |

(续表)

| 年份 | 财产净收入增幅 | | | | | |
| --- | --- | --- | --- | --- | --- | --- |
| | 北京 | 天津 | 上海 | 浙江 | 江苏 | 广东 |
| 2007 | 18.3 | 28.2 | 23.6 | 16.4 | 27.1 | 41.5 |
| 2008 | 42.3 | 186.1 | 23.2 | 20.6 | 11.7 | 8.6 |
| 2009 | 11.0 | -42.3 | 9.8 | 11.5 | 28.5 | 5.4 |
| 2010 | 5.6 | 37.7 | 4.0 | 7.7 | 22.5 | 12.2 |
| 2011 | 14.7 | 101.5 | 28.2 | 5.8 | 3.9 | 22.3 |
| 2012 | 11.7 | 24.1 | 11.1 | 5.9 | 10.7 | 13.5 |
| 2013 | 17.9 | 21.6 | 4.7 | 23.6 | 24.8 | 87.0 |
| 2014 | -59.6 | -28.7 | -52.6 | -25.4 | -17.5 | -71.6 |
| 2015 | 47.2 | -3.0 | 13.0 | 12.0 | 15.5 | 14.0 |
| 2016 | 12.2 | 15.3 | 10.9 | 8.9 | 11.2 | 8.5 |
| 2017 | 16.3 | 12.7 | 0.3 | 8.5 | 12.3 | 13.4 |
| 2018 | 19.6 | -8.6 | 16.3 | 9.2 | 12.7 | — |

数据来源：根据历年《中国统计年鉴》数据整理计算。

（4）分析转移净收入看出，天津农民转移净收入增速波动相对较大。天津农民转移净收入增幅 2005 年出现负增长极值 42.9%，2007 年出现正增长最大值 110.6%，2018 年转移净收入增幅达 58.5%。上海农民转移净收入增幅在 2018 年达到最大值 53.1%，江苏农民转移净收入最大值出现在 2014 年的 97.3%，广东农民转移净收入增幅也出现在 2014 年的 156%。浙江农民转移净收入增幅变化相对平稳（图 7-11、表 7-15）。

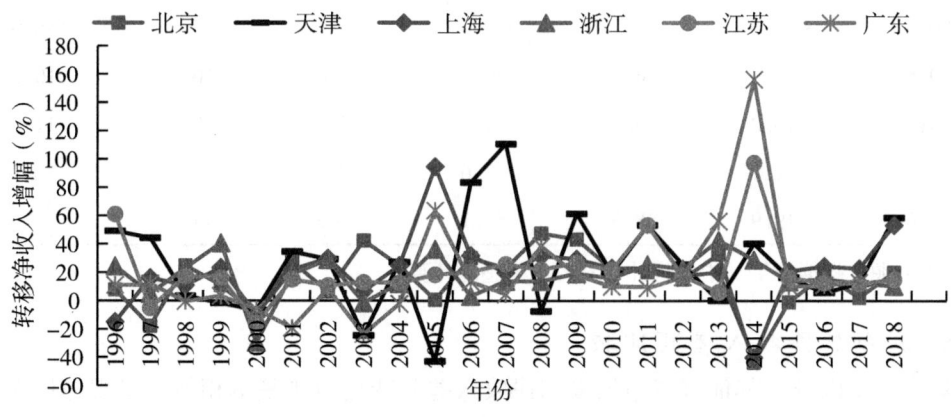

图 7-11　1996—2018 年六省市农民转移净收入增幅
（数据来源：根据历年《中国统计年鉴》数据整理计算）

表 7-15　1995—2018 年六省市农民转移净收入增幅　　　　　　　　　　（单位:%）

| 年份 | 转移净收入增幅 | | | | | |
|---|---|---|---|---|---|---|
| | 北京 | 天津 | 上海 | 浙江 | 江苏 | 广东 |
| 1995 | 80.7 | 8.4 | 27.1 | 30.3 | 54.5 | 17.9 |
| 1996 | 7.7 | 49.1 | -15.0 | 24.3 | 60.8 | 10.9 |
| 1997 | -17.8 | 44.2 | 16.0 | 5.0 | -5.2 | 11.9 |
| 1998 | 24.7 | 3.3 | 10.8 | 22.9 | 17.0 | -0.5 |
| 1999 | 10.8 | -1.8 | 23.1 | 40.6 | 16.2 | 3.3 |
| 2000 | -9.5 | -6.7 | -10.0 | -29.7 | -16.1 | -6.1 |
| 2001 | 27.3 | 34.5 | 21.8 | 18.7 | 14.9 | -19.4 |
| 2002 | 6.2 | 29.1 | 29.7 | 28.7 | 10.5 | 8.4 |
| 2003 | 42.2 | -24.6 | 6.5 | -1.6 | 12.6 | -23.9 |
| 2004 | 24.3 | 27.1 | 24.6 | 11.9 | 12.4 | -2.4 |
| 2005 | 0.6 | -42.9 | 94.6 | 36.2 | 18.2 | 63.5 |
| 2006 | 30.0 | 83.6 | 31.6 | 3.1 | 20.4 | 13.2 |
| 2007 | 22.8 | 110.6 | 19.6 | 13.7 | 25.6 | 4.5 |
| 2008 | 47.3 | -7.4 | 31.4 | 13.7 | 21.8 | 38.3 |
| 2009 | 43.2 | 61.3 | 29.3 | 19.1 | 26.6 | 18.1 |
| 2010 | 22.3 | 19.4 | 22.9 | 15.7 | 21.4 | 9.9 |
| 2011 | 20.3 | 53.2 | 22.3 | 25.4 | 53.2 | 8.8 |
| 2012 | 15.1 | 25.5 | 17.5 | 22.4 | 17.4 | 16.5 |
| 2013 | 32.6 | 0.2 | 19.9 | 42.5 | 5.9 | 55.9 |
| 2014 | -43.8 | 40.1 | -40.4 | 28.6 | 97.3 | 156.0 |
| 2015 | -1.0 | 16.4 | 20.7 | 13.4 | 16.0 | 10.3 |
| 2016 | 18.0 | 5.7 | 24.1 | 15.1 | 12.6 | 11.0 |
| 2017 | 2.1 | 12.1 | 22.6 | 12.2 | 12.1 | 12.8 |
| 2018 | 19.9 | 58.5 | 53.1 | 10.3 | 14.8 | — |

数据来源:根据历年《中国统计年鉴》数据整理计算。

## 5. 城乡居民收入差距比较

除了北京以外,其他五省市城乡居民收入差距变化轨迹基本相似,呈现先扩大后缩小趋势,尤其是 2012 年经济发展进入新常态以来,城乡居民收入差距呈现明显缩小趋势(图 7-12、表 7-16)。

(1) 广东城乡居民收入差距最大。1993 年收入差距比为 2.77∶1,2005—2007 年连续三年城乡收入比均在 3.15∶1，2012 年以来，城乡收入差距保持在 2.60∶1。

（2）上海和江苏城乡居民收入差距较小。上海和江苏城乡居民收入差距变化趋势较为一致，表现为先扩大后缩小，2013 年以来二者的城乡收入差距图基本上重合。1993 年上海城乡收入差距只有 1.58∶1，随后差距逐步拉大，2004 年增至 2.36∶1 最大值，之后有所下降，2012 年以来城乡收入差距变化幅度不大，2013 年比值为 2.34∶1，其余年份较为平稳，保持在（2.24~2.30）∶1。

（3）浙江和天津城乡居民收入差距变化相对比较平稳。浙江和天津城乡居民收入差距变化相对比较平稳，趋势较为一致。尤其 2012 年以来两省市的城乡居民收入差距逐步缩小，与同期的其他省市比较，天津最小，浙江次之。从数据分析发现变化趋势一致的深层次原因：2013 年两省市的城乡收入差距陡然下降，浙江省是因为当年的农民收入增速比往年高，而天津市城乡居民收入差距陡然下降是因为当年天津市城镇居民收入增幅比往年低。

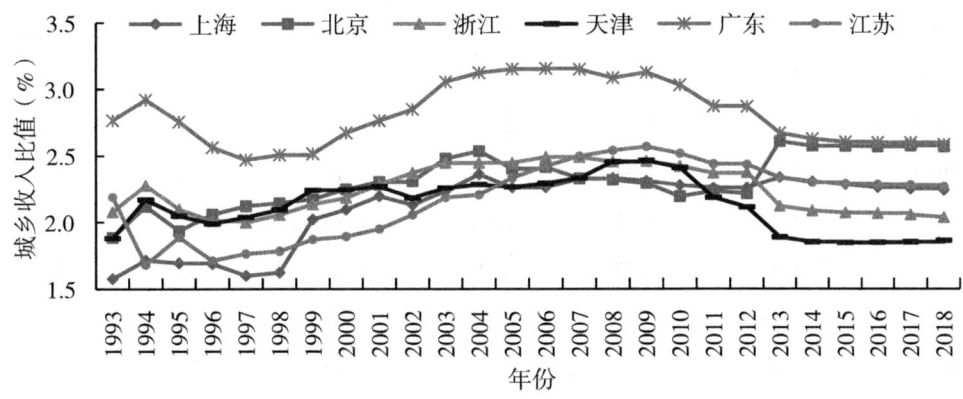

图 7-12 1996—2018 年六省市城乡收入比值

（数据来源：根据历年《中国统计年鉴》数据整理计算）

表 7-16 1996—2018 年六省市城乡收入比值

| 年份 | 城乡的收入比 | | | | | |
| --- | --- | --- | --- | --- | --- | --- |
| | 上海 | 北京 | 浙江 | 天津 | 广东 | 江苏 |
| 1993 | 1.58 | 1.88 | 2.08 | 1.88 | 2.77 | 2.19 |
| 1994 | 1.71 | 2.12 | 2.28 | 2.17 | 2.92 | 1.68 |
| 1995 | 1.69 | 1.93 | 2.10 | 2.05 | 2.76 | 1.89 |
| 1996 | 1.69 | 2.06 | 2.01 | 1.99 | 2.56 | 1.71 |
| 1997 | 1.60 | 2.12 | 2.00 | 2.04 | 2.47 | 1.76 |
| 1998 | 1.62 | 2.14 | 2.05 | 2.09 | 2.51 | 1.78 |
| 1999 | 2.02 | 2.17 | 2.13 | 2.24 | 2.51 | 1.87 |
| 2000 | 2.09 | 2.25 | 2.18 | 2.25 | 2.67 | 1.89 |

(续表)

| 年份 | 城乡的收入比 | | | | | |
|---|---|---|---|---|---|---|
| | 上海 | 北京 | 浙江 | 天津 | 广东 | 江苏 |
| 2001 | 2.19 | 2.30 | 2.28 | 2.27 | 2.76 | 1.95 |
| 2002 | 2.13 | 2.31 | 2.37 | 2.18 | 2.85 | 2.05 |
| 2003 | 2.23 | 2.48 | 2.45 | 2.26 | 3.05 | 2.18 |
| 2004 | 2.36 | 2.53 | 2.45 | 2.28 | 3.12 | 2.20 |
| 2005 | 2.26 | 2.40 | 2.45 | 2.27 | 3.15 | 2.33 |
| 2006 | 2.26 | 2.41 | 2.49 | 2.29 | 3.15 | 2.42 |
| 2007 | 2.33 | 2.33 | 2.49 | 2.33 | 3.15 | 2.50 |
| 2008 | 2.33 | 2.32 | 2.45 | 2.46 | 3.08 | 2.54 |
| 2009 | 2.31 | 2.29 | 2.46 | 2.46 | 3.12 | 2.57 |
| 2010 | 2.28 | 2.19 | 2.42 | 2.41 | 3.03 | 2.52 |
| 2011 | 2.26 | 2.23 | 2.37 | 2.18 | 2.87 | 2.44 |
| 2012 | 2.26 | 2.21 | 2.37 | 2.11 | 2.87 | 2.43 |
| 2013 | 2.34 | 2.61 | 2.12 | 1.89 | 2.67 | 2.34 |
| 2014 | 2.30 | 2.57 | 2.08 | 1.85 | 2.63 | 2.30 |
| 2015 | 2.28 | 2.57 | 2.07 | 1.85 | 2.60 | 2.29 |
| 2016 | 2.26 | 2.57 | 2.07 | 1.85 | 2.60 | 2.28 |
| 2017 | 2.25 | 2.57 | 2.05 | 1.85 | 2.60 | 2.28 |
| 2018 | 2.24 | 2.57 | 2.04 | 1.86 | 2.58 | 2.26 |

数据来源：根据历年《中国统计年鉴》数据整理计算。

# 三、天津市农民收入的影响因素分析

## （一）定性分析

农民收入的影响因素有很多，直接因素有工资性收入、家庭经营性收入、财产性收入、转移性收入；间接因素有农民自身条件，也有自然条件、政策环境、城镇化和工业化水平、农业规模化程度、农业科技水平等客观因素。直接因素定性分析如下。

### 1. 天津市农民家庭经营性收入的影响因素

农民家庭经营性收入是指农户以家庭为单位进行生产经营而取得的收入。农户家庭经营活动根据行业可划分为农、林、牧、副、渔业、工业、建筑业、交通运输业、批发零售业、社会服务业、文教卫生业及其他家庭经营活动。影响天津市农民家庭经营性收入的因素主要包括经济的周期波动、农业结构调整、农产品价格变动、农业基础设施建设及政策环境、农业从业人员比重、农业现代化水平、农民年龄、农民受教育水平、科技培训力度、农产品销售流通渠道、农用地规模等。

2. 天津市农民工资性收入的影响因素

农民工资性收入是指农户及其家庭成员受雇于单位或个人所获得的劳动性收入。影响天津市农民工资性收入的因素主要包括经济发展形势、城镇化水平、国民经济内部结构、非国有化水平、固定资产投资、法律完善程度、城乡收入差距、农村劳动力转移水平、农村劳动力素质、薪水标准、务工从事行业等。

3. 天津市农民财产性收入的影响因素

农民财产性收入是指农户将拥有的金融资产或有形非生产性资产提供给其他单位或机构供其使用支配，从中获得的收入。财产净收入主要包括红利收入、转让承包土地经营权租金净收入、出租房屋财产性收入等。影响天津市农民财产性收入的因素主要包括国家体制机制、农村金融市场（服务水平）、农民人均储蓄水平等。

4. 天津市农民转移性收入的影响因素

农民转移性收入是指国家及社会对农户的各种转移支付和农户家庭间的收入转移，包括政府对农户个人收入转移的失业救济金、离退休金等，以及农户家庭间的赠送和赡养。通常情况下指农户在二次分配中的所有收入。转移净收入主要包括养老金或离退休金、社会救济和补助、家庭外出从业人员寄回带回收入、现金政策性惠农补贴等。影响天津市农民转移性收入的因素主要包括财政收支水平、转移支付的收入分配结构、社会保障制度等。

## （二）定量分析

1. 指标、数据选取与处理

农民收入受到多种因素的影响和制约。为更准确地研究各因素对农民收入的影响，在参考已有成果基础上，结合天津市现代都市型农业区农民增收的实际条件和外部环境，本文筛选出以下代表性指标：人均生产总值 $X_1$（亿元/人）、第一产业增加值比重 $X_2$（%）、第二产业增加值比重 $X_3$（%）、第三产业增加值比重 $X_4$（%）、城镇化率 $X_5$（%）、第一产业从业人员比重 $X_6$（%）、财政支农支出 $X_7$（亿元）、粮食产量 $X_8$（万吨）、蔬菜产量 $X_9$（万吨）、肉类产量 $X_{10}$（万吨）、禽蛋产量 $X_{11}$（万吨）、奶类产量 $X_{12}$（万吨）、水产品产量 $X_{13}$（万吨）、农业机械总动力 $X_{14}$（万千瓦）、化肥使用量 $X_{15}$（万吨）、农村用电量 $X_{16}$（万千瓦时）、农民受教育水平 $X_{17}$（年）、社会劳动生产率 $X_{18}$（元/人）、农村居民家庭人均纯收入 $Y$（元）进行定量分析。

数据来自 1978—2018 年的《中国统计年鉴》《天津统计年鉴》及国家统计局官网、中经网统计数据库，部分数据来自部门调查，并进行标准化处理。其中部分 2018 年的数据缺失，为不影响模型分析，对个别数据进行了预估。由于社会经济现象间存在错综复杂的关系，为消除各变量之间的相关性，同时减少自变量的个数（降维），先对标准化后的变量进行因子分析。

## 2. 因子分析

(1) 因子分析的基本思想及步骤。因子分析法的基本思想是根据相关性大小将变量分组，使得同组内的变量之间相关性较高，不同组的变量相关性较低。每组变量代表一个基本结构，用一个不可观测的综合变量表示，这个基本结构称为公共因子。具体步骤如下：

①将所有的原始变量的指标值进行标准化处理，得出一个变量指标标准化值矩阵；

②求解相关矩阵 $R$ 的特征值、特征向量和贡献率；

③求解初始的因子载荷矩阵，若有必要，对初始的因子载荷矩阵进行旋转；

④计算各公共因子的得分以及综合得分。运用因子分析能对天津市农民收入影响因素进行有效分析。

(2) 模型的建立与求解。在做因子分析之前，需要检验一组变量之间是否具有相关性，如果各变量间没有共享信息，就不适合做因子分析。利用 SPSS 软件对选取的数据进行 KMO 测度和 Bartlett 的球形度检验，结果如表7-17。

表7-17 KMO 测度和 Bartlett 的球形度检验

| 项目 | | 值 |
|---|---|---|
| Kaiser-Meyer-Olkin 测量取样适当性 | | 0.806 |
| Bartlett 的球形检定 | 大约卡方 | 2 591.133 |
| | df | 190 |
| | 显著性 | 0.000 |

用 SPSS 数据处理系统将18项经济指标处理后得到的 KMO 接近于0.806，说明变量之间的相关性可以被其他变量解释，可以做因子分析。另外，巴特利特球度（Bartlett）检验值为2 591.133，$F$ 值显著，$P$（=0.000）<0.05，拒绝零假设，认为相关系数矩阵与单位矩阵有显著差异，表明所取的数据满足正态总体分布，适合做因子分析。

采用主成分方法提取因子，得到的相关系数矩阵的特征值与其贡献率及累计贡献率见表7-18。

由表7-18可见，3个因子的累计方差贡献率达到93.763%，大于85%，因此将主因子个数确定为3个，利用3个主因子代表原来的18个因子做线性回归，3个主因子基本上包括了原来18个自变量的大量信息（93.763%）。为使主因子的意义更明显，对初始因子进行旋转。本研究采用旋转因子模型的方法是方差极大旋转，旋转后，得到因子载荷矩阵（表7-19）。由旋转后的因子载荷矩阵可以看出，第一主因子在人均生产总值、财政支农支出、农民受教育水平、城镇化率、社会劳动生产率、第一产业从业人员比重、第一产业增加值比重这7个指标上的载荷较大，集中反映了这7个方面，因此，第一主因子可定义为经济发展因子 $F_1$；第二主因子在农业机械总动力、蔬菜产量、肉类产量、禽蛋产量、奶类产量、水产品产量、第二产业增加值比重、第三产业增加值比重这 8 个指标上的载荷较大，因此，第二主因子定义为农业科技及结构发展因子 $F_2$；第三主因子定义为生态保护因子 $F_3$。

表 7-18 特征值、方差贡献率及方差累计贡献率

| 因子 | 起始特征值 | | | 选中的因子（载荷平方和） | | | 旋转后的选中因子（载荷平方和） | | |
| --- | --- | --- | --- | --- | --- | --- | --- | --- | --- |
| | 特征值 | 方差贡献率（%） | 累计方差贡献率（%） | 特征值 | 方差贡献率（%） | 累计方差贡献率（%） | 特征值 | 方差贡献率（%） | 累计方差贡献率（%） |
| 1 | 13.905 | 69.523 | 69.523 | 13.905 | 69.523 | 69.523 | 9.665 | 48.325 | 48.325 |
| 2 | 2.829 | 14.147 | 83.669 | 2.829 | 14.147 | 83.669 | 6.990 | 34.950 | 83.274 |
| 3 | 2.019 | 10.094 | 93.763 | 2.019 | 10.094 | 93.763 | 2.098 | 10.489 | 93.763 |
| 4 | 0.572 | 2.858 | 96.621 | | | | | | |

为进一步明确各主因子与各经济因素自变量的关系，采用回归方法求因子得分函数，因子得分矩阵如表 7-20。由表 7-19，将 3 个主因子表示为 18 项指标的线性组合。

3. 回归分析

将宏观经济发展因子 $F_1$、农业科技与结构因子 $F_2$、生态保护因子 $F_3$ 这 3 个主因子作为自变量，农民收入为因变量 $y$，利用 SPSS 进行多元线性回归。采用逐步线性回归法并剔除含有缺失值的个案，最终 3 个变量全部进入模型。模型描述（表 7-19）显示模型的复相关系数 $R=0.994$，说明自变量和因变量之间的相关性较强；复相关系数平方为 $R^2=0.986$，说明回归方程解释了整个因变量变异程度的 98.6%。从以下的方差分析表（表 7-20）中可以看出，$F$ 统计量的观测值为 946.873，$F$ 分布的显著性概率为 0.000，即假设"$H_0$ 回归系数 $B=0$"成立的概率为 0.000，从而应拒绝零假设，说明因变量和自变量的线性关系是显著的，可建立线性模型。

表 7-19 模型描述表

| 模型 | 相关系数 $R$ | 相关系数 $R$ 平方 | 调整后的相关系数 $R$ 平方 | 标准误差 |
| --- | --- | --- | --- | --- |
| 1 | 0.994[a] | 0.987 | 0.986 | 786.858 |

表 7-20 方差分析表

| 模型 | | 方差平方和 | 自由度 | 平均值平方 | $F$ 值 | 显著性水平（$P$ 值） |
| --- | --- | --- | --- | --- | --- | --- |
| 1 | 回归 | 1 758 756 408.710 | 3 | 586 252 136.237 | 946.873 | 0.000 |
| | 残差 | 22 908 376.168 | 37 | 619 145.302 | | |
| | 合计 | 1 781 664 784.878 | 40 | | | |

表 7-21 模型系数表

| 模型 | | 非标准化系数 | | 标准化系数 | $T$ 值 | 显著性水平 ($P$ 值) |
|---|---|---|---|---|---|---|
| | | 回归系数 $B$ | 标准误差 | 标准化回归系数 Beta | | |
| 1 | （常数） | 6 207.683 | 122.887 | | 50.516 | 0.000 |
| | $F_1$ | 6 163.170 | 124.413 | 0.923 | 49.538 | 0.000 |
| | $F_2$ | 2 412.806 | 124.413 | 0.362 | 19.393 | 0.000 |
| | $F_3$ | -403.255 | 124.413 | -0.060 | -3.241 | 0.003 |

由模型系数表可得回归方程为：

$$y = 6\ 207.683 + 6\ 163.170 F_1 + 2\ 412.806 F_2 - 403.255 F_3$$

考虑模型系数表中 $\beta$ 值的大小，对收入影响最大的依次是 $F_1$，$F_2$，$F_3$。需要说明的是，在线性回归分析中，总是假定残差服从正态分布，本模型的残差分布直方图和观测量累计概率 P-P 图（略）均可说明残差服从正态分布，从而证明样本确实是来自正态总体。在学生化剔除残差标准化预测值散点图（略）中，各点在纵轴零点对应的直线上下基本均匀分布，可以认为方差齐性的假设成立。因此，本模型中的数据完全符合多元线性回归所要求的条件。

4. 分析结果

由回归方程可以得出：$F_1$ 对农民增收的影响最大，宏观经济发展因子 $F_1$ 每增加 1%，农村居民家庭人均纯收入增长 6 163.17 个单位；农业科技与结构因子 $F_2$ 每增加 1%，农村居民家庭人均纯收入增长 2 412.806 个单位；生态环境因子 $F_3$ 每修复 1%，农村居民家庭人均纯收入增加 403.255 个单位。

5. 结果讨论

（1）外部因素。宏观层面的经济发展因子对农民增收的影响程度最大，是致使农民增收因素复杂化的主要原因。尤其天津市属于都市区，"大城市小农业、大津郊小城区"的特点使得农民增收受制于宏观层面的经济社会发展的影响更明显。外部因素对农民增收的支撑能力越强，农民增收的幅度就越大，稳定性就越强。宏观经济发展形势不景气会致使社会劳动生产率、务农效益无法大幅提高，增加农民的就业压力，一定程度上也使城乡要素流动放缓、影响经济政策走向如财政支农支出力度效果与农民增收政策的调整等；不良的经济发展消极信号甚至会影响到农民职业技能提升，降低农民的创收能力和信心。这些都是宏观经济走向对农民增收带来的不利影响。另外，经济发展不景气的情况下，农民难以适应产业转型升级对职业素质的需求，在务工过程中缺乏竞争力，难以获取较高的劳动报酬。

分析结果显示，农民收入与农林水财政支农支出、人均生产总值、农民人均消费支出、农民受教育水平、城镇化率表现为强烈的正相关。随着时代的变迁和科学技术的蓬勃发展，人力资本的作用越来越显著，农民素质越高越能促进自身收入增长。

值得注意的是，第一产业从业人员对农民纯收入的冲击效应是负向，第一产业从业人员比重、第一产业增加值比重与农民收入均表现为负相关,说明非农产业成为天津市农民收入的主要来源;进行第一产业生产性相关的活动来提高农民收入在经济学上没有显著意义。随着农业劳动生产率的提高,人均很少的耕地面积只要少数人种植即可,要加快剩余劳动力流动和转移,减少农业人口,提高农业劳动生产率和土地产出率,才能快速增加农民收入。

(2)内部因素。农业科技与结构因子对农民收入影响也较大。农业机械总动力是体现农业机械化程度的一个重要指标,对农民收入有着显著的正向促进作用,农业机械化程度的提高,可以节约劳动力和投入成本,促进单产提高,实现在劳动力投入不变的情况下总产量增长,有利于农业生产效率的提高,与此同时,还能使更多的劳动力加入到第二、第三产业中去,使农民收入得到大幅度提高。

结构性指标主要从农业内部结构、农业外部结构分析。从农业外部结构分析结果看,农民收入与第二产业增加值比重是负相关关系,与第三产业增加值比重是正相关关系。第三产业是促进农村富余劳动力就业的最佳途径,农民从中可得到相应的工资性收入。权威的调查研究结果和经验也表明,增加从事第三产业的乡村从业人员份额可以显著增加农民收入。与第二产业负相关,说明工业、建筑业等第二产业并没有给农民收入的提高带来很大影响,原因可能有三方面,一是虽然有大量的农民从事基础的建筑业(即民工),但收入并不理想;二是虽然农民工的收入在农民本身看来较高,但相对于第二产业的总体增加值而言,仅仅是很小的一部分,统计数据无法反映到对农民收入的影响上;三是作为吸纳农村剩余劳动力主渠道的工业企业,由于受政策调整、资源开发形势趋紧、生态保护约束等各种因素的影响,企业破产倒闭较多,农民获得的劳务收入的增长速度在逐渐减慢,不同程度地影响农民收入的增长。

从产业内部结构看,农业内部结构的优化与农民收入结构优化存在着相互关联性,农民收入与禽蛋、蔬菜、肉类、水产品、奶类产量等呈现从大到小的正相关性,对农民收入影响最大的首先是蛋禽养殖业,其次是蔬菜种植业,再次是以肉类为主的畜牧养殖业,然后是水产养殖业,最后是奶牛养殖业。改革开放以来,天津市农业产业内部结构逐年发生调整,农民收入来源结构、农民收入农业性质结构均发生了深刻的变化。种植农业始终保持在高位,林业始终处于弱势位置,林业比例上升,农林牧渔服务业比例有所上升,畜牧业和渔业比例有所下降,农业产业内部实现了由农业部门向其他部门过渡的趋势。

(3)其他因素。生态保护因子对农民增收有促进作用。在做因子分析时,单独的考察粮食产量、化肥施用量与农民收入具有正相关性,即粮食产量、化肥施用量的增加对农民收入提高有促进作用,但在综合所有进入回归方程的自变量之后,对农民收入的影响效应却是负向的,这说明伴随着农民收入结构的变化,生产能力和自然能力的主导地位逐步减弱,农民收入与粮食生产之间的相关性也在减弱,天津市反而出现了增产不增收的现象。尤其在生态环境保护日益受重视的大环境下,高投入高产出等传统生产模式效益低下,已无法为农民增收提供强劲驱动力。

从政府角度看,确保粮食安全与促进农民增收对区域发展均具有战略意义,在处理好的前提下,二者的发展并不冲突,可以进行适应性的宏观调控,调控适当对农民增收的促进是长效的,而且应该是逐年递增的。天津市有着150万亩的粮食功能区和500多万亩的耕地,在绿色发展方式已成为主流的时代背景下,一方面要高度重视继续提高粮食补贴政策扶持,积极发展规模种植;另一方面要更多地关注生态保护、休耕轮作、优势品种、科技注入,积极发展立体复合种植、生态循环农业,更加注重耕地资源保护,提高耕地利用质量和效益,发展特色优势、高附加值的品种,来增加农民收入。

## 四、国内外农民增收经验

### (一) 国外经验

#### 1. 日本

日本人多地少,农业资源匮乏。明治维新后,日本开始由小农经济为主体的封建社会向现代化国家迈进,工业化速度迅速提升。第二次世界大战结束后,日本陷入严重的粮食危机,为应对危机,1946年日本政府颁布《食品紧急措施法》,强迫农民以远低于市场均衡价的价格把粮食交给国家,然后由政府配给消费者,以保持国内经济和社会的稳定。随后日本从本国资源条件出发选择贸易立国发展之路,大力发展外向型工业。为维持低工资,增强本国工业竞争力,日本采取高进低出的米价政策,将高价进口的大米,以低价在国内销售,严重损害了农民的利益,引起社会各界强烈反响,提高农民收入成为共识。1961年日本颁布《农业基本法》,标志着农业政策开始由挤压农业转向反哺农业,并把增加农民收入和提高农业劳动生产率摆在同样重要的位置上。随后数年间,日本先后制定了一系列促进土地流转和农业发展的法律法规,并不断增加农林预算,加大国家对农产品价格、流通和农民收入的财政补贴,实现了农民收入的大幅提高,使农民过上了富裕的生活。日本增加农民收入的主要措施包括以下六个方面:一是促进土地流转扩大农户经营规模;二是政府对农业进行保护和补贴;三是发展外向型工业带动剩余劳动力转移;四是工业和城市合理布局为农民兼业提供了空间;五是保护农民土地等财产权益;六是发挥农协的积极作用。在上述各项政策的共同作用下,日本农民收入增长较快,成功地消除了二元结构,在国际上建立了"富裕社会"的形象。

#### 2. 美国

美国人少地多,资源丰富,劳动力长期短缺。同时美国实行市场经济的自由放任政策,劳动力自由迁徙、自由就业。在美国经济发展中,工业化、农业现代化、城市化三者同时进行并相互促进,没有明显的农村剩余劳动力滞留问题,不存在明显的二元结构状态。工业发展提高了农业的机械化水平,农业机械化不断创造出更多的农村剩余劳动力,为工业的发展提供了劳动力,农村剩余劳动力边产生边转移;工业的发展同时推动了城市的扩张。第二次世界大战前夕,美国农业劳动力比重为22%,1950年降为12%,

1960年为6.6%,1971年为3.1%,20世纪末以来约为2%。但农业自身的弱势特征和市场周期同样困扰着美国农业和农民,20世纪20年代美国农业生产就出现了剩余,随着大萧条的到来,农产品滞销积压越来越严重,农产品价格暴跌,农民收入锐减,大批农场倒闭,农民收入问题凸显。危机之前,美国政府主要通过发展农业教育、加强科研推广、改善农业基础设施来支持农业发展,增加农民收入,但随着大萧条的到来,农产品价格下降问题凸显,美国政府于1933年制定《农业调整法》,实施农产品价格补贴,并与原来的一些促进农业发展的制度一起,通过加强农业基础设施投资、发展农业科研及推广、建立农业产业化经营组织和市场信息服务体系、加强教育培训增加穷人的能力和机会、税收优惠政策等途径,不断推动农业发展和农户增收。

3. 巴西

巴西是南美洲面积最大的国家,第二次世界大战结束后,巴西通过推行进口替代战略、高增长战略和综合平衡战略,实现经济快速增长,但同时,巴西收入分配差距逐渐扩大。尽管巴西也借鉴国际经验,通过财政补贴、价格支持和家庭农业支持计划等措施,促进农业发展和农民增收,但由于宏观政策上的偏向,巴西农村地区贫困问题十分严重,原因非常复杂,可以归结为以下六方面:一是政府片面强调经济发展、忽视公平分配;二是土地占有高度集中;三是片面追求工业化忽视农业发展;四是进口替代的资本密集型工业化战略不利于就业机会的创造;五是通货膨胀加大了贫富差距;六是社会保障扩大了实际收入差距。基于以上原因,巴西农村地区长期处于贫困状态,农民增收较困难。巴西案例为其他地区农民增收提供了经验教训。

## (二) 国内经验

### 1. 台湾地区

第二次世界大战结束后,我国台湾地区摆脱了日本殖民统治。国民党政权在台湾地区实施土地改革等使农民地租负担下降。无地农民获得土地,生产积极性大增,加之台湾当局积极推广农业科技,农业生产迅速发展。为了加速工业化,台湾当局通过征收田赋等规定挤压农业剩余,农民收入较低,严重挫伤了农民务农的积极性。为充分调动农民的积极性,台湾有关方面分阶段地采取了相应的对策措施:第一阶段为价格改革,主要是改革农产品运销制度、废除化肥稻米交换系统、从低制定肥料价格,降低田赋征收标准,设立粮食平准基金以稳定农产品价格等;第二阶段为土地改革,主要是扩大经营规模,调整生产结构,增加农民收入;第三阶段为农产品贸易保护,对于一些台湾地区能够生产的农产品,则尽量限制进口。在不违反WTO的要求内,台湾当局采取了量税、复合税、季节税及配合关税混合运用的办法保护岛内农业。

随着工业化的推进,小农生产比较效益低下的缺陷日益暴露。1979年初,台湾当局颁布了"台湾地区家庭农场共同经营及委托经营实施要点",鼓励农民创办家庭农场,促进了农村经济发展。20世纪70年代开始,因生活水平的提高,稻米形成供过于求的局面,台湾地区开始进行农业结构调整,并鼓励非农兼业,迅速增加了农民收入。20世纪80年代初,台湾地区实施全面推动基层建设方案,实行一系列改善农民生产条件和生活质量的措施。20 世纪 90 年代，台湾地区开展富丽农村建设，计划保持农业零增长，推进农业生产、农民生活、农村生态的均衡发展，完善农村社会保障体系。为方便农民生产生活，台湾地区大力组建农会系统，依托农会向农民提供生产服务，使农民收入增幅较快，自此农民收入和非农户收入差距维持在一个相对稳定的区间，农民生活较为富裕。

2. 浙江省

20 世纪 90 年代中期以来，浙江省不失时机地实施城市化战略，把推进农民城市化作为农村经济社会发展和农民收入增长的主要工作。浙江省积极推进乡镇企业体制创新、技术创新和产业集聚，引导乡镇企业推进产权改革，大力推进并不断深化以产权清晰化、股权多元化、经营形式多样化为主要内容的企业产权制度改革，向股份制企业、有限责任和现代企业集团转变，使乡镇企业在大提高中实现了大发展，涌现出万向集团、横店集团、传化集团、新昌化工、浙江托普等知名企业，拓宽了农民就业增收的门路。"九五"以来，浙江省提出以市场为导向、效益为中心、科技为动力、产业化经营为载体，大力发展效益农业的战略决策，促使传统农业向现代化农业转变，成为农民增收的新亮点。2004 年，浙江省对种植粮、油免征农业税，省财政安排专项补贴、"订单粮食"价外补贴、种粮大户良种补贴等政策措施，多方面加大对种粮农民支持力度，调动农民种粮积极性，全省粮食生产实现了面积、总产量和单产的"三增"，使农民收入大幅度增加。另外，浙江省首次推进美丽乡村建设，实施"千村示范万村整治"工程，加强农村基础设施建设，农民生活质量也大幅度提高。为加快欠发达地区经济社会发展，从 2003 年起，浙江省实施"欠发达乡镇奔小康""山海协作""百亿帮扶致富"三大工程，浙江省城乡居民收入差距拉大趋势得到有效遏制。

3. 上海市

上海市城镇化水平居全国之首，农村居民生活比较富裕。上海市提升农民收入的做法主要体现在以下三个方面：一是土地经营权流转基础上的规模开发与经营。上海市较早进行工业园区、农业园区开发，形成了农业园区、工业园区、园林度假区、居民居住区、城市城镇建设区"五区"联动发展的态势，农民不但有租金收入，还有了工资收入。二是土地经营权不流转基础上的农业规模经营。上海市尝试推行高度市场化的规模农业，在保障农民土地使用权与经营权均不流转的前提下，通过"耕种""采购""生产方式""经营销售"等规模形式，最大限度地降低生产成本和人工成本，提高农产品的附加值和商业利润，并把获得的部分利润让渡给签约农户，使农民受益。三是多渠道转移农民就业。通过农业规模化、组织化经营，吸纳农民就业，另外还通过半工半农兼业、工业就业、服务业就业等途径，使农民充分就业，农民生活得到保障。

4. 北京市

北京市城镇化率仅次于上海市，农村居民生活普遍较为富裕。在促进农民增收路径方面，主要有以下五种做法：一是促进农业与其他产业的融合，提高农业的附加值。在做好现代都市型农业产业规划的基础上，拓展农业多功能性，鼓励农业与第二、第三产业间横向融合，延伸产业链条，建成抵御市场风险能力较强的市场竞争体系。二是加快郊区第二、第三产业发展，促进农村劳动力有效转移。通过发展劳动密集型产业，促进信息咨询、科技服务、中介组织、仓储运输、商业饮食、家政服务等第三产业发展，同时通过加强引导性培训，提高农村劳动力综合素质。三是加强财政金融支持力度，优化农村投融资体系。政府部门一方面加强农村公共事业投资，同时吸引企业资金、私人资本、外资等以多种形式投到农业、农村建设事业上来。四是完善土地资源配置机制，保障农民的收益和权益。通过推进农村集体经济组织股份制改革，将产权主体不明晰的土地集体所有制，明确界定为农民按份共有的新型产权制度。构建失地农民社会保障制度，形成失地农民基本养老保险、基本医疗保险、子女教育保障、失业保险等制度，保障失地农民最低生活标准。五是打造科技支撑机制，提高农业科技进步贡献率。主要通过调整和完善农业科研体系、提升村民素质、加大农技推广等措施，充分发挥现代农业科技的作用，使北京市农业步入现代科技支撑引领的发展轨道。

## （三）对天津市的启示

### 1. 完善农民增收支持政策

针对天津市农民增收中存在的困难，从市级层面尽快出台针对性的帮扶政策，为天津市农民持续稳定增收提供重要保障。一是支持天津市镇域产业发展，在用地、融资、立项、人才、科技、财政税收和企业家培训等方面出台优惠政策，支持有条件的工业集中区升级为市区级开发区，鼓励有条件的镇创建市区级特色产业基地。二是支持远郊新型城镇化发展，加大市财政对农业转移人口市民化的支持。三是支持农村民生事业发展，重点推进基本公共服务均等化。四是促进科技与农业生产紧密结合，推动"互联网+"与乡村休闲、旅游、养老等产业融合发展，建设农产品加工集中区和交易集散中心，适度增加农业、旅游业配套用地。五是支持乡村绿色发展，支持有条件的区创建重点生态功能区，提升天津市山水林田湖生态系统功能，支持开展特色田园乡村建设。

### 2. 创新农民增收体制机制

进一步深化土地、产权等制度改革，推进农业经营、农村金融等体制创新。突破制约天津市农村经济发展和农民增收的体制机制束缚，为天津市农民持续稳定增收创造更好的发展环境。一是深化农村土地制度改革，在农村土地经营权确权登记颁证工作基础上，加快开展宅基地制度改革、集体经营性建设用地入市等工作，进一步细化落实农村土地三权分置办法，继续支持引导农民依法自愿有偿将土地承包经营权向专业大户、家庭农场、农民合作社等流转，赋予农村宅基地流转权能，推进农民住房财产权抵押、担保、转让试点。二是深化农村集体产权制度改革，支持农村集体经济组织利用存量闲置或补偿安置的各类房产设施、集体建设用地等发展第二、第三产业，大力开展"资源变资产、资金变股金、农民变股东"改革试点，赋予农民对集体资产股份的占有、收益和有偿退出权利。三是完善农村集体经济发展的财税金融扶持政策，减免农村集体产权制度改革过程中涉及的税费。四是创新农业经营体制，在发展适度规模经营基础上，进一步提高农业生产专业化水平，落实和完善财税、信贷、保险、用地、项目支持等扶持政策，引导农户自愿以土地承包经营权等入股现代农业发展项目，探索将财政补助资金转化为股本投入合作社和龙头企业让农户获得分红收益。五是创新农村金融体制，鼓励大中型银行扩展"三农"业务,创新抵押产品,发展信用贷款,加强市级农业信贷担保平台和基层农业担保分理机构建设,完善税收优惠、财政、奖励补贴、区级金融机构涉农贷款增量奖励等支持政策,发挥财政撬动金融支农的效应。

3. 补齐农业农村发展短板

进一步加大财政对远郊乡村的投入,推动基础设施向农村延伸、公共服务向农村覆盖,让农民在农业综合生产能力提升中增收,在公共服务改善中提高增收的含金量。一是加大财政投入,通过设立产业发展基金、推行股权投资、搞好以奖代补、开展风险补偿、完善财政贴息和政府购买服务等多种途径,吸引更多社会资本投向农业农村。二是加强农村基础设施建设,巩固完善灌溉、排涝、抗旱等农田水利设施,加强农业科技、仓储物流等设施建设,推进农村信息化、人居环境以及教育文化卫生等建设,全面改善农民生产和生活条件。三是健全农村社会保障体系,加强城乡各项养老保险制度、医疗保险制度、被征地农民养老保险补偿机制的衔接和落实,畅通参保人员双向流动的制度转换通道。

4. 强化对低收入群体帮扶

进一步加大对相对困难地区低收入群体的投入力度,坚持因地因村因户因人精准施策,强力推进产业帮扶、有效推进就业帮扶,加快实施行业帮扶,强化精准考核,确保农村低收入人口持续快速增收。一是加大帮扶综合投入力度,在坚持市级财政投入为主体的基础上,调动社会各方力量参与帮扶开发,形成多渠道帮扶投入机制。二是探索与各政策性银行、商业银行以及其他金融机构的帮扶合作,系统推进集中连片困难地区产业开发、基础设施和社会事业建设、生态环境改善,集中力量解决制约困难地区现代农业和经济发展的关键因素和脱贫的关键障碍。三是立足资源禀赋和产业基础,强力推进"一村一品"产业帮扶,加大招商引资力度,发展高效设施农业和电商、合作社等新业态,增加低收入农户就业机会,提高低收入人口自我发展能力。四是把提高低收入人口生活水平和减少低收入人口数量作为主要指标,完善激励约束机制,对成绩突出的,在财政专项资金分配和项目安排时给予奖励倾斜。

# 五、天津市农民增收路径选择

## (一) 微观层面

### 1. 自我开发

通过农民个体户形式的培训促进农民增收。具体通过自己拜师学艺或者参加相关的技能培训、外出打工等学习生产技术和经营方法,在实践中探索积累经验,掌握相应的生产技能或经营本领,然后从事生产或者经营活动,促进增收。这种方式很多时候是通过亲情纽带的亲帮亲、邻帮邻、父教子、兄教弟的行为,有利于农民素质和技能在短时间内得到提高。

### 2. 能人带动

在农村的能工巧匠、"土专家"、经营能手等精英农民的启发、引导和带动下，让周围农民学习知识、掌握技能、更新观念、提升素质，从而在提高劳动生产率、调整产业结构等从事相关生产或经营活动中实现增收。

### 3. 技术带动

引进一种生产技术、技能或科研成果后对农民进行传授和推广，达到增收的目标。这种途径的特点：一是技术引进是前提，即农民增收不是靠现有的人力资本而是靠新引进的技术；二是技术推广是桥梁，这种技术要通过专家的传授或者示范来让农民掌握；三是技术实践是关键，即农民掌握了这种技术后能够大胆地用于生产的实践中。

## （二）中观层面

### 1. 基层组织带动

通过加强农村基层组织建设带动农民增收。一是努力把农村党员培养为致富能手，通过派出去和请进来的办法，有针对性地对年轻的农村党员和干部进行实用技术和市场经济知识的培训，增强他们的素质和能力。二是把致富能手中的先进分子培养成党员，建立致富能手人才库。三是把致富能手培养成村组干部，对致富能手加强理想信念和宗旨教育，增强他们为村民服务的意识和行政管理能力，逐步把他们充实到村组干部之中，带动村民致富。

### 2. 专业协会带动

把从事相同类型（品种）生产或经营的农民自发组织起来，形成具有市场竞争力的生产组织形式，称之为专业协会。专业协会通过举办培训班向会员广泛开展技术宣传、统一销售等，充分带动农民增收。

### 3. 专业合作社带动

农民专业合作社带动与专业协会的带动有相同之处，在于都是农民自发加入的群体性组织，但合作社比协会的组织结构更为紧密，而且合作社更加注重社员之间的互助协作，通过联合，避免了农户之间的无序竞争，提高了农产品的销售价格，获得了售后环节的收益。

### 4. 公司+农户带动

公司+农户带动是将企业与农户联系起来，企业根据市场确定产业发展方向，通过与农户签订产销合同和合作协议，建立相应的技术指导培训服务体系，形成以公司为龙头、以规模经济为基础、以服务体系为依托、以农户为辐射点，用共同利益把公司和农户联接起来成为利益共同体而共同发展。这种路径充分发挥企业在资金、技术、市场信息和农户在人力资源、生产资料等方面的双重优势，有效提升农民的种养殖技术水平，解决市场信息收集难、农产品销售难的问题，降低生产的市场风险，提高自身收入。

### 5. 企业带动

企业带动型的增收模式是农民增收的重要方式，是典型的离土不离乡的就业方式，是农民在本地从事非农产业的重要安排。企业向农村招收农民工，并对他们进行技能培训，他们掌握所需要的技能后留在企业工作，从而获得比从事单纯的农业生产更高的收入，也为以后的就业拓宽了渠道。

### 6. 产业化组织带动

这种途径主要是借助区域内传统、特色或优势产业的扩张，带动更多的农民进行生产技能培训，投身于这些产业的生产或在产业链的延伸中从事相关的配套服务，达到增加收入的目标。这种模式主要通过强化当地的特色产业，在培育壮大特色产业和强化优势产业的过程中，通过培训、锻炼、实践、探索多种方法推动产业发展。

### 7. 集约经营组织带动

这种模式主要是由个人或集体对农村的耕地、山地等进行整体承包，成立生产经营一体化的经济组织，再请农民来经营从事专业化生产，并给农民支付工资，达到增收目标。这种方式一方面转变了农民的经营方式，提高了生产效率；另一方面，承包双方及从业农民都能够从中受益。

## （三）宏观层面

### 1. 城镇化带动

天津市现阶段的经济社会发展总体上已经达到了以工促农、以城带乡的发展阶段。加快城镇化可以大幅地、密集型地创造更多就业机会，应集中财力、物力加快农村小城镇建设，鼓励农村剩余劳动力到小城镇从事服务业，增加农民第三产业收入。另外，城镇化水平与第三产业的发展呈正比，第三产业是解决劳动力就业的根本途径，必须设计一系列的配套制度安排，大力发展第三产业，加快城镇化进程，促进农民就业增收。

### 2. 工业园区带动

这种模式主要是在有农业的地区建设工业园区，积极扶持园区内中小型企业、劳动密集型产业发展壮大，增强吸纳周边农民就业的能力，或者加大招商引资力度，引进一批劳动密集型企业，为周边农民创造更多的就业岗位。工业园区的发展可积极引导周边农民就近到园区就业，实现离土不离乡农民在非农产业务工，提高收入，并改善农民收入增长的结构，使其具有可持续性。

### 3. 基地示范带动

这种模式主要特点是为了促进农村经济发展和农民增收，政府先支持建立若干个生产示范基地，让农民看到基地增效的效果后，通过对有意向农民进行培训，让更多农民参与到基地发展中。

### 4. 政府推动劳动力转移带动

这种模式主要是在政府的推动下，从人力资源开发的视角，开展职业培训、技能鉴定，鼓励创新创业，创造就业机会，通过劳动力流动和转移就业，提升人力资本价值，促进农民增收。

## 六、促进天津市农民增收的对策建议

### （一）拓宽农民增收路经

一是强化招商引资。以资源、市场换项目，围绕大型企业、龙头企业开展重点招商，推进"招才引智"与"招商引资"同频共振，促进高端人才与高新技术产业的高度融合，为实现天津市农民高质量增收创造更多的就业机会。

二是推动民营经济发展。拓宽企业发展空间，切实把发展第二、第三产业作为转移农村剩余劳动力的重要领域，培育新的就业岗位，拓展农村劳动力转移就业的渠道，提高企业吸纳富余劳动力、带动农民工资性收入增长的动力。

三是推进劳动密集型产业发展。在餐饮业、社会服务业、卫生和社会福利等对体能要求较低的行业中创造就业岗位，积极发展小微企业、乡村旅游业等促进就近就业，为经济增长注入更多的动力。

### （二）强化农民素质提升

一是促进要素向农村集聚。集聚政府、企业、高校、社会等多方资源，推动人力、资本、技术、政策等各类要素向农村集聚，以新型的创业园区建设为载体，培育以大中小微企业为主导的创新创业群体，引导和支持返乡创业人员与新型农业经营主体相结合，提高农民就业素质，增强农民增收致富能力。

二是强化农民岗前培训。对天津市农村劳动力转移就业岗位需求情况进行针对性调研分析，以能力培养为核心，采用企业实习、岗前培训、订单培训等多种形式，分层次地开展分类培训，扩展就业岗位，强化农民市场经济观念，增强农民从业技能和本领。

三是提升农民就业服务水平。对农民就业实现同工同酬和城乡居民就业服务均等化，提供高质量的创业就业服务，举办好专场招聘咨询活动，充分发挥街镇窗口作用，设立专门的服务台，提供职业指导、技能培训、创业服务、劳动争议维权等方面的咨询服务，提供更精细化的服务。

### （三）加快农业转型升级

一是积极发展绿色农业。在培肥地力、保障耕地质量和基本生产条件的前提下，发展生态循环农业，在耕作制度、品种调整、全程清洁生产等环节重点谋划，积极推广免耕覆盖节能技术、现代轮作节能技术、现代间套复种节能技术（如玉米、马铃薯间作复种，稻、鸭、鱼立体种养等技术模式）、设施农作节能技术等，结合粮食高产创建，开展绿色生态种养，在推广品牌粮食、种业上下功夫，将粮食生产功能区打造成天津市绿色农业高效发展的名片，助推农民增收。

二是拓展农业价值链。在传统业态基础上，以"田园综合体、现代产业园区"等为载体，深化循环融合、延伸融合、集聚融合、跨界融合等新理念，推动电商、旅游、科技、信息、金融等现代商业模式融入现代农业发展，丰富产业类型，提升经营模式，释放产业新活力，带动农业提质增效。另外，创新收益分享模式，强化利益联结机制，推进农业产业化联合体创建活动，引导龙头企业与上下游企业和合作社建立利益共同体；进一步完善稳定订单、利润返还、股份合作、"保底收益+按股分红"等利益联结机制，让农民分享第二、第三产业增值收益。

三是打造全产业链。围绕"果蔬、水产品、奶制品、粮油、肉食、调味品"六大主导产业和"蜂蜜、中药材"两大特色产业，不断引导农产品加工业向园区和基地集中，形成"园区+公司+基地+农户"全产业链集聚发展模式，培育一批农产品加工业知名品牌，支持新型经营主体发展保鲜、储藏、分级、包装等初加工设施，推动初加工、精深加工、综合利用加工和主食加工协调发展，提高产品附加值，让农民从中受益。

## （四）强化现代科技支撑

一是加大农业科技研发投入力度。加大先进适用技术、农业良种和地方特色品种研发投入力度，大力开发功能型、营养型、保健型新品种，增加劳动密集型和技术、资本密集型农产品生产，增强农产品竞争力。

二是引进应用高品质新品种。采取多种形式从科研院所、大专院校和毗邻地区引进具有较高科技含量、适合市场消费需求的优质新品种，着力改善农产品的品种和质量，并积极引导和鼓励农民增加市场畅销的优质产品生产，及时淘汰劣质品种，提高单位土地面积产出率。

三是强化科技人才培育。突出科技服务农民，发挥科技人才优势，广泛开展多元培训，培养懂技术、善经营、会管理的复合型人才，加强对生产者技能培训和咨询服务、促进新技术应用。突出科技助力农业企业，培育一批具有现代科技示范引领作用的现代化农业企业，引导农民走农业现代化发展之路。

## （五）加快农村改革力度

一是理顺政府和市场的关系。在把控好风险、规范好程序的前提下，扩大农村各类产权的流转范围，增强"以股生财、以地生财、以房生财、以钱生财"的财产权属性，通过局部地区实行政策性试验稳步推进，引导有效投资，盘活更新大量的闲置资源，激活农民增收潜力。

二是探索宅基地有偿退出新机制。适度放活宅基地和农民房屋使用权，推进农民住房财产权抵押、担保、转让，完善农村宅基地集体所有权、宅基地资格权、宅基地使用权方面的政策，把宅基地权益财产化，促进宅基地价值增值，增加农民收入。

三是加强农村资源资产管理。建立完善农村资源资产清查登记台账制度、评估制度、承包租赁出让制度、经营制度、招投标制度、收益管理制度等一系列制度，并通过农村产权流转交易平台实现农村资源资产交易，提高农民来自土地的财产性收入。

四是深化农村金融改革创新。通过政策扶持和正向激励机制，引导金融资源向农村地区配置，鼓励农村小金融机构发展，引导农民主动参与利息及红利收入以及其他投资收益。一方面，加快发展直接融资，促进农村多层次资本市场平稳健康发展，让资本市场成为农民财富管理的重要平台；另一方面，加强金融产品和工具创新，改善金融服务，向农民提供多元化的理财产品，使农民分享增值收益。

## （六）完善政策保障机制

一是管好用好涉农专项资金。最大限度释放惠农效应，完善资金管理制度，健全监管体系，提高强农惠农资金的科学化、精细化管理水平，不折不扣地落实好耕地地力保护补贴、农机具购置补贴等各项富农政策，在最大范围、更深程度上惠及农民。

二是完善强农惠农富农政策。进一步完善农村保障机制，增加农村社会保障的支出规模，优化支出结构，增加教育、医疗、养老等投入，全面提高社会保障体系。

三是突出社会救助兜底作用。保障农民群众困有所助，对集体经济薄弱、农民收入水平低于天津市平均水平的村庄，调动多方力量、多种举措有机结合和互为支撑，制定好各项政策，助力天津市农民增收。

四是建立帮扶长效机制。做好农村低收入困难群体工作的动态化、精细化管理，从物质和精神两个方面加大帮扶力度，将帮扶资源由外部输入转化为持续发展的内生动力，实现政府、企业、低收入困难群体等多方共赢，助推天津市农民全面迈入小康社会进程。

专题研究八:

---

# "十四五"促进天津市农业农村
# 现代化发展政策研究

# 一、研究背景

## (一) 乡村振兴战略为农业农村现代化提出新要求

实施乡村振兴战略，是党的十九大做出的重大决策部署，要按照产业兴旺、生态宜居、乡风文明、治理有效、生活富裕的总要求，建立健全城乡融合发展体制机制和政策体系，加快推进农业农村现代化。2020年中央一号文件聚焦打赢脱贫攻坚战和补上全面小康"三农"领域突出短板这两大重点任务，持续抓好农业稳产保供和农民增收，推进农业高质量发展，保持农村社会和谐稳定，提升农民群众获得感、幸福感、安全感，确保脱贫攻坚战圆满收官，确保农村同步全面建成小康社会，这个对于指导推进天津市农业农村现代化，迈向农业高质量发展新时代具有重要意义。

## (二) 天津市已具备农业农村现代化发展的良好基础

"十三五"以来，天津市农业农村现代化发展取得的重大成就，为农业农村现代化发展打下坚实基础。

### 1. 新型经营主体不断发展壮大

一是实施家庭农场培育百千万工程。共创建市级示范家庭农场38家，纳入名录系统的家庭农场达到3 159家。二是推进农民合作社质量提升。截至2020年，天津市合作社113 322家，其中国家级示范社50家，市级合作社457家、市级示范社126家。三是强化农业产业化龙头企业发展。农业产业化龙头企业达到157家，其中市级及以上146家（含国家级17家），区级11家。市级以上重点龙头企业（不含批发市场）实现销售收入235.43亿元，出口创汇10 435.81万美元，获得净利润5.65亿元，上缴税金3.46亿元。

### 2. 土地流转与规模经营稳步发展

"十三五"以来，天津市土地适度规模经营面积达到324.66万亩，土地适度规模经营占比达到59.56%。截至2019年，家庭承包耕地流转总面积达到191.64万亩，流转率达到49.29%。

### 3. 财政支农资金投入稳定

"十三五"以来天津市财政支农资金投入保持稳定。2019年天津市一般公共预算农林水事务支出161.5亿元，其中农业农村类68.2亿元、水利类65.9亿元、扶贫类13.2亿元、林草类14.1亿元，2016—2019年全市财政支农资金共投入646.6亿元。农业保险深度达到2%。

### 4. 重点领域改革实现新突破

"十三五"以来，天津市各项农村改革深入推进，"四梁八柱"框架基本建立。一是全面完成农村承包土地确权登记颁证工作。2 707个村共登记承包地面积362.9万亩，基本实现了应确尽确。截至2019年底，向农户颁发证书59.28万份，颁证率达到

99.78%。二是引导土地经营权有序流转。截至2019年,家庭承包耕地流转总面积达到191.64万亩,流转率达到49.29%。三是稳妥推进农村集体产权制度改革。天津市累计已有2 757个村完成了改革,共确认村集体经济组织成员300.86万人,清查核实集体资产1 203.17亿元,集体资源性资产面积1 023.82万亩。以天津市农村产权交易所为龙头,基本建成覆盖10个涉农区、151个乡镇、3 628个村的"市—区—镇—村"四级市场服务体系,累计组织农村产权交易2 332笔,成交金额达到57.71亿元,已经发展成为全国最为活跃的农村产权交易市场之一。四是农村金融体系完备性和多样性不断增强。建立健全投保贷一体化现代农业金融体系,大范围推进农村承包土地的经营权和农民住房财产权"两权"抵押贷款试点,为农民融资带来便利。

5. 农民素质不断提升

一是开展农村实用人才带头人和大学生村官培训。依托毛家峪农村实用人才培训基地,以创业富民、乡村发展与治理为培训内容,对农村党组织书记、村委会主任、大学生村官以及新型农业经营主体负责人、农村创业带头人等开展产业扶贫、创业指导、电商营销等培训,"十三五"期间共培训3 700人。二是加快培训新型职业农民。探索出了"政府主导、农业农村部门抓总、多部门配合、农民自主选择"的农民教育培训工作运行机制,共培训生产经营型(主要包括专业大户、家庭农场主、农民合作社和农业龙头企业的骨干等)、专业技能型(主要包括长期、稳定在农业企业、农民合作社、家庭农场等新型农业经营主体中从事劳动作业的农业劳动力)、专业服务型(主要包括长期从事农业产前、产中、产后服务的农机服务人员、统防统治植保员、村级动物防疫员、农村信息员、农村经纪人、土地仲裁调解员、测土配方施肥员等农业社会化服务人员)三类高素质农民2.5万余人。

### (三)农业农村发展不平衡和不充分问题仍然凸显

天津市农业农村发展实现了一定程度的变革与发展,但是应清醒地看到,天津市最大的发展不平衡是城乡发展的不平衡,最大的发展不充分是农村发展不充分,目前已经成为决胜全面小康社会的最大制约和突出短板,全面建设美丽天津的重头任务依然在"三农"。主要表现为:乡村基础设施仍然比较薄弱,农业竞争力还不够强,农民就业创业和增收渠道有待拓宽,农民与产业化龙头企业等经营主体的利益联结机制不够健全,农村生态环境保护任重道远,农村公共服务能力有待提升,农村文明程度不够高,农村社会治理体系不够完善,城乡之间要素流动机制亟待健全等。这些问题和短板仍严重制约着天津市农业农村现代化发展。

## 二、农业农村现代化理论综述

### (一)国外农业农村现代化理论

国外城乡发展是一体的,不具有中国城乡二元经济结构特点。国外的农业现代化理论并未严格区分农业现代化和农村现代化,而是统称为农业现代化,即包括政治、经济、社会和文化等方面内容的全方位的社会变革。目前,国外农业现代化理论主要包括改造传统农业理论、诱导的创新理论、城市工业影响理论、高效益投入理论及资源开发理论。

### 1. 改造传统农业理论

西奥多·舒尔茨的改造传统农业理论,对农业现代化的发展具有重大影响。舒尔茨从理论上阐明了农业和农民在经济发展中的重要地位和积极作用,对传统农业的性质提出了新的见解。舒尔茨认为发展中国家的经济成长,有赖于农业迅速稳定的增长,而传统农业不具备迅速稳定增长的能力,出路在于把传统农业改造为现代农业,即实现农业现代化。制度保证是改造传统农业的首要任务,运用以经济刺激为基础的市场方式,通过农产品和生产要素的价格变动来刺激农民;适度规模是改造传统农业的必要条件,反对建立大规模农场,舒尔茨指出要使农民乐意接受新的生产要素,就必须使这些生产要素有利可图,一方面取决于新生产要素的价格和产量,另一方面取决于政策因素。

### 2. 诱导的创新理论

诱导的创新理论来源于厂商理论,约翰·希克斯和汉斯·宾斯旺格对诱导的创新理论作出卓越的贡献,速水佑次郎和弗农·拉坦进一步丰富完善了诱导的创新理论。诱导的创新理论认为,一个国家获得农业生产率和产出迅速增长的能力,取决于在各种途径中进行有效选择的能力。一个社会可以利用多种途径来实现农业的技术变革。无弹性的土地供给会给农业发展带来严重的制约,生物技术的进步却可以消除土地供给对农业发展的制约。同样,无弹性的劳动力供给给农业发展带来的制约可以通过机械技术的进步解决。如果不能有效消除资源禀赋的制约,就会抑制农业经济发展的进程。农业发展的有效理论是选择农业技术变革的最优途径的机制。诱导的创新理论把技术变革过程看作是经济制度的内生变量,把技术变革看作是对资源禀赋变化和需求增长的一种动态反应。

### 3. 城市工业影响理论

城市工业影响理论是由农业区位理论发展而来的。舒尔茨的"城市工业影响农业发展假说"认为,农业土地利用类型和农业土地经营集约化程度,不仅取决于土地的天然特性,更依赖于其经济状况,尤其取决于其到农产品消费的距离,位于城市中心周围的农业地区经济发展状况好,农业现代化水平也高。舒尔茨指出,要素和产品市场在城市工业迅速发展的区域比城市经济还没有转变到工业阶段的地区更能有效地发挥作用。

### 4. 高效益投入理论

农业技术具有高度的地区性,由于各地区地理气候和资源禀赋差异显著,在大多数情况下,发达国家开发发展的生产技术不可能直接转移应用到欠发达国家。即使对传统的自给自足的农业资源进行重新配置,也只能获得非常有限的农业经济增长。舒尔茨认为,在传统农业中,农民对农业资源的配置是理性和有效率的,农民之所以贫穷,是因为在大多数国家中,农民缺少对此做出反应的经济和技术方面的机会。因此,要把传统农业转变为经济增长的生产性源泉,其关键问题是投资,以便使贫困国家的农民能够获得现代高收益投入品。速水佑次郎和弗农·拉坦将此概括为"高收益投入理论",并提出促进农业生产率提高的三种投资渠道:一是对农业实验站新技术、新知识进行投资;二是对工业部门开发、生产和销售新技术进行投资;三是对促进农民有效使用现代农业要素进行投资。

5. 资源开发理论

资源开发理论认为自然资源开发是农业经济发展的重要源泉,耕地和牧场是增加农业生产的主要途径。早期的农业生产受到生产力水平的限制,农业再生产主要依靠外延式的方法,依靠耕地面积的扩大来实现增收的目标。然而,农业是受自然资源禀赋制约最为严重的产业,而自然资源是有限的,因此,随着农业开发的扩大和自然资源的减少,单纯依靠自然资源开发而实现农业乃至经济增长的做法已经被世界各国所摒弃。速水佑次郎和弗农·拉坦认为,以资源开发模型为基础的农业增长,在长期内是不可持续的,而要实现农业的持续增长,就必须从单纯的资源开发模式中解脱出来,注重资源保持型或增进型技术的开发,用化肥等现代工业投入品替代自然土壤肥力,并着力开发新的作物品种。

## (二)国内农业农村现代化理论

目前,国内关于农业农村现代化的理论并没有统一认识,多数学者仍停留在对农业农村现代化内涵界定、特征描述、阶段划分等方面的研究,何传启(2012)基于前人的经验理论总结概括了农业农村现代化的三种理论:经典农业现代化理论、两次农业现代化理论和广义农业现代化理论。

1. 经典农业现代化理论

经典农业现代化理论认为:农业现代化是从传统农业向现代农业的转型过程及其深刻变化,它包括农业的电气化、机械化、化学化、水利化、集约化、良种化、标准化、社会化、科学化、商业化、专业化和市场化等。农业现代化是从传统农业向现代农业转变的历史过程,包括农业劳动生产率、土地生产率、农业科技进步贡献率和农民收入大幅提高,现代农业经济体系、社会化服务体系和农业科技体系基本形成,完成农业的机械化、电气化、化学化、商业化和市场化,实现农业基础设施、生产技术和农民素质的现代化等。

具有不同资源禀赋国家的农业现代化的发展模式各异。人少地多的国家(如美国等)采用规模化、机械化和劳动节约型农业现代化模式;人多地少的国家(如日本等)采用资本密集、技术密集和土地节约型农业现代化模式;人均土地有限的国家(如法国等)采用集约化、机械化和专业化农业现代化模式。

2. 两次农业现代化理论

两次农业现代化理论将农业现代化分为两个层次,第一个层次的农业现代化是为了提高农业的劳动生产率和土地生产率,满足人们对农产品数量需求不断增长的需要,是农业从自然生产向半商品生产的转变过程,是从自然经济走向物质经济的过程。第二个层次的农业现代化是为了提高农业生产效益,维持农业持续高速发展,满足人们对产品质量和种类的需要,是半商品生产走向商品生产的过程,是从物质经济走向知识经济的过程。

第一层次农业现代化追求农业科技的主要特征是农业机械化、农业电气化、农业化学化和农业水利化,这一过程称为第一次农业现代化;第二层次农业现代化追求农业科技的主要特征是农业标准化、农业信息化、农业生物化、农业设施化和与之配套的管理现代化等,这一过程称为第二次农业现代化。

3. 广义农业现代化理论

广义农业现代化理论认为:农业现代化是农业系统的现代化,是18世纪工业革命以来的一种农业变迁和国际竞争,是现代农业的形成、发展、转型和国际互动的前沿过程,是农业要素的创新、选择、传播、退出交替进行的复合过程,是追赶、达到和保持世界农业先进水平的国际竞争和国际分化等。

农业现代化是一个复杂过程,包括农业发展、农业转型、国际农业竞争、国际农业分化和国家农业分层,包括农业行为、农业结构、农业制度和观念的变化,包括农业发展的世界前沿和达到世界前沿的过程等。在18—21世纪,农业现代化过程的前沿轨迹可以分为两大阶段:第一次农业现代化是从传统农业向初级现代农业、从自给型农业向市场化农业的转型过程和深刻变化,它的主要特点包括市场化、集约化、机械化、化学化、专业化和农业比例下降等;第二次农业现代化包括从初级现代化农业向高级现代化农业、从市场化农业向知识型农业的转型,目前特点包括知识化、信息化、生态化、工厂化、国际化、多样化和生物技术的普遍应用等。

## 三、农业农村现代化内涵界定和重大意义

### (一)农业农村现代化内涵界定

1. 农业现代化内涵

宏观政策把加快推进农业现代化作为新时代实施乡村振兴战略的重要内容,对农业现代化这一问题进行准确的把握与合理的理解,直接关系到具体政策措施的有效性和合理性。对于农业现代化,其内涵非常丰富,它是我国整体现代化一个不可缺少的重要组成部分,同时也是多年来的农业政策一直追求达到的核心目标。

如果按照现代化的趋同论来理解农业现代化,农业现代化可以理解为发展现代农业,用现代农业取代传统农业,即农业现代化是改造传统农业的过程,是用现代工业装备农业,用现代科学技术改造农业,用现代产业体系提升农业,用现代经营形式推进农业,用现代发展理念引领农业,用培养新型农民发展农业。从过程上来看,农业现代化发展是要不断提高农业机械化、水利化、化学化、电气化、科技化、适度规模化、生态良性化、专业化及生产者知识化。从结果上看,农业现代化发展是要提高农业劳动生产

率、土地产出率和商品化率。

在新时代乡村振兴中，农业现代化的实质就是要不断推进和实现农业的变革，使之更加适应现代社会经济环境和社会生活需要。就本质目标而言，农业现代化就是要实现两个提升，一是提升农业经济的效率，二是提升农业经济的效益。

2. 农村现代化内涵

在新时代乡村振兴中，提出要按照"产业兴旺、生态宜居、乡风文明、治理有效、生活富裕"总要求，加快推进农村现代化。农村现代化是一个内涵更广泛和丰富的系统工程，"不仅仅等同于物质生活水平的提高，而且也包括农民精神、意识以及文化状态的转变"（高帆，2006）。

关于农村现代化的内涵，通常有两种观念：一是新农村建设，二是农村城镇化。新农村建设主要倡导在现代化背景下，通过国家力量或外部的力量来加强农村建设，使农村的面貌焕然一新，与现代社会发展水平相协调。农村城镇化是现代化趋同论的一种观点，认为城镇化是现代化的一种共同发展方向和共同趋势，因而农村现代化也要朝着农村城镇化方向发展。

农村现代化是以农村为中心，并将其置于整个社会经济大系统的现代化之中，包括以下四个基本内涵：一是农村现代化物质基础——农业现代化，即在农村现代化过程中，传统种植农业逐步转型为机械化、水利化、化学化、电气化、科技化、适度规模化、生态良性化、专业化及生产者知识化的现代大农业；二是农村现代化主要内容——经济现代化，即在农村现代化过程中，传统农村经济逐步转变为市场化、工业化、城市化、持续化的现代市场经济；三是农村现代化重要方面——社会现代化，即在农村现代化过程中，逐步实现农村社会民主化、法制化、文明化、稳定化；四是农村现代化基本保证——制度现代化，即在农村现代化的过程中，逐步实现制度创新，规范政府行为，强化政策导向。农村现代化的真实内涵是在社会现代化的大背景下，通过合理有效的方式维持农村社会的延续，并通过不断的变迁与发展以与现代社会总体发展相协调、相融合。

3. 农业农村现代化内涵

党的十九大报告中首次提出"加快推进农业农村现代化"，农业农村现代化既是中国特色社会主义现代化的基本构成，也是重要的推动力。当前，学术界对农业农村现代化有不同的理解。有的把它理解为农业现代化的简单延伸，有的把它理解为农业现代化加上农村现代化，还有的把它看成是农业、农村或村庄、农民的现代化。本文以为，农业农村现代化这一概念，虽然只是在过去农业现代化的基础上加了"农村"二字，但它既不是农业现代化的简单延伸，也不是农业现代化和农村现代化的简单相加，而是突出"四化同步"，即一是共同推动农业生产、经营、产业体系建设，率先基本实现农业现代化；二是共同推动生态宜居、乡风文明、治理有效建设，率先基本实现农村现代化；三是共同推动农民生活、农民素质、公共服务建设，率先基本实现农民现代化；四是共同推动城乡融合化发展，率先基本实现"四化同步"发展。

## （二）实施农业农村现代化重大意义

2021年是乡村振兴全面推进的第一年，推进农业农村现代化建设，对天津市农业农村发展具有非常重要的意义，主要体现在以下三个方面。

### 1. 农业农村现代化是国家现代化的基石

农业农村现代化的意义在于把农村现代化和农业现代化并列为国家现代化的基石，既丰富了社会主义现代化的具体内涵，也体现了党中央对农业农村发展的再定位、再布局。因此，在乡村振兴战略的实施过程中，必须把农业农村现代化作为重要战略目标，通过廓清"农村服务城市""农业服务工业"的错误思想，强化和提升乡村的生态保护功能、文化传承功能、社会进步功能和经济发展功能。与此同时，通过促进城乡地位平等性、城乡要素流动性和城乡空间共融性，缩小城乡生产生活水平和人居环境差距、扩大农村居民发展的平等机遇、弥合城乡人文交流的情感裂隙、突破城乡人员往来的制度藩篱，为农业农村现代化提供多元有效的实践路径。

### 2. 农业农村现代化是实施乡村振兴战略的总目标

2018年9月，习近平总书记在中共中央政治局第八次集体学习时系统阐述了实施乡村振兴战略的总目标、总方针、总要求和制度保障，即农业农村现代化是实施乡村振兴战略的总目标，坚持农业农村优先发展是总方针，产业兴旺、生态宜居、乡风文明、治理有效、生活富裕是总要求，建立健全城乡融合发展体制机制和政策体系是制度保障。习近平总书记从全面建设社会主义现代化强国的高度，指出了实施乡村振兴战略的科学内涵，明确了推进农业农村现代化的思路、方向和着力点，为我们牢牢把握农业农村现代化这个总目标和准确理解农业农村现代化的时代要求，提供了根本遵循和行动指南。

### 3. 农业农村现代化彰显了我国重要国家战略

乡村发展目标从"农业现代化"转变为"农业农村现代化"，凸显了农村在国家战略中的地位，是新时代党中央对农村在国家战略中的地位表述的重要创新。党的十九大提出要"全面建设社会主义现代化国家"，其内涵就是城市现代化和农村现代化的高度统一，可以说没有农村现代化就没有国家现代化。当下天津市发展的主要短板在农村，天津市与北京、上海等大城市的主要差距也在农村，因此，要站在解决城乡发展不均衡和国家现代化战略的高度推进农村现代化和城乡一体化发展。

## 四、国外农业农村现代化发展道路与启示

### （一）国外农业农村现代化发展道路

#### 1. 美国——劳动生产率提升导向下的大规模农场经营型乡村

从农村基础背景上看，美国耕地面积是日本的81倍，而从事农业人数仅为日本的

1/29，中国的 1/170，属于典型的人少地多，劳动力资源短缺型乡村。因此，提高劳动生产率，有效整合农地来实行规模经营是这一类型农村的选择。

从土地产权制度来看，美国虽然实行土地私有制，土地所有者拥有对土地的使用权和交易权，但政府对土地的租赁、转让、交易却有着严格限制。在美国，联邦政府和州政府享有对土地的征用权和土地管理的规划权，土地发展权也由国家享有。美国的农业遵守自由竞争的市场经济制度，国家不直接从事农业生产和农产品流通的活动，这也表现在农场规模经营的历程上。

从农业生产经营组织来看，美国的农村组织类型分为个体或家庭农场、合伙农场和公司农场三种。在美国，家庭农场在所有农场中始终是占主导地位，即便美国如今存在不少合伙或公司制农场，但它们的比重也是非常小，而且往往也只适合某些特定的领域。家庭农场的规模也普遍较大且采用了最新的农业机械和其他先进的农业技术。因此，美国的农业生产经营组织结构是大中农场并存且以家庭农场为主导的规模经营。

从农村的土地管理模式来看，美国农地使用权的流转以市场为导向，农场农业生产以盈利为目标。企业、资本与农业生产的多方结合是美国农业发展的一大特色，这与美国资本主义市场经济体制密不可分，也与美国人少地多的规模经营优势密不可分。农场的大规模加上机械化的生产方式才能实现规模效应，吸引企业下乡，助力美国的农业现代化。

2. 日本——土地生产率提升导向下的专业农户经营型乡村

从基础背景来看，日本作为一个岛国，国土面积相对狭小且群山叠嶂，耕地面积只占到整个国土面积的 12%，耕地资源极为有限。相较之美国提高劳动生产率的手段，提高土地利用率才是日本实现农业现代化的关键。

从土地产权制度来看，日本现行的土地所有制是以个人为主，国家所有、公共所有、个人与法人所有（私人所有）并存的一种土地所有制。政府允许农地产权通过市场进行租赁和买卖，从而扩大了农民对土地的使用权和收益权，而且赋予农民对土地的处分权。

从农业生产经营组织来看，日本坚持以农户为核心的现代经营主体地位，尤其在粮食生产领域的主体地位，同时积极引导企业等工商资本进入农产品加工或营销等环节，为农户经营提供社会化服务。农户耕地实现从碎片化小农经济向适中规模经营转变。

从农村的土地管理模式来看，日本呈现出政府引导与农户自治双向平衡的农业管理模式，这与日本的产权制度、乡村管理制度分不开。农户拥有土地所有权，但赋予在所有权之上的其他权能可以转移出去，通过农地租借转让的中介，搭建起市场与农户之间的平台，自主地将土地流转给专业农户或是企业，实现规模化经营。农协的发展为农业规模经营组建了完善的服务平台。此外，农协对农民进行专业培训，积极开展农业生产技术指导，推广农业技术，为农民提供小额贷款、农业保险外，还在维护农民权益、规范社会秩序等方面发挥着重要作用，是日本农村社区管理的重要组织。

3. 法国——双重提升目标导向下的中型农场经营型乡村

从基础背景来看，法国的人地关系介于人少地多和人多地少的两种状态之间，其现代农业建设的路径是土地生产率和劳动生产率双重提高。

从土地产权制度来看，法国实行的土地私有制，农村土地的所有者是农民，并且法国的农民可以对土地进行买卖、实行土地的直接流转。法国通过法律规定私有土地一定要用于农业，不准弃耕和在耕地上搞建筑。土地转让不可分割，必须整体出让，且继承上只允许一个子女继承，以此实现土地的农用和规模化经营。法国的征收实施主体只能是国家，征收对象可以是不动产的所有权，也可以是不动产的使用权、收益权、地役权等其他物权。

从农业生产经营组织来看，法国在农业土地适度集中的原则下，扩大小农场规模，限制大农场面积的扩大，从而形成以最佳中型家庭农场为主体的经营结构。这是在充分了解本国国情和规模效应的基础上做出的选择。法国强调农业产业专业化发展，依托中型家庭农场发展特色乡村旅游和特色农产品生产，形成各地区专业化分工。中型农产规模适中，满足规模效应的同时也便于发展特色产业。

从农村的土地管理模式来看，法国体现较高的"中央集权式"特点，土地的流转通过国家成立的土地整治和农村安置公司来搭建平台，从不愿经营农业的私人手中购买土地以较低价格卖给中等规模经营的农民，并以各种政策支持作为辅助，表现出较大的计划指导性。

## （二）国外农业农村现代化对天津市的启示

对国外三种农业现代化模式进行梳理后不难发现，三者有一些共性特征，继而可以从中找到农业现代化剥离人地矛盾国情之外所具备的要素，为天津市农业农村现代化提供启示。

### 1. 基础服务设施的完备和农业机械化的发展

不论是提高劳动生产率的美国，还是提高土地生产率的日本，技术下乡、农业机械化程度的提高都是农业现代化的首要保障。农业合作社的建立也为农业机械化提供了载体。更重要的是各国政府对于农村基础设施、公共服务设施建设的重视，将其视为其他农村政策制定、农村现代化改造的前提。在基础设施选址和建设上，当地农户参与决策的程度极高，形成良好的政府与农户双向沟通的决策系统。

### 2. 适合自身条件发展的规模化经营路径

不论是美国的大规模农场经营，还是日本的农户经营，还是像法国这样的中型农场经营组织模式，都是以土地规模化经营为目标的，并且都是以家庭农场为主导形式。说明规模经营，家庭为经济主体是最有效的农业现代化生产方式。只是针对不同国家、不同人地矛盾，农场最优规模不同。同时需要说明的是，虽然各国都有企业下乡参与到农业生产环节甚至是企业农场（美国），但也只在部分领域并以为家庭农场提供服务的职能参与，并未成为农村经济的主体。

### 3. 拥有与公共机构进行对话的民间组织

除了美国的自治型管理模式外，日本和法国同样拥有代表农民利益和权利的农业协会和农业合作社，虽然政府对这些民间组织团体有部分干涉，但这些强制性农户参与的组织呈现出越来越自治的本性，参与的农村事业也趋于综合化，它们与政府、市场都有较充分的合作与联系。最重要的是农协及合作社完全站在农业发展、更站在农民自身的立场来组织农村的各种事宜，代表农民的话语权和政府、市场进行沟通，是现代化农村葆有活力的保障。

# 五、天津市农业农村现代化发展制约因素

## （一）农业支持和保护度不确定性增加

一方面是不确定性因素增加。随着我国经济由高速增长阶段转向高质量发展阶段，对我国财政收入增长带来压力，进而挤压政府支持农业农村优先发展的空间，减弱了财政支持农业的强度、力度以及广度。同时，中美战略博弈成为常态且具有长期性、艰巨性、复杂性，国内外新冠肺炎疫情形势依旧严峻，气候变化、农产品资本化等对农产品贸易市场带来不确定性影响，波动性态势加剧。

另一方面是财政支农资金有限。2018 年天津市一般公共支出 3 103 亿元，其中用于农林水支出 165.7 亿元，占比 5.3%。天津市财政支农力度跟北京、上海相比仍有较大差距，2018 年北京市农林水支出是天津市的 3.4 倍，上海市农林水支出是天津市的 2.8 倍。在建设农业农村现代化背景下，高质量发展和绿色发展需要大量资金投入与整体经济发展形势放缓、财政支农资金有限形成矛盾，这给天津市农业支持和保护度增加了不确定性。

## （二）农业结构性问题突出

一是天津市大宗农产品和绿色优质高效特色农产品占比少，蔬菜、果品、奶牛养殖和水产品规模优势不明显。二是农业品牌不强、不亮。截至 2019 年底，天津市认定了市级知名农产品区域公用品牌、企业品牌、产品品牌共 147 个，品种比较丰富、覆盖面较广。但这些品牌总体规模都较小，在本地影响较大，多数地理标志农产品市场认知度低、企业品牌影响力较低，入选"中国百强区域公用品牌"仅有沙窝萝卜。本地农业品牌缺乏在国内其他地方市场及国际市场的竞争力。三是农产品深加工环节薄弱。目前天津市食品集团、天津市天隆种业科技有限公司等农业企业虽然在国内具有一定影响力，但是，天津市农业企业总体数量多、规模偏小、发展水平与天津为沿海开放城市不匹配，缺乏大型上市农业企业作为骨干，做大做强国际国内一流龙头企业任重道远。四是都市农业特色优势凸显不足。休闲农业与乡村旅游发展特色亮点不足。都市农业的多功能性价值尚未完全有效认识和开发，生态、文化、民生、社会稳定等价值尚未引起足够重视。

## （三）农业水土资源环境约束不断加剧

水资源短缺已成为制约天津农业发展的重要原因之一。《天津市 2018 年水资源公

报》显示，2018年天津市水资源总量17.58亿立方米，总供水量28.42亿立方米，总用水量28.42亿立方米，其中农业用水10.0011亿立方米，占比35.2%，属用水大市；然而，天津市中南部地区地表水严重缺乏，长期依靠超采地下水进行灌溉，目前受地下水压采、限采政策的影响，2022年天津市76%以上地区深层地下水井将全部封填，个别地区将返回到靠天吃饭状态。农业用水供需矛盾进一步加剧，给农业稳定生产带来十分严峻的挑战。人地矛盾日益突出。天津市耕地面积为4 367.55平方千米，占天津市土地总面积的36.5%，人均耕地面积0.62亩，远低于全国平均水平，并且低于联合国粮农组织确定的0.8亩的警戒线，耕地形势不容乐观。天津市人口快速增长、社会经济高速发展和可持续发展等使得城镇用地、水利设施用地、基础设施用地及退耕还林用地等不断的增加，导致耕地利用形势不乐观，今后耕地资源数量的保护和合理利用均会形成较大压力，特别是现有耕地中还有100多万亩用于造林，给完成粮食安全省长责任制考核和"菜篮子"市长负责制考核带来较大压力。土地生产潜力有待进一步开发。耕地种植结构有待改善，蔬菜和经济作物比例偏低，土地生产潜力、土地利用率还有较大的提升空间。农业农村老龄化形势十分严峻，种植业从业人员平均年龄已接近60岁。农业从业人员社会地位、经济收入等差别，极易造成后续农业从业人员断崖式下降，给第一产业发展带来巨大挑战。

### （四）农业增效和农民增收亟需新动能

一是农业综合亩均效益有待提高。天津市农业综合亩均效益低于上海和北京，源于农业产业结构、品种结构和布局结构不够优化，高经济价值作物的种植比重低，粮食种植面积过大、规模经营比例较低。

二是农民持续增收动力不足。由于农资价格、饲料成本逐年上涨，农业生产成本增加，农产品受价格"天花板"和生产成本"地板"双重挤压，农民经营性收入增长困难。GDP增长疲软将对天津市农村居民人均可支配收入带来严峻挑战。相对于北京和上海，天津市农村工业化程度还不够高，加之环境整治影响，农民工资性收入受到较大影响。城乡发展差距依然较大，农民收入持续较快增长难度加大，城乡居民可支配收入绝对差距扩大趋势尚未得到根本遏制。

### （五）城乡融合发展不均衡

一是城乡公共服务和基础设施差距依然明显。当前，天津市城乡在养老、医疗、教育、文体、社会保障等领域的基本公共服务标准差距依然较大，其中教育、医疗、养老是发展不均衡的主要短板，阻碍城乡融合发展。基础设施方面，部分农村地区农田水利基础设施不能满足提高农业综合生产能力的需要，人居环境设施不能满足生活垃圾、生活污水处理的需要。公共财政等资源配置的倾向性造成了城乡之间在基本公共服务和基础设施存在较大的差距。

二是缩小城乡差距手段匮乏。城乡之间要素流动机制亟待健全，缩小城乡差距手段匮乏。城乡人才流动不顺畅，推动人才流动的体制机制不完善、扶持政策不到位，引才难、留才难成为制约城乡融合发展的突出短板。土地在天津市城乡融合发展中的潜力难以释放,天津市郊区集体建设用地分布不平衡、小而散、利用率不高,加剧了城乡发展不平衡程度。城乡金融市场发展差距较大,城乡金融机构分布失衡,资金缺乏有效的双向流动,造成农村资金外流。

三是乡村社会治理体系不够完善。农村基层党建存在薄弱环节,自治、法治、德治相结合的乡村治理体系需要加强完善。农村基层党建依然是整个党建工作的薄弱环节,农村流动党员组织生活难以开展、基层党员年龄偏大、开展创造性的工作少等是目前基层党建薄弱环节的发力点。农村群众性自治组织建设还不完善、农民法治素养还较低、乡村德治水平有待提高,乡村社会治理体系需要进一步完善。

# 六、天津市农业农村现代化发展的思路与原则

## (一) 发展思路

以习近平新时代中国特色社会主义思想为指导,全面贯彻党的十九大和十九届历次精神,深入贯彻习近平总书记系列重要讲话精神,以习近平总书记对天津市提出的"三个着力"重要要求为元为纲,按照"五位一体"总体布局和"四个全面"战略布局,牢固树立和贯彻落实新发展理念,落实市委和市政府的部署和要求,以落实京津冀协同发展重大国家战略为基点,突出农业农村优先发展,走高质量发展之路,以实施乡村振兴战略为总抓手,以推进农业供给侧结构性改革为主线,以增加农民收入为目标,加快推进农业由增产导向转向提质导向,通过涉农区域、产业、村庄合理布局,打造高质量现代都市型农业,推进农业农村全方位绿色发展,统筹城乡融合发展,激发农村发展活力,挖掘农民增长动力,建立健全现代乡村治理体系、乡村文化体系,努力让农业成为有奔头的产业,让农民成为有吸引力的职业,让农村成为安居乐业的家园,努力推动农业农村现代化率先走在全国前列。

## (二) 发展原则

### 1. 坚持"底线思维"原则

当前"三农"工作是全党工作的重中之重,实现农业农村现代化,发展现代农业,全面振兴乡村,实现全体农民共同富裕,需要始终坚持"底线思维"。通过倡导"底线思维",理清、确证和圈定有关"三农"发展重大问题上的"底线",以及为何坚守"底线"的道理,要在农村的政治、经济和文化的发展维度上,将"三农"发展的"底线"具体化,坚持"经济底线",促进产业兴旺;坚持"生态底线",促进生态宜居;坚持"文化底线",促进乡风文明;坚持"政治底线",促进治理有效;坚持"民生底线",促进生活富裕。

### 2. 坚持农业农村优先发展原则

农业农村现代化这个总目标,就要把农业农村优先发展真正落到实处。党的十九大

提出"农业农村优先发展"思想，就是坚持在"三农"问题是全党工作"重中之重"的科学论断指引下，把农业农村发展摆在突出地位，并确定为乡村振兴战略的基本方针。目前天津市最大的发展不平衡体现在城乡之间，最大的发展不充分集中在农业和农村，全面建设社会主义现代化强国，最艰巨最繁重的任务在农村，最广泛最深厚的基础在农村，最大的潜力和后劲也在农村。正因如此，必须把农业农村优先发展落到实处，通过人才队伍的优先满足、要素配置的优先保障、发展资金的优先投入、公共服务的优先落实、基础设施的优先建设等方面采取有力举措，加快补齐农业农村发展短板，不断缩小城乡差距，让农业成为有奔头的产业，让农民成为有吸引力的职业，让农村成为安居乐业的家园。

3. 坚持城乡融合发展原则

实施农业农村现代化，必须把城乡融合发展摆在关键位置，加快解除阻碍城乡融合发展的"短板"限制和"瓶颈"约束，奋力推进农村医疗、教育、社会保障和公共服务体制机制建设，积极促成对城乡融合发展具有重要意义的农业技术进步模式、农地保护模式、城乡区划模式等经济政策的转变，通过工农相互促进、城乡相互补充、产业全面融合、事业共同繁荣等措施，重构新型工农城乡关系。

4. 坚持农民主体地位原则

充分尊重农民意愿，发挥农民在农业农村现代化中的主体作用，调动广大农民的积极性、主动性和创造性，把维护农民群众根本利益、促进农民共同富裕作为出发点和落脚点，促进农民持续增收，让农民成为农业农村现代化的主要受益者，不断提升农民的获得感、幸福感和安全感。

5. 坚持小农户与现代农业发展有机衔接原则

天津市推进农业农村现代化的最大障碍是小农户的分散经营方式，由于传统观念的束缚和经济水平的制约，广大农民无法挣脱"小农经济"的"脐带"缠绕，将家庭经济来源捆绑在"一亩三分地"的低效产出上，既固化了自身的贫困状态，也阻碍了农业科技的推广应用，更延缓了农业农村市场化和现代化进程。"小农户与现代都市型农业发展有机衔接"思想的蕴生，既为农民的生产生活指明了前进方向，也为农业农村现代化发展提供了路径选择。

## （三）农业农村现代化应处理好四个关系

1. 处理好城乡融合发展与农业农村优先发展的关系

实现城乡融合发展，促进城乡功能互补，是顺利推进现代化的内在要求。天津市农业农村现代化明显滞后于工业和城市现代化，应通过农业农村优先发展促进城乡融合发展。将农业农村优先发展置于城乡融合发展的整体架构中推进，实现"以城带乡""以城兴乡""以工哺农""以工带农"，形成工农互促、城乡互补、全面融合、共同繁荣的新型工农城乡关系。

2. 处理好市场与政府的关系

要处理好发挥市场在资源配置中的决定性作用和更好发挥政府作用的关系。把应该由市场做的事情交给市场，充分发挥市场在资源配置中的决定性作用，以完善产权制度和要素市场化配置为重点，激活主体、激活要素、激活市场，着力增强改革的系统性、整体性、协同性。发挥政府在规划引导、政策支持、市场监管、法治保障等方面的积极作用，不直接参与经济活动，更不能在资源配置中起决定性作用。

3. 处理好总体推进与重点突破的关系

实现农业农村现代化要坚持农业农村优先发展的总方针，要坚持产业兴旺、生态宜居、乡风文明、治理有效、生活富裕的总要求，整体上推进实施乡村振兴战略，实现农业农村现代化。同时应抓住重点实现突破，天津市要根据不同发展阶段、不同区域的实际情况明确工作重点、出台相应政策。准确把握乡村的差异性，做到因时因地因村制宜地推进农业农村现代化。

4. 处理好阶段性目标与长效机制的关系

以农业农村优先发展为政策导向，建立以体制机制为主、政策体系为辅的农业农村优先发展长效体制，构建"管根本、管长远、管全局"的新型体制机制。现阶段的主要任务是保障粮食安全、深化农业供给侧结构性改革、全面深化农村改革、促进一二三产业融合发展、改善农村基础设施条件、提升农村基本公共服务水平、推进美丽乡村建设，确保农业农村优先发展。长效机制需要走向以体制机制和法律法规为主的轨道，彻底消除城乡二元结构，实现城乡融合发展，满足广大农民群众对美好生活的向往，发挥现代都市型农业的特色和优势，确保农业农村现代化发展不受短期行为的影响。

# 七、促进天津市农业农村现代化发展的政策措施

## （一）政策层面

1. 增强政策的协调性

在农业立法上应充分协调公共利益和个人利益之间的关系。既要保护农户的个人利益，还需防止农户个人利益建立在损害公共利益的基础上，严防"公地悲剧"的发生。一方面，政府应在农村基础设施建设、农业技术研发、农民教育等方面发挥主导作用；另一方面，政府不要过多干预农业生产，须遵循农业发展规律和市场规律，通过积极发挥政府的支持和辅助作用，提升政策的延续性和有效性来提升农业效率。

2. 在顶层设计上转向城乡融合发展

城乡融合发展，就是要促进城乡社会现代化经济体系、民主政治、文化活力、社会治理、生态文明互联互通。要加快建立城乡融合的体制机制和政策体系，实现城乡基础设施和公共服务一体化建设、一体化管护、一体化运营，促进城乡之间的要素流动。城乡融合发展的基础是让城镇居民和农村居民的权利实现互联互通。要保障农民的"十大权利"，即保障农民在乡村的土地承包经营权、宅基地使用权、集体资产收益分配权，以及城乡融合过程中的人身财产安全、就业创业、体面居住、医疗卫生、养老社

保、公平教育、政治参与方面的权利。

### 3. 构建农业农村优先发展政策体系

农业农村现代化必须坚持农业农村优先发展的总方针，真正把农业农村发展摆在优先位置，补齐农业发展的"短腿"，补足农村发展的短板，要构建功能完整的农业农村优先发展政策体系与保障机制来确保天津市农业农村现代化目标的实现，主要是做好"四个优先"。一是干部配备要优先，注重加强对领导干部"三农"理论与实践的培养，将"懂农业、爱农村、爱农民"的优秀干部充实到"三农"基层战线，更多了解农业农村实际；加强对农村优秀基层干部的选拔，对真正在农村干实事、为农民谋利益的基层干部给予奖励，纳入事业单位编制。二是要素配置要优先，通过深化制度性改革和政策调整，打通城乡要素合理流动渠道，逐步促进城乡要素双向流动、共享互惠。三是资金投入要优先，建立农业农村优先发展专项财政支持政策体系，坚持中央财政支出优先保障农业农村、中央预算内投资优先向农业农村倾斜、地方各级财政对农业投入增幅高于经常性收入增幅。用政府资金撬动更多工商资本投入农业农村。四是公共服务要优先，依托农村人居环境改造，持续完善农村水、电、路等基础设施，推进城乡医疗、教育、卫生和养老等服务标准和制度统一化，让农村居民拥有享有优质公共服务的平等权。

## （二）人才层面

人是生产力要素系统中最为活跃的因素，推动农业农村现代化，关键在人。通过制度创新，培育造就一支懂农业、爱农村的"三农"工作队伍，面对新时代农村工作的任务和要求，要把农民的积极性、主动性、创造性调动起来，激发乡村发展的内生动力，为天津市农业农村现代化发展注入更多"活水"。

### 1. 加强基层干部队伍建设

严格选人用人标准，严把政治首关，拓宽选人视野和渠道，选优配强村党组织书记，打造一支政治强、能力强、有威望、有凝聚力的带头人队伍。实施村党组织带头人整体优化提升行动，每年对村党组织书记实行全员轮训，持续提升村党组织书记政治素质和推动发展、服务群众的工作本领。注重在致富能手、外出务工返乡人员等群体中培养后备村干部，加大从本村致富能手、外出务工经商人员、本乡本土大学毕业生、复员退伍军人中培养选拔力度。健全第一书记长效工作机制，全面向软弱涣散村和集体经济较为薄弱村党组织派出第一书记。健全从优秀村党组织书记中选拔乡镇领导干部、考录乡镇公务员、招聘乡镇事业编制人员机制，健全和落实村干部报酬增长机制，让村党组织书记政治上有地位、经济上有保障、社会上有尊严。

### 2. 建立健全考核指标与机制制度

一是把服务基层的实际成绩作为干部选拔任用的重要考核指标，让"三农"干部在农业农村现代化的大舞台上长袖善舞、勇敢作为。二是建立"能上能下"的激励考核机制。让"实干者受惠，虚干者下台，不干者出局"成为干部选拔任用的根本原则，为"敢下基层、愿去基层、扎根基层"的"实干家"提供职业发展的绿色通道和组织保障，以增强其持续推动"三农"工作创新发展的"底气"和"干劲"，积极引导"三农"干部为农民多办实事、多办好事、多办成事。

3. 实施人才培育、培训工程

一是实施乡村人才培育集聚工程。实施农业农村现代化是农业农村的一场根本性变革，必须依靠人力资源的集聚和人口知识结构的根本性改变。以乡情乡愁为纽带，大力推进"市民下乡、能人回乡、企业兴乡"工程，鼓励和引导城市市民、企业家、党政干部、技能人才、大学生、社会贤达等返乡创办实业，利用当地资源带动农民创业就业，增加农民经营性收入。二是大力实施农村劳动力技能培训工程、农业职业经理人培训工程，培养一大批懂技术、善经营的新型职业农民和懂农业、爱农村的新农人，让农业真正成为有奔头的产业，让农民真正成为体面的职业。

## （三）土地层面

1. 加快推进土地规模化经营进程

为实现农业农村现代化的目标，进一步提高农业效率，还需转向规模化、集约化的发展模式。通过推进土地集约化、规模化经营来加快天津市农业现代化的进程，推动农村地区的发展。可以先在各农场进行试点，探索集约化、规模化的农业经营方式，并通过加强同农业协会及物流、电商等第三方服务体系的合作来提升农业经营效率。为保障规模化经营不损害农民利益，还须通过法律形式明确相应的农村土地确权和流转工作。

2. 放活农业用地政策

在用地政策方面，坚持保护优先，创新发展模式。落实土地政策，在保护和不破坏农业综合生产能力的前提下，放活农业项目用地政策，对不破坏耕作层农业生产辅助设施用地，不占用基本农田的，可及时办理用地手续。结合推进农业集体产权制度改革，明确产权，完善权能，给集体权属用于农业农村现代化发展更多用地权。在充分调查及掌握各类土地资源基础上，探索建设用地指标"统筹管理"，统一整合，提高天津市农业农村现代化"十四五"建设土地利用率。支持点状用地方式，鼓励土地复合利用，通过土地综合整治、归并地块等方式，加强农村三产融合项目用地保障。

## （四）资金层面

实现天津市农业农村现代化发展，"三农"领域投融资需求强烈，必须解决钱从哪里来的问题。为推进各类涉农项目的顺利开展，一方面要稳定农业投入机制，建立健全多元投入保障机制；另一方面加大农村金融服务，激发各类金融机构和社会资本参与乡村振兴的主动性和能动性。要发挥好财政资金杠杆作用，撬动金融和社会资本更多投向农业农村。

1. 加大财政支持力度

建立健全实施农业农村现代化财政投入保障制度，完善财政投入稳定增长机制，坚持把农业农村现代化作为财政支出的优先保障领域。优化财政供给结构，除足额及时兑现本项目支持资金外，还要整合各种财政支农资金，实行"大专项+任务清单"管理模式和因素法分配机制,推进行业间涉农资金统筹使用,进一步提高涉农资金投入效率和使用效益。优化政府投资安排方式,探索通过建立基金、先建后补、以奖代补等方式,允许以多种方式投入农业农村现代化确需支持的项目。

2. 完善农村金融服务体系

一是在政府协调下,支持各金融机构将普惠金融重点放在农业农村现代化建设项目上,增加信贷投放。要引导农村信用社、农村商业银行等农村金融机构扩大"三农"服务的范围,创新农业融资担保服务和配套服务。通过农村基层组织和千家万户农民打交道,利用互联网技术开展小额存贷款、支付结算和保险等金融服务,有效降低服务成本,提高服务效率。鼓励商业银行参与项目建设贷款的发放,对于符合条件的金融机构给予政策优待。深入推进金融支农的产品和服务方式创新。

二是规范农村资金互助社等非正规合作金融机构,完善相关法律法规确定其合法地位,加强对其有效监督和扶持,使民间资金取之于农、用之于农。

三是深化农村要素市场改革,为社会资本参与乡村建设逐步破除制度障碍。优先满足"三农"发展所需要素供给,鼓励社会资本盘活农村闲置宅基地、发展农产品加工、乡村旅游等涉农业务,支持社会资本进入农民办不了、办不好的领域。

四是推动金融机构下沉服务网点、优化网点布局,积极推进农业供应链金融产品、大型农机抵押贷款、农机融资租赁、农户小额信用贷款等业务,加大对农村新产业、新业态、新模式的信贷投放。对政策性担保给予担保费补贴和奖励补贴。拓宽融资渠道,支持农业发展。

3. 引导和撬动社会资本投入农业农村现代化建设

鼓励外出务工经商人员返乡投资种植业、农产品加工业。加大招商引资力度,创新招商模式,采取走出去、请进来和以商招商等措施,大力吸引社会资本投向项目建设。鼓励有规模、有实力的农业产业化龙头企业兴办农产品加工、流通等专业合作经济组织。丰富社会资金筹集方式,发挥财政资金的引导作用,通过股份合作、PPP(Public-Private-Partnership)、众筹、农发行融资等方式,撬动更多社会资本投入农业农村现代化建设,重点用于农业产业发展、特色村庄改造、数字农业农村、优秀农耕文化传承保护等项目。

## (五) 科技层面

1. 加大农业科技投入

继续增加农业科技投入,增强实现农业农村现代化的科技支撑能力。一方面应逐步提高农业科技投入占政府财政科技投入的比重;另一方面应制定相关的激励政策,积极引导民间资本和民间公益资金投资农业研发,形成利益共享、风险共担的科技投融资机制。加强农业科技创新基地和平台建设,实现农业科技相关资源的共享。创造科技成果转化的良好环境。通过改革科技体制、加强科研管理,建立健全有利于成果转化的政策环境和中介条件,实现科技成果与天津市农业农村经济发展的有效对接,促进农村科技进步及经济、社会和生态效益的增强。

### 2. 提升农业全要素生产率

天津市农业农村现代化必须依靠科技创新驱动和内生增长动力，促进农业提质增效。要客观正视农业科技存在的新瓶颈、新问题，提升农业科技服务水平和能力，加大农业新技术的推广能力建设。

一是加大农业科技协同创新支持力度。扎实推进科技力量整合和资源共享，探索建立需求导向、资源共享、创新驱动的协同创新体制机制，加快构建地方政府、高等院校、科研院所、产业企业的深度融合协同平台。

二是要加快农业科研成果转化和推广力度。以问题为导向进一步健全资源配置和技术转移服务体系，强化科技同经济对接、创新成果同产业对接、创新项目同现实生产力对接、研发人员创新劳动同其利益收入对接，形成有利于出创新成果、有利于创新成果产业化的新机制，不断提高科技进步对经济增长的贡献度。

三是加大农业科技人才培养力度。一方面畅通农业科技大学生定向免费培养、定向基层就业、定向考核晋升的政策直通车，完善"乡村农技特岗""大学生村官""三支一扶"等基层就业人员的待遇和成长机制；另一方面加大新型职业农民和新型农民经纪人培育力度，为农业技术推广和农业产业经营提供专门的、高质量的新生力量。

### 3. 增强科技自主创新能力建设

开展农业科技物质装备提升工程。打造以农业大数据、农业物联网、植保无人机、农产品质量追溯为重点的数字农业技术平台，推动智慧农业加快发展。进一步加强产学研用合作，强化与"四院四校"的农业科技合作以及与日本、以色列、加拿大等的国际合作，实施重大农业科技成果转化与推广项目，促进农业高新技术的引进与应用。实施新农民教育培训计划，开展分专业、分层次、分区域、多形式的新农民教育培训，提高基层农业技术人员、农民的科技素质，为新科技引用、推广提供高素质的人力资源保障。

### 4. 加强科研机构与实际需求的对接

天津市拥有以天津大学、南开大学、天津农学院等为代表的诸多农业研发机构，加之"工业反哺农业"的政策导向，使得每年都在农业领域投入大量的资金和资源用以支持相关科研行为，成果也颇为丰硕。但与之相对应的是，这些科研行为并没有有效解决农业需求，甚至同农业需求存在较大差异，导致农业科研成果虽然丰富，但有效供给不足，无法满足农民的需求。因此，一是改变目前的农业科研评价体系，既要重视农业的基础科研工作，又要加大农业科技成果转化和农业技术的推广工作。为提升农业科技成果转化率，可将农业技术的推广及应用效果纳入评价体系。二是建立多方共同参与的农业科研和推广体系。三是提高农业科技成果的转化率，还需加强科研机构、农业经营主体以及相关农业企业间的相互联系和有机链接，可通过建立专业研发人员、农业种植主体和种子、化肥、农机等涉农企业多方参与的农业科研研发及技术推广队伍，缓解农业科技研发的供需错位问题。

## （六）改革层面

实现农业农村现代化发展，归根结底要靠深化改革，以改革促发展、促创新、促转型升级,更多激活"地、钱、人"等要素,全面释放农业农村发展活力,为天津市农业农村现代化发展提供新动能。

1. **深化农业供给侧结构性改革**

以延长产业链、提升价值链为重点优化农业产业体系,以扩大绿色、有机农产品供给为重点优化农业生产体系,以发挥土地适度规模经营引领作用为重点优化农业经营体系,以提高资源匹配度为重点提高农业生产效益。

2. **深化农村土地管理制度改革**

要在保障农民利益的前提下,落实土地政策改革成效,深化农村土地管理制度改革,进一步盘活土地存量,开拓增量,激活土地资源的资产价值,为农业农村现代化提供基础支撑。

(1)推动农村土地制度改革。一是稳定承包权。党的十九大报告明确指出,保持土地承包关系稳定长久不变,第二轮土地承包到期后再延长30年。这个政策红利,让农民吃下"定心丸"。二是放活经营权。农村土地"三权分置",唤醒沉睡的资源。三是总结提升蓟州区国家农村土地制度改革试点经验,深入推进农村土地征收、集体经营性建设用地入市、宅基地制度改革。探索推进农村集体建设用地整合利用,支持工业园区配套基础设施、公共服务设施建设,增加农民资产收益,促进农民就地就近就业和农村集体经济发展。统筹农村集体经营性建设用地出让、租赁、入股等入市权能,改革农民住宅用地取得方式,探索宅基地资源有偿退出新机制,根据农村集体经营性建设用地入市情况缩小征地范围。完善农民闲置宅基地和闲置农房政策,探索宅基地集体所有权、资格权、使用权"三权分置",落实宅基地集体所有权,保障宅基地农户资格权和农民房屋财产权,适度放活宅基地和农民房屋使用权。进一步完善征地民主协商程序和补偿标准,在国家政策制度框架内探索具体用地项目的征地补偿安置争议解决机制,平衡好国家、集体、个人利益,确保农民公平分享土地增值收益。

(2)引导农村土地权益资本化经营。引导农民利用土地入股参与现代农业经营,获得更多稳定的土地经营收入,鼓励企业采取租赁、入股等方式盘活闲置农房发展乡村民宿、乡村客栈。推动农村宅基地政策试点,加强对引导农民集中居住等改革的试点探索,支持农户以宅基地使用权及农房财产权入股发展农宅合作社。在符合土地利用总体规划前提下,允许区级政府通过村土地利用规划调整优化村庄用地布局,有效利用农村零星分散的存量建设用地。鼓励农村集体经济组织依法以集体经营性建设用地使用权租赁、入股、联营等形式与其他单位、个人共同开发经营。推进土地征收通过留地留物业安置、入股安置、留粮食安置以及征地补偿款代管,保障被征地农民长远生计。

3. **深入推进农村集体产权制度改革**

加大扶持力度、创新实现形式、健全制度措施、千方百计盘活农村资源资产,稳步推进农村集体产权制度改革,放大产权制度改革经济效应,健全完善审批、财税、金融等政策,促进农村集体资源资产保值增值并创造实实在在的红利,释放农村集体经济活力,不断增强村集体经济实力和治理能力,努力打造综合性的农业农村改革平台和农村产权交易平台,因地制宜发展壮大多种农村集体经济组织。

（1）加强村级集体经济组织建设。在全面完成农村集体产权制度改革的基础上，进一步完善"归属清晰、权能完整、流转顺畅、保护严格"的农村集体产权制度，形成产权关系明晰、组织机构健全、经营管理规范的新型村级集体经济体系，实现盘活农村集体资产，增加农民财产性收入。支持村级集体经济组织领办、参办专业合作社，发展多种形式的股份合作。提升集体经济经营管理能力，选好配强集体经济带头人，探索开展村集体经济组织带头人培育工程。规范集体收益使用，建立健全集体收益分配使用机制。坚持农村集体产权制度改革正确方向，充分发挥村党组织对集体经济组织的领导核心作用。

（2）创新村级集体经济实现形式。探索农村集体经济新的实现形式和运行机制，推动资源变资产、资金变股金、农民变股东，多渠道开辟农民增收致富途径。创新发展资产资源盘活型、适度规模经营型、集中统一服务型、产业融合升级型等类型的村级集体经济实现形式，鼓励农村集体经济组织以自主开发、合资合作、出租入股等方式，盘活利用未承包到户的集体"四荒地"、果园、养殖水面以及生态环境、人文历史、各类房产设施、集体建设用地等资产资源，发展现代农业、休闲农业和乡村旅游、社区养老、物业租赁等项目，支持农村集体经济组织为农户和各类农业经营主体提供产前、产中、产后农业生产性服务，支持有条件的农村集体经济组织不断拓展投资渠道，提升经营效益。

（3）完善农村集体经营性建设用地产权制度。在符合规划和用途管制的前提下，积极探索农村集体经营性建设用地出让、租赁、入股，实行与国有土地同等入市、同权同价，加快建立农村集体经营性建设用地产权流转和增值收益分配制度。

### 4. 深化农村金融服务综合改革

以发展农村普惠金融为重点加快完善金融组织体系，以创新金融产品为抓手加快完善农村金融产品体系，以建设平台为载体加快完善农村金融服务体系，以优化农村金融生态环境为保障，加快完善农村信用体系，推动金融资源配置向乡村建设发展的重点领域和薄弱环节倾斜，为天津市农业农村现代化提供金融服务保障。

（1）健全金融支农组织体系。推动完善金融服务组织体系，引导农村合作金融健康有序发展。为农村新设金融机构开辟全程服务绿色通道，鼓励更多的金融机构在乡村设立分支机构。引导村镇银行、小额贷款公司等新型金融机构开展业务，稳妥推进农民资金互助社、资金互助联合社等民间合作金融机构发展。通过财政补贴、税收减免、通信优惠、专项资金支持等形式，对积极参与农村支付服务环境建设的机构给予支持。引导各类商业银行设立便民快捷的社区银行、绿色信贷专营机构和小微企业专营机构，鼓励政策性金融机构拓展支农服务范围，支持大中小型商业金融机构打造覆盖不同层次、不同客户群的服务体系，优化薄弱环节的普惠金融服务。探索"政府牵头、协会（基金）担保、银行贷款"互动工作模式，完善区、乡、村三级金融管理服务网络。

（2）引导金融支农产品和服务创新。引导金融机构加快针对"三农"的产品创新与服务创新，支持发展农户小额贷款、新型农业经营主体贷款、种业贷款等产品，扩大小额信用贷款和互保贷款覆盖面。支持开展农业产业链和供应链金融服务，形成"公司+农户+银行"的农业金融新模式。利用好"财银保""惠农担"等产品，鼓励金融机构围绕特色产业发展与品牌打造开发新的支农产品，提供普惠金融服务。推进金融履约机制创新，增强金融机构放贷信心。支持符合条件的农业企业在多层次资本市场上市挂牌，鼓励符合条件的农业企业通过发行债券融资，拓宽直接融资渠道。

（3）完善融资担保机制。推进农村"两权"抵押贷款试点工作，扩大农业设施抵押融资规模，加快农村资源资产资本化进程。探索区级土地储备公司参与农村承包土地经营权和农民住房财产权"两权"抵押试点工作。深入推进与全国农业信贷担保体系合作，降低合作门槛和担保贷款利率，支持农业担保公司提高担保放大倍数。支持金融机构将拟购置农机具、专利权、商标权、股权、债权、应收账款、汇单、订单、保单、仓单等纳入抵（质）押担保范围。依托天津市农业担保公司，加快农业借贷担保体系建设，探索发行私募债、集合债。探索建立农业产业投资基金，发展网络信贷，加快天津市涉农银行电子商务平台建设，提供快捷金融服务。在获得信用主体采集授权的基础上，依托农业投资担保公司，依法建立农村经济主体信用信息采集机制，推动建立融资性担保机构信用评级机制。

（4）健全农业保险体系。提升政策性农业保险规模，扩大对农产品尤其是各地区特色农产品的政策性保险补贴范围，扩大农业保险的保险品种、保险责任和保险金额，支持开发满足新型农业经营主体需求的保险品种。探索建立农业巨灾风险分担机制和风险准备金制度，稳步扩大特色农产品目标价格保险范围，探索推进农业收入保险试点。推进"期货+保险"试点，探索"订单农业+保险+期货（权）"模式，增加保险对风险的对冲作用。创新农业保险产品，支持保险机构大力开发和推广针对休闲农业和乡村旅游的旅游保险、农作物完全成本保险、森林保险、农房保险、大型农机保险等保险业务。支持探索创办农业保险合作社，鼓励保险公司代办合作社保险业务或与合作社联办共保，增强农业保险合作社的风险分散能力。

## （七）组织层面

### 1. 坚持党对农业农村工作的领导

农村基层党组织是实现乡村振兴、推动农业农村现代化的核心领导力量，把农村基层党组织建设成为宣传贯彻党的主张、执行党的决定、带领天津市农业农村走向现代化和全面振兴的坚强战斗堡垒。坚持农村基层党组织领导核心地位，坚持和加强党对村级组织换届选举工作的全面领导，强化党组织领导和把关作用，全面推行村党组织书记通过法定程序兼任村民委员会主任，对村党组织书记全面实行区级备案管理。加强农村新型经济组织和社会组织的党建工作，推进村党组织书记通过法定程序担任集体经济组织、农民合作组织负责人，在农民专业合作社、农村社会组织等新型社会组织中设立党支部或党小组。提倡由非村民委员会成员的村党组织班子成员或党员担任村务监督委员会主任。全面落实村级组织运转经费保障制度。实施组织力提升工程，深化"五好党支部"创建，推进村党支部建设标准化、规范化，切实发挥好教育党员、管理党员、监督党员和组织群众、宣传群众、凝聚群众、服务群众的战斗堡垒作用。建立并落实软弱涣散党组织常态化整顿机制，扩大先进支部增量、提升中间支部水平、推进后进支部转化，增强党支部政治功能、组织功能、服务功能。

### 2. 加强农村党组织作风建设

推进党务公开，畅通党员参与党内事务、监督党的组织和干部、向上级党组织提交意见和建议的渠道。加强农村党风廉政建设，实施村级党组织巡察工作，推进反腐败工作向基层延伸，深入开展"雁过拔毛"专项整治，维护群众切身利益。加强农村党员教育、管理、监督，推进"两学一做"学习教育常态化制度化，教育引导广大党员自觉用习近平新时代中国特色社会主义思想武装头脑。严格党的组织生活，全面落实"三会一课"、主题党日、谈心谈话、民主评议党员、党员联系农户等制度。严厉整治惠民补贴、集体资产管理、土地征收等领域侵害农民利益的不正之风和腐败问题。健全群众监督制度，运用"互联网+监督"平台，不断完善作风评议、监督、举报等制度。

### 3. 优化农村治理机制

为推进农村基层治理现代化，还要优化治理机制，实现乡村法治、自治、德治的有效结合。乡村治理，法治为根本。强化法律在维护农民权益、规范农村市场运行、强化农业支持保护、整治保护人居与生态环境、化解农村社会矛盾等方面的权威地位，提高乡村依法治理能力，建设法治乡村；创新基层政府联系服务群众工作方法，推动构建和谐干群关系，建设和谐乡村；深入推进综合行政执法改革向基层延伸，完善区、乡镇（街道）、村（社区）三级综治中心功能和运行机制，创新监管方式，推动执法队伍整合、执法力量下沉，实现"精细执法""规范执法""安全执法""阳光执法"，建设平安乡村。乡村治理，自治为基础。完善村民自治选举办法，健全村民会议、村民代表会议、村民议事会、村务监督委员会等自治组织，形成民事民议、民事民办、民事民管的多层次基层协商格局，真正实现农村基层民主自治制度，让农民选出真正能代表农民、带领农民致富、实现农业农村现代化的带头人。乡村治理，还需要德治，加强舆论宣传，宣扬正能量，引导农民尊老爱幼、互帮互助、诚实守信；发挥道德教化效用，强化道德与传统文化的作用，以德治滋养法治、涵养自治，让德治贯穿乡村治理全过程。发挥农村传统文化的教导作用，增强村规民约的约束力。

# 参考文献

曹卓,2019. 构建自治、法治、德治相结合的乡村治理体系 [J]. 新长征（8）：52-53.

常颖,2020. 农业农村现代化视野下农村产业融合发展的价值、挑战与对策 [J]. 中共济南市委党校学报（6）：118-122.

陈明星,2020. "十四五"时期农业农村高质量发展的挑战及其应对 [J]. 中州学刊（4）：49-55.

陈锡文,2012. 中国特色农业现代化的几个主要问题 [J]. 改革（10）：4.

陈锡文,2018. 实施乡村振兴,走出一条中国特色的农业现代化道路 [J]. 中国人大（16）：21-22.

陈锡文,2018. 实施乡村振兴战略,推进农业农村现代化 [J]. 中国农业大学学报（社会科学版）,35（1）：8.

陈锡文,赵阳,陈剑波,等,2009. 中国农村制度变迁60年 [M]. 北京：人民出版社：330-372.

陈于后,张发平,2019. 新时代乡村"自治、法治、德治"融合治理体系研究 [J]. 云南行政学院学报（6）：13-21.

党齐飚,2021-02-23. 加快构建现代乡村产业体系 全面夯实乡村振兴基础 [N]. 广西日报（8）.

邸菲,胡志全,2020. 我国农业现代化评价指标体系的构建与应用 [J]. 中国农业资源与区划,41（6）：11.

董玮,秦国伟,2020-12-29. 农村现代化的深刻内涵与推进路径 [N]. 安徽日报（6）.

杜立文,王兆云,李小梅,2020. 从历史、现实和理论维度认识我国现代乡村治理 [J]. 现代农业研究,26（8）：109-111.

杜鹰,2018. 小农生产与农业现代化 [J]. 中国农村经济（10）：5.

冯丹萌,2021-04-02. 多维构建现代乡村产业体系 [N]. 中国城乡金融报（A05）.

高强,曾恒源,2020. "十四五"时期农业农村现代化的战略重点与政策取向 [J]. 中州学刊（12）：8.

韩长赋,2018. 全面深化农村改革：农业农村现代化的强大动力 [J]. 智慧中国

（7）：18-21.

韩非，蔡建明，刘军萍，2010. 北京都市农业的空间分异探析 [J]. 农业系统科学与综合研究，26（3）：292-298.

韩俊，2018. 谱写新时代农业农村现代化新篇章 [J]. 智慧中国（11）：18-20.

贾康，柯锦华，党国英，等，2020. 中国农村研究：乡村治理现代化（笔谈）[J]. 华中师范大学学报（人文社会科学版），59（2）：1-27.

简新华，曾一昕，2006. 社会主义新农村的内涵和建设途径 [J]. 福建论坛（人文社会科学版）（11）：10-13.

蒋和平，2018. 创新实施农业农村现代化发展"七大工程" [J]. 农村工作通讯（21）：55.

蒋和平，2018. 改革开放四十年来我国农业农村现代化发展与未来发展思路 [J]. 农业经济问题（8）：51-59.

蒋和平，杨东群，2019. 新中国成立70年来我国农业农村现代化发展成就与未来发展思路和途径 [J]. 农业现代化研究，40（5）：711-720.

蒋永穆，卢洋，张晓磊，2019. 新中国成立70年来中国特色农业现代化内涵演进特征探析 [J]. 当代经济研究（8）：9-18+113.

居兴波，2020. 加快推进农业农村现代化的实现路径——以潍坊农业"坊子路径"为例 [J]. 中共济南市委党校学报（3）：117-120.

孔祥智，2020. 乡村振兴："十三五"进展及"十四五"重点任务 [J]. 人民论坛（31）：39-41.

李从玉，潘旺旺，2020. 深化农村改革助推乡村振兴——山东省阳信县依托特色优势产业振兴引领农业农村现代化 [J]. 人民论坛（34）：72-73.

李俊，2020. 关于实施乡村振兴战略推进农业农村现代化 [J]. 农家参谋（12）：8.

李明，2020-08-14. 从三个角度理解和推进农村治理体系、治理能力现代化 [N]. 六盘水日报（3）.

李明烨，王红扬，2017. 论不同类型法国乡村的复兴路径与策略 [J]. 乡村规划建设（1）：17.

廖凌云，车颖，江鹏，2019. 走好共建共治共享乡村治理之路 [J]. 政策（12）：17-18.

刘晓东，2020. 国家治理视域下乡村治理体系构建研究 [J]. 四川行政学院学报（6）：97-104.

刘义胜，2009. 对OECD国家地方政府职能转变的分析与借鉴 [J]. 内蒙古社会科学（汉文版），30（4）：13-16.

罗丹，李冠佑，刘磊，2019. 全面加强党对"三农"工作的领导 把农业农村优先发展方针落到实处 [J]. 中国农垦（3）：13-14.

马晓河，2019. 构建优先发展机制推进农业农村全面现代化 [J]. 经济纵横（2）：1-7+137.

彭超，刘合光，2020. "十四五"时期的农业农村现代化：形势、问题与对策

[J].改革（2）：20-29.

沈费伟，2018.赋权理论视角下乡村振兴的机理与治理逻辑［J］.世界农业（11）：77-82.

沈费伟，刘祖云，2017.发达国家乡村治理的典型模式与经验借鉴［J］.黑龙江粮食（12）：48-51.

石伟伟，2018.乡村治理现代化面临的问题、原因及路径探析［J］.城乡建设与发展（11），251.

孙静茹，2020.着眼农业农村现代化补上农村教育短板的几点建议［J］.农业农村部管理干部学院学报（4）：19-21.

唐黎明，2019.北京市乡村治理问题研究——产权关系视角［A］//张英洪等，善治乡村：乡村治理现代化研究［M］.北京：中国农业出版社：44-76.

王怀强，2017.论国家治理现代化的基本维度［J］.科学社会主义（1）：104.

王亚华，2017-12-22.乡村振兴：中国农村发展新战略［N］.新清华（6）.

王亚华，苏毅清，2017.乡村振兴——中国农村发展新战略［J］.中央社会主义学院学报（6）：49-55.

王再文，李刚，2007.我国社会主义新农村建设理论研究综述［J］.经济问题（2）：82-84.

魏后凯，2018.如何走好新时代乡村振兴之路［J］.人民论坛·学术前沿（3）：14-18.

魏后凯，2019.深刻把握农业农村现代化的科学内涵［J］.农村工作通讯（2）：1.

魏后凯，2020.农业农村现代化是"五位一体"的有机整体［J］.云南农业（12）：10-12.

向俊峰，宋山梅，2018.对加快推进农业农村现代化的分析与建议［J］.中国集体经济（13）：1-2.

项继权，2007.从"社队"到"社区"：我国农村基层组织与管理体制的三次变革［J］.理论学刊（11）：85-89.

熊偲皓，王东阳，2019.教育对美国农业农村现代化的基础支撑作用及对中国的启示［J］.农业展望，15（8）：71-74.

许崇德，1993.各国地方制度［M］.北京：中国检察出版社.

许梦梅，2020.新时代背景下乡村振兴的对策分析——以凤阳县小岗村为例［J］.经济研究导刊（36）：7-9.

杨东奇，2021-02-03.加快构建高质高效的乡村产业体系［N］.学习时报（1）.

杨红丽，2019.美国农业现代化金融支持对我国的启示［J］.农业经济（1）：107-109.

叶兴庆，2018.现代化后半程的农业变迁与政策调整［J］.中国农业大学学报（社会科学版），35（1）：18-23.

易鑫，2015.德国的乡村治理及其对于规划工作的启示［J］.现代城市研究（4）：41-47.

于立,那鲲鹏,2011.英国农村发展政策及乡村规划与管理[J].中国土地科学,25(12):75-80.

张红宇,2021.加快构建现代乡村产业体系[J].中国发展观察(Z1):17-21.

张红宇,刘玫,王晖,2002.农村土地使用制度变迁:阶段性、多样性与政策调整[J].农业经济问题(2):12-20.

张红宇,张海阳,李伟毅,等,2015.中国特色农业现代化:目标定位与改革创新[J].中国农村经济.

张利晨,王延庆,乔晓晖,2020.从习近平系列论述中浅谈农业农村治理的方法论[J].中国农垦(12):38-41.

张天佐,2020.加强乡村治理体系建设 走中国特色乡村善治之路[J].审计观察(9):54-58.

张泽浩,王卫东,2020.国家治理现代化背景下乡村治理能力问题及对策探析[J].南方农业,14(33):160-162.

赵一夫,王丽红,2019.新中国成立70年来我国乡村治理发展的路径与趋向[J].农业经济问题(12):21-29.

赵颖文,吕火明,卢波,2020.建国70年四川农业农村经济发展:成就、经验与愿景[J].农业经济(12):9-11.

AFRANE Y A, KLINKENBERG E, DRECHSEL P, et al., 2004. Does irrigated urban agriculture influence the transmission of malaria in the city of Kumasi, Ghana? [J]. Acta Tropica, 89 (2): 125-134.

AGRAWAL M, SINGH B, RAJPUT M, et al., 2003. Effect of air pollution on peri-urban agriculture: A case study [J]. Environmental Pollution, 126 (3): 323-329.

AL-ISMAILI A M, AHMED M, AL-BUSAIDI A, et al., 2017. Extended use of grey water for irrigating home gardens in an arid environment [J]. Environmental Science and Pollution Research, 24 (15): 13650-13658.

ALLEN P, FITZSIMMONS M, GOODMAN M, et al., 2003. Shifting plates in the agrifood landscape: The tectonics of alternative agrifood initiatives in California [J]. Journal of Rural Studies, 19 (1): 61-75.

AMOAH P, DRECHSEL P, ABAIDOO R C, 2005. Irrigated urban vegetable production in Ghana: Sources of pathogen contamination and health risk elimination [J]. Irrigation and Drainage, 54: 49-61.

AMPATZIDIS Y, DE BELLIS L, LUVISI A, 2017. iPathology: Robotic applications and management of plants and plant diseases [J]. Sustainability, 9 (6): 1010.

ANIKWE M A N, NWOBODO K C A, 2002. Long term effect of municipal waste disposal on soil properties and productivity of sites used for urban agriculture in Abakaliki, Nigeria [J]. Bioresource Technology, 83 (3): 241-250.

ANTONIO-NKONDJIO C, FOSSOG B T, NDO C, et al., 2011. Anopheles gambiae distribution and insecticide resistance in the cities of Douala and Yaounde

(Cameroon): Influence of urban agriculture and pollution [J]. Malaria Journal, 10: 154.

AUBRY C, RAMAMONJISOA J, DABAT M H, et al., 2012. Urban agriculture and land use in cities: An approach with the multi-functionality and sustainability concepts in the case of Antananarivo (Madagascar) [J]. Land Use Policy, 29 (2): 429-439.

BARTHEL S, ISENDAHL C, 2013. Urban gardens, agriculture, and water management: Sources of resilience for long-term food security in cities [J]. Ecological Economics, 86: 224-234.

BELESOVA K, GASPARRINI A, SIE A, et al., 2017. Household cereal crop harvest and children's nutritional status in rural Burkina Faso [J]. Environmental Health, 16: 65.

BENOTTI M J, BROWNAWELL B J, 2007. Distributions of pharmaceuticals in an urban estuary during both dry- and wet-weather conditions [J]. Environmental Science & Technology, 41 (16): 5795-5802.

BEUMER C, 2017. Sustopia or cosmopolis? A critical reflection on the sustainable city [J]. Sustainability, 9 (5): 1-14.

BOENTE C, MATANZAS N, GARCIA-GONZALEZ N, et al., 2017. Trace elements of concern affecting urban agriculture in industrialized areas: A multivariate approach [J]. Chemosphere, 183: 546-556.

BOUGNOM B P, PIDDOCK L J V, 2017. Wastewater for urban agriculture: a significant factor in dissemination of antibiotic resistance [J]. Environmental Science & Technology, 51 (11): 5863-5864.

BRINKLEY C, 2017. Visualizing the social and geographical embeddedness of local food systems [J]. Journal of Rural Studies, 54: 314-325.

BRIZ-DE-FELIPE T, DE FELIPE-BOENTE I, 2017. A methodological approach for urban green areas: A case study in Madrid [J]. Revista Chapingo Serie Ciencias Forestales Y Del Ambiente, 23 (2): 315-328.

BROWN K H, JAMETON A L, 2000. Public health implications of urban agriculture [J]. Journal of Public Health Policy, 21 (1): 20-39.

BRYLD E, 2003. Potentials, problems, and policy implications for urban agriculture in developing countries [J]. Agriculture and Human Values, 20 (1): 79-86.

CHAKONA G, SHACKLETON C, 2017. Minimum dietary diversity scores for women indicate micronutrient adequacy and food insecurity status in South African towns [J]. Nutrients, 9 (8): 812.

CHRISPIM M C, TARPEH W A, SALINAS D T P, et al., 2017. The sanitation and urban agriculture nexus: Urine collection and application as fertilizer in Sao Paulo, Brazil [J]. Journal of Water Sanitation and Hygiene for Development, 7 (3):

455-465.

COHEN M J, GARRETT J L, 2010. The food price crisis and urban food (in) security [J]. Environment and Urbanization, 22 (2): 467-482.

DAVIS A Y, LONSDORF E V, SHIERK C R, et al., 2017. Enhancing pollination supply in an urban ecosystem through landscape modifications [J]. Landscape and Urban Planning, 162: 157-166.

DE BON H, PARROT L, MOUSTIER P, 2010. Sustainable urban agriculture in developing countries: A review [J]. Agronomy for Sustainable Development, 30 (1): 21-32.

DE ZEEUW H, 2010. Cities farming for the future - multi-stakeholder policy formulation and action planning on urban agriculture in developing countries [J]. II International Conference on Landscape and Urban Horticulture, 881: 97-109.

DIAZ J R, DE LAS CAGIGAS A, RODRIGUEZ R, 2003. Micronutrient deficiencies in developing and affluent countries [J]. European Journal of Clinical Nutrition, 57: S70-S72.

DOMENE E, SAURI D, 2007. Urbanization and class-produced natures: Vegetable gardens in the Barcelona Metropolitan Region [J]. Geoforum, 38 (2): 287-298.

DONGUS S, NYIKA D, KANNADY K, et al., 2009. Urban agriculture and Anopheles habitats in Dar es Salaam, Tanzania [J]. Geospatial Health, 3 (2): 189-210.

DOS SANTOS M J P L, 2016. Smart cities and urban areas-Aquaponics as innovative urban agriculture [J]. Urban Forestry & Urban Greening, 20: 402-406.

DUBBELING M C E, MERZTHAL G, SOTO N, 2010. Multistakeholder policy formulation and action planning for urban agriculture in Lima, Peru [J]. Journal of Agriculture Food Systems and Community Development, 1 (2): 145-154.

ERCILLA-MONTSERRAT M, IZQUIERDO R, BELMONTE J, et al., 2017. Building-integrated agriculture: A first assessment of aerobiological air quality in rooftop greenhouses (i-RTGs) [J]. Science of the Total Environment, 598: 109-120.

GARDINER M M, HARWOOD J D, 2017a. Editorial overview: Current investigations of environmental drivers and community interactions that influence biological control [J]. Current Opinion in Insect Science, 20: 7-11.

GARDINER M M, HARWOOD J D, 2017b. Influence of heavy metal contamination on urban natural enemies and biological control [J]. Current Opinion in Insect Science, 20: 45-53.

GARNER K L, SUH S, KELLER A A, 2017. Assessing the risk of engineered nanomaterials in the environment: Development and application of the nanoFate model [J]. Environmental Science & Technology, 51 (10): 5541-5551.

GIACCHE G, PAFFARINI C, TORQUATI B, 2017. Cultivating changes: Urban agriculture as a tool for socio-spatial transformation [J]. Future of Food-Journal on Food Agriculture and Society, 5 (1): 8-20.

GRAAMANS L, VAN DEN DOBBELSTEEN A, MEINEN E, et al., 2017. Plant factories, crop transpiration and energy balance [J]. Agricultural Systems, 153: 138-147.

GREBITUS C, PRINTEZIS I, PRINTEZIs A, 2017. Relationship between consumer behavior and success of urban agriculture [J]. Ecological Economics, 136: 189-200.

GRICHTING A, 2017. A productive permaculture campus in the desert: visions for Qatar University [J]. Future of Food-Journal on Food Agriculture and Society, 5 (1): 21-33.

HARING V, MANKA'ABUSI D, AKOTO-DANSO E K, et al., 2017. Effects of biochar, waste water irrigation and fertilization on soil properties in West African urban agriculture [J]. Scientific Reports, 7: 10738.

HERNANDEZ M, MILLER S N, GOODRICH D C, et al., 2000. Modeling runoff response to land cover and rainfall spatial variability in semi-arid watersheds [J]. Environmental Monitoring and Assessment, 64 (1): 285-298.

HOUSTON P, 2005. Re-valuing the Fringe: Some findings on the value of agricultural production in Australia's Peri-Urban Regions [J]. Geographical Research, 43 (2): 209-223.

IMHOFF M L, BOUNOUA L, DEFRIES R, et al., 2004. The consequences of urban land transformation on net primary productivity in the United States [J]. Remote Sensing of Environment, 89 (4): 434-443.

JAROSZ L, 2008. The city in the country: Growing alternative food networks in Metropolitan areas [J]. Journal of Rural Studies, 24 (3): 231-244.

KLINKENBERG E, MCCALL P J, WILSON M D, et al., 2008. Impact of urban agriculture on malaria vectors in Accra, Ghana [J]. Malaria Journal, 7: https://doi.org/10.1186/1475-2875-7-151.

LAGUCKI E, BURDINE J D, MCCLUNEY K E, 2017. Urbanization alters communities of flying arthropods in parks and gardens of a medium-sized city [J]. Peerj, 5: e3620.

LAL R, 2007. Soil science and the carbon civilization [J]. Soil Science Society of America Journal, 71 (5): 1425-1437.

LANGE K P H, KOREVAAR G, OSKAM I F, et al., 2017. Developing and understanding design interventions in relation to industrial symbiosis dynamics [J]. Sustainability, 9 (5): 826.

LEVKOE C Z, 2006. Learning democracy through food justice movements [J]. Agriculture and Human Values, 23 (1): 89-98.

LI W B, WANG D Y, LI H, et al., 2017. Urbanization-induced site condition changes of peri-urban cultivated land in the black soil region of northeast China [J]. Ecological Indicators, 80: 215-223.

LIORACH-MASSANA P, LOPEZ-CAPEL E, PENA J, et al., 2017. Technical feasibility and carbon footprint of biochar co-production with QCrossMark tomato plant residue [J]. Waste Management, 67: 121-130.

LLORACH-MASSANA P, MUNOZ P, RIERA M R, et al., 2017. $N_2O$ emissions from protected soilless crops for more precise food and urban agriculture life cycle assessments [J]. Journal of Cleaner Production, 149: 1118-1126.

MARGENAT A, MATAMOROS V, DIEZ S, et al., 2017. Occurrence of chemical contaminants in peri-urban agricultural irrigation waters and assessment of their phytotoxicity and crop productivity [J]. Science of the Total Environment, 599: 1140-1148.

MAXWELL D, AHIADEKE C, LEVIN C, et al., 1999. Alternative food-security indicators: revisiting the frequency and severity of 'coping strategies' [J]. Food Policy, 24 (4): 411-429.

MCCLINTOCK N, 2014. Radical, reformist, and garden-variety neoliberal: coming to terms with urban agriculture's contradictions [J]. Local Environment, 19 (2): 147-171.

MIDMORE D J, JANSEN H G P, 2003. Supplying vegetables to Asian cities: Is there a case for peri-urban production? [J]. Food Policy, 28 (1): 13-27.

MILLER-ROBBIE L, RAMASWAMI A, AMERASINGHE P, 2017. Wastewater treatment and reuse in urban agriculture: Exploring the food, energy, water, and health nexus in Hyderabad, India [J]. Environmental Research Letters, 12 (7): 075005.

MOK H F, WILLIAMSON V G, GROVE J R, et al., 2014. Strawberry fields forever? Urban agriculture in developed countries: A review [J]. Agronomy for Sustainable Development, 34 (1): 21-43.

MOUGEOT L J A, 2000. Agropolis: the social, political and environmental dimensions of urban agriculture [J]. Environment and Urbanization, 17 (2): 197-197.

NABULO G, BLACK C R, YOUNG S D, 2011. Trace metal uptake by tropical vegetables grown on soil amended with urban sewage sludge [J]. Environmental Pollution, 159 (2): 368-376.

NADAL A, ALAMUS R, PIPIA L, et al., 2017. Urban planning and agriculture: Methodology for assessing rooftop greenhouse potential of non-residential areas using airborne sensors [J]. Science of the Total Environment, 601: 493-507.

OLIVIER D W, HEINECKEN L, 2017. Beyond food security: Women's experiences of urban agriculture in Cape Town [J]. Agriculture and Human Values, 34 (3): 743-755.

ORSINI F, KAHANE R, NONO-WOMDIM R, et al., 2013. Urban agriculture in the developing world: A review [J]. Agronomy for Sustainable Development, 33 (4): 695-720.

PINNA S, 2017. Sowing landscapes: Social and ecological aspects of food production in peri-urban spatial planning initiatives - a study from the Madrid area [J]. Future of Food-Journal on Food Agriculture and Society, 5 (1): 34-45.

PIRRO C, ANGUELOVSKI I, 2017. Farming the urban fringes of Barcelona: Competing visions of nature and the contestation of a partial sustainability fix [J]. Geoforum, 82: 53-65.

POLLING B, MERGENTHALER M, 2017. The location matters: Determinants for "Deepening" and "Broadening" diversification strategies in Ruhr Metropolis' Urban Farming [J]. Sustainability, 9 (7): 1168.

PRIBADI D O, PAULEIT S, 2016. Peri-urban agriculture in Jabodetabek Metropolitan Area and its relationship with the urban socioeconomic system [J]. Land Use Policy, 55: 265-274.

RIGGIO V, ROSSO M, COMINO E, et al., 2017. Ecofriendly manure anaerobic digestion assisted by soluble bio-based substances obtained from anaerobic digestion, composting and chemical hydrolysis of urban bio-wastes. A step toward the integration of urban and agriculture waste management [J]. Journal of Chemical Technology and Biotechnology, 92 (5): 1111-1117.

ROTH M, FRIXEN M, TOBISCH C, et al., 2015. Finding spaces for urban food production matching spatial and stakeholder analysis with urban agriculture approaches in the urban renewal area of Dortmund-Horde, Germany [J]. Future of Food-Journal on Food Agriculture and Society, 3 (1): 79-88.

RUSSO A, ESCOBEDO F J, CIRELLA G T, et al., 2017. Edible green infrastructure: An approach and review of provisioning ecosystem services and disservices in urban environments [J]. Agriculture Ecosystems & Environment, 242: 53-66.

RYDIN Y, BLEAHU A, DAVIES M, et al., 2012. Shaping cities for health: Complexity and the planning of urban environments in the 21st century [J]. Lancet, 379 (9831): 2079-2108.

SADLER R C, ARKU G, GILLILAND J A, 2015. Local food networks as catalysts for food policy change to improve health and build the economy [J]. Local Environment, 20 (9): 1103-1121.

SAHA M, ECKELMAN M J, 2017. Growing fresh fruits and vegetables in an urban landscape: A geospatial assessment of ground level and rooftop urban agriculture potential in Boston, USA [J]. Landscape and Urban Planning, 165: 130-141.

SALDIVAR-TANAKA L, KRASNY M E, 2004. Culturing community development, neighborhood open space, and civic agriculture: The case of Latino community gardens in New York City [J]. Agriculture and Human Values, 21 (4): 399-412.

SANYE-MENGUAL E, OLIVER-SOLA J, MONTERO J I, et al., 2017. The role of interdisciplinarity in evaluating the sustainability of urban rooftop agriculture [J]. Future of Food-Journal on Food Agriculture and Society, 5 (1): 46-58.

SAPORITO E, 2017. OrtiAlti as urban regeneration devices: An action-research study on rooftop farming in Turin [J]. Future of Food-Journal on Food Agriculture and Society, 5 (1): 59-69.

SATO T, QADIR M, YAMAMOTO S, et al., 2013. Global, regional, and country level need for data on wastewater generation, treatment, and use [J]. Agricultural Water Management, 130: 1-13.

SAUMEL I, KOTSYUK I, HOLSCHER M, et al., 2012. How healthy is urban horticulture in high traffic areas? Trace metal concentrations in vegetable crops from plantings within inner city neighbourhoods in Berlin, Germany [J]. Environmental Pollution, 165: 124-132.

SCARROW R, 2017. Urban self-sufficiency at risk [J]. Nature Plants, 3 (9): 685-685.

SHARMA K, CHENG Z Q, GREWAL P S, 2015. Relationship between soil heavy metal contamination and soil food web health in vacant lots slated for urban agriculture in two post-industrial cities [J]. Urban Ecosystems, 18 (3): 835-855.

SHIBATA T, SOLO-GABRIELE H M, FLEMING L E, et al., 2004. Monitoring marine recreational water quality using multiple microbial indicators in an urban tropical environment [J]. Water Research, 38 (13): 3119-3131.

SINGH I, 2017. Beyond the Kale-urban agriculture and social justice activism in New York City [J]. Agriculture and Human Values, 34 (3): 777-778.

SIOEN G B, SEKIYAMA M, TERADA T, et al., 2017. Post-disaster food and nutrition from urban agriculture: A self-sufficiency analysis of Nerima Ward, Tokyo [J]. International journal of environmental research and public health, 14 (7): 748.

SMITH J P, LI X X, TURNER B L, 2017. Lots for greening: Identification of metropolitan vacant land and its potential use for cooling and agriculture in Phoenix, AZ, USA [J]. Applied Geography, 85: 139-151.

SPECHT K, SIEBERT R, HARTMANN I, et al., 2014. Urban agriculture of the future: An overview of sustainability aspects of food production in and on buildings [J]. Agriculture and Human Values, 31 (1): 33-51.

SPECHT K, ZOLL F, SIEBERT R, 2016. Application and evaluation of a participatory "open innovation" approach (ROIR): The case of introducing zero-acreage farming in Berlin [J]. Landscape and Urban Planning, 151: 45-54.

SPEYBROECK N, BERKVENS D, MFOUKOU-NTSAKALA A, et al., 2004. Classification trees versus multinomial models in the analysis of urban farming systems in Central Africa [J]. Agricultural Systems, 80 (2): 133-149.

TAWK S T, CHEDID M, CHALAK A, et al., 2019. Challenges and sustainability of wheat production in a Levantine breadbasket: The case of the West Bekaa, Lebanon [J]. Journal of Agriculture Food Systems and Community Development, 8 (4): 193-209.

TAYYEBI A, PIJANOWSKI B C, 2014. Modeling multiple land use changes using ANN, CART and MARS: Comparing tradeoffs in goodness of fit and explanatory power of data mining tools [J]. International Journal of Applied Earth Observation and Geoinformation, 28: 102-116.

TECCO N, COPPOLA F, SOTTILE F, et al., 2017. Urban gardens and institutional fences: The case of communal gardens in Turin [J]. Future of Food-Journal on Food Agriculture and Society, 5 (1): 70-78.

TEDESCO C, PETIT C, BILLEN G, et al., 2017. Potential for recoupling production and consumption in peri-urban territories: The case-study of the Saclay plateau near Paris, France [J]. Food Policy, 69: 35-45.

THAPALIA A, BORROK D M, VAN METRE P C, et al., 2010. Zn and Cu isotopes as tracers of anthropogenic contamination in a sediment core from an urban lake [J]. Environmental Science & Technology, 44 (5): 1544-1550.

TURNER B, HENRYKS J, MAIN G, et al., 2017. Tinkering at the Limits: Agricultural shows, small-scale producers and ecological connections [J]. Australian Geographer, 48 (2): 185-202.

VANDER ZANDEN M J, VADEBONCOEUR Y, DIEBEL M W, et al., 2005. Primary consumer stable nitrogen isotones as indicators of nutrient source [J]. Environmental Science & Technology, 39 (19): 7509-7515.

VIEIRA M V, OLIFIERS N, DELCIELLOS A C, et al., 2009. Land use vs. fragment size and isolation as determinants of small mammal composition and richness in Atlantic Forest remnants [J]. Biological Conservation, 142 (6): 1191-1200.

VIVERO-POL J L, 2017. The idea of food as commons or commodity in academia. A systematic review of English scholarly texts [J]. Journal of Rural Studies, 53: 182-201.

WAFFLE A D, CORRY R C, GILLESPIE T J, et al., 2017. Urban heat islands as agricultural opportunities: An innovative approach [J]. Landscape and Urban Planning, 161: 103-114.

WAHID A, MILNE E, SHAMSI S R A, et al., 2001. Effects of oxidants on soybean growth and yield in the Pakistan Punjab [J]. Environmental Pollution, 113 (3): 271-280.

WANG S J, LENGELER C, SMITH T A, et al., 2005. Rapid urban malaria appraisal (RUMA) I: Epidemiology of urban malaria in Ouagadougou [J]. Malaria Journal,

4: 43.

WANG Z H, BAI Y H, ZHANG S Y, 2003. A biogenic volatile organic compounds emission inventory for Beijing [J]. Atmospheric Environment, 37 (27): 3771-3782.

WEINDORF D C, ZHU Y D, CHAKRABORTY S, et al., 2012. Use of portable X-ray fluorescence spectrometry for environmental quality assessment of peri-urban agriculture [J]. Environmental Monitoring and Assessment, 184 (1): 217-227.

XIONG T T, DUMAT C, DAPPE V, et al., 2017. Copper oxide nanoparticle foliar uptake, phytotoxicity, and consequences for sustainable urban agriculture [J]. Environmental Science & Technology, 51 (9): 5242-5251.

ZASADA I, 2011. Multifunctional peri-urban agriculture: A review of societal demands and the provision of goods and services by farming [J]. Land Use Policy, 28 (4): 639-648.

ZEZZA A, TASCIOTTI L, 2010. Urban agriculture, poverty, and food security: Empirical evidence from a sample of developing countries [J]. Food Policy, 35 (4): 265-273.

ZHOU Z X, LI M T, 2017. Spatial-temporal change in urban agricultural land use efficiency from the perspective of agricultural multi-functionality: A case study of the Xi'an metropolitan zone [J]. Journal of Geographical Sciences, 27 (12): 1499-1520.

# 附件：天津市乡村治理情况调查问卷

说明：本问卷采取不记名方式，所有相关数据仅供研究使用。请您根据实际情况填写。感谢您的配合！[注：本问卷填写人来自天津市十个涉农区（非市内六区）村委会，也包括居委会，村民也包括居民]

## 一、基本情况

1. 您家所在地：天津市_____区_____镇（乡）_____村
2. 您的性别（    ）
A. 男；B. 女
3. 您的年龄（    ）
A. 20 岁以下；B. 20~40 岁；C. 40~60 岁；D. 60 岁以上
4. 您的职业或身份（    ）
A. 农民；B. 学生；C. 村干部；D. 企业（合作社等）工作人员；E. 事业单位工作人员；F. 政府部门工作人员；G. 个体户、企业家（农场主）
5. 您是否是中共党员？（    ）
A. 是；B. 否
6. 您的学历（    ）
A. 小学文化；B. 初中文化；C. 高中（中专）文化；D. 大专文化；E. 本科及以上文化

## 二、村庄基层组织建设情况

7. 您认为您所在乡镇政府与您村委会的联系是否紧密？（    ）
A. 紧密；B. 一般；C. 不紧密；D. 不清楚
8. 您认为加强您所在村基层组织建设的当务之急是什么？（    ）
A. 选出一个好的村党支部班子和村委员会成员；B. 推进政务公开和民主管理；

C. 推进村庄组织活动场所建设；D. 加强村委会干部队伍素质和能力建设；E. 加强村庄法治建设；F. 加强村庄文化建设；G. 其他，请注明

9. 您所在的村庄，村两委班子成员之间的关系如何？（　　）

A. 村两委之间分工明确，团结合作，共同为农民谋福利；B. 村两委班子工作任务不清，时有相互扯皮现象发生；C. 村书记和村主任相互勾心斗角，冲突不断；D. 村两委班子成员个人之间关系不融洽

10. 您所在村庄民主选举程序执行情况如何？（　　）

A. 完全按照程序，选举公开透明；B. 有拉票、贿选的情况；C. 有非法代替投票的情况；D. 有篡改选举结果的情况；E. 不清楚程序是啥

11. 您觉得村领导或村民代表选举过程中，什么因素决定被选中？（　　）

A. 是否是上一届的村干部；B. 家庭经济状况较好的人；C. 在村民中较有威望的人；D. 村里大家族的成员；E. 经常为村民办事、服务的人

12. 您所在村庄村两委主要干部（村主任、村支书）主要是什么样的人？（　　）

A. 村里致富能手；B. 村里文化人；C. 政府派来的干部；D. 回村企业家；E. 大学生村官；F. 其他，请注明

## 三、村庄自治建设情况

13. 您所在村庄村民代表大会是否按照规定举行并履行职责？（　　）

A. 能如期按规定举行并履行职责；B. 不能如期举行，也不能切实履行职责；C. 两委班子代替村民代表大会职责；D. 村主任和村党支部书记代替村民代表大会职责；E. 不清楚

14. 在村里，重大问题是由谁来决定的？（　　）

A. 村主任决定；B. 村书记决定；C. 村民代表大会决定；D. 村党支部和村委会共同决定；E. 不清楚

15. 请问您是否给村干部提过意见或建议？（　　）

A. 提过并采纳；B. 提过但无响应；C. 没提过

16. 您的村庄是否有企业、合作社等经营组织？（　　）

A. 有；B. 没有；C. 不清楚

17. 如果您村庄有企业、合作社等组织，他们对村庄的贡献如何？（　　）

A. 能吸纳本村农民就业；B. 为村庄建设提供资金；C. 对村庄治理有决策作用；D. 对村庄无影响力；E. 不清楚

18. 您所在的村庄是否开展了村务公开？（　　）

A. 是；B. 否；C. 不清楚

19. 村里若有村务公开，公开的方式都是什么？（　　）

A. 通过村庄公务栏公开；B. 通过村庄网站公开；C. 定期为每户村民家中发村务信函；D. 定期召集村民代表进行村务公开报告会议；E. 不清楚

20. 村里若有村务公开，公开的内容都是什么？（　　）
    A. 村委财务支出明细；B. 土地、宅基地使用情况；C. 计划生育情况；D. 各种补贴情况；E. 政府下达的文件；F. 报纸；G. 不清楚
21. 村里若有村务公开，您认为存在的主要问题是什么？（　　）
    A. 村务公开就是走形式；B. 村务不全面公开；C. 村务公开缺乏村民监督；D. 不清楚
22. 对村庄村务公开制度，您是否关心？（　　）
    A. 关心，经常去看公开栏；B. 知道有公开栏，但是没去看过；C. 偶尔去看看；D. 没有村务公开栏

## 四、村庄法治建设情况

23. 您了解现在的农村法治建设吗？（　　）
    A. 比较了解；B. 不了解；C. 仅了解一点
24. 您觉得现在农村法治建设存在哪些问题？（　　）
    A. 宣传不到位；B. 村执行力不够；C. 村民觉悟不高；D. 其他，请注明
25. 您所在村庄是否有村规民约，即全体村民共同遵守的行为规范？（　　）
    A. 有；B. 没有；C. 不清楚
26. 您所在村庄治安如何？（　　）
    A. 好，基本无治安问题发生；B. 不好，经常发生打架斗殴、偷盗事件发生；C. 一般，偶有治安问题发生
27. 您所在村庄是否发生过上访事件（　　）
    A. 是；B. 否；C. 不清楚

## 五、村庄德治建设情况

28. 关于"乡风文明"建设，您是否了解？（　　）
    A. 了解；B. 不了解；C. 知道一点，不是很了解
29. 您村庄有哪些文体娱乐场所？（　　）
    A. 村民文化中心；B. 农村书屋；C. 体育健身广场；D. 其他文娱场所，请注明；E. 没有文娱场所
30. 您所在村庄是否存在婚丧嫁娶大操大办现象？（　　）
    A. 是；B. 否；C. 不清楚
31. 您所在村庄是否存在天价彩礼情况？（　　）
    A. 是；B. 否；C. 不清楚
32. 您所在村庄是否存在老无所养情况？（　　）

A. 是；B. 否；C. 不清楚

33. 您所在村邻里关系如何？（　　）

A. 邻里关系和睦相处；B. 邻里关系不和睦，经常邻里闹矛盾；C. 邻里关系一般

34. 村委会干部与村民关系如何？（　　）

A. 村委会干部与村民和睦相处；B. 村委会干部与村民经常发生矛盾；C. 不清楚

35. 您所在村庄是否经常举办文化活动？（　　）

A. 是，每年都会举办唱戏、绘画等文化活动；B. 否，一年到头没有任何文化活动；C. 不清楚

# 六、乡村治理现状满意度

36. 您对当前开展的美丽乡村建设满意度如何？（　　）

A. 满意；B. 不满意；C. 一般

37. 您对本村民主管理现状情况满意度如何？（　　）

A. 满意；B. 不满意；C. 一般

38. 您对本村村务公开情况满意度如何？（　　）

A. 满意；B. 不满意；C. 一般

39. 您对本村农村养老保险情况满意度如何？（　　）

A. 满意；B. 不满意；C. 一般

40. 您对本村公共基础设施建设情况满意度如何？（　　）

A. 满意；B. 不满意；C. 一般

41. 您对本村文化活动开展情况满意度如何？（　　）

A. 满意；B. 不满意；C. 一般

42. 您对本村实施的新型合作医疗情况满意度如何？（　　）

A. 满意；B. 不满意；C. 一般

43. 您对本村村官管理村庄情况满意度如何？（　　）

A. 满意；B. 不满意；C. 一般

44. 您对本村各项规章制度、村规民约情况满意度如何？（　　）

A. 满意；B. 不满意；C. 一般

45. 您对本村的乡风文明建设情况满意度如何？（　　）

A. 满意；B. 不满意；C. 一般